성도여, 개혁을 외쳐라!

위기에 처한 한국 교회-그 개혁의 방향과 내용

성도여, 개혁을 외쳐라!

엮은이 · 로스엔젤레스 기독교윤리실천운동
초판 1쇄 찍은날 · 2005년 6월 17일
초판 1쇄 펴낸날 · 2005년 6월 24일
펴낸이 · 김승태
출판본부장 · 김춘태
편 집 · 김규혜
표지디자인 · 김혜진
등록번호 · 제2-1349호(1992. 3. 31)
펴낸곳 · 예영커뮤니케이션
　　　　110-616 서울 광화문우체국 사서함 1661
　　　　출판사업부 (02)766-8931~3　　출판유통사업부 T. (02)766-7912~3
　　　　팩스 (02)766-8934　　E-mail jeyoung@jeyoung.com
　　　　홈페이지 www.jeyoung.com

copyright ⓒ 2005, 로스엔젤레스 기독교윤리실천운동

ISBN 89-8350-352-1　03230

값 10,000원

■ 잘못 만들어진 책은 교환해 드립니다.

위기에 처한 한국 교회-그 개혁의 방향과 내용

성도여, 개혁을 외쳐라!

로스엔젤레스 기독교윤리실천운동

예영커뮤니케이션

서 문

　'교회 개혁'을 누가 감히 자신 있게 말할 수 있는가? 개혁의 대상이 바로 목회자이고 교회지도자인데, 목회자인 내가 어떻게 개혁을 말할 수 있는가? 그렇다고 교회 개혁을 말하지 않을 수도 없는 것이 사실이다. 여기에 목회자의 고민이 있다고 믿는다.

　여기에 모아 놓은 글들은, 목회자들과 평신도지도자들이 모여 교회 개혁에 대해서 이야기하며 고민한 내용들이다. 누구를 비판하려는 것이 목적이 아니다. 오히려 스스로 반성하며 책임의식을 가지고 뉘우치는 심정을 그대로 토해 낸 것이라 보고 싶다. 그런 의미에서 나는 여기에 글을 쓰신 분들에 대해 존경심을 갖는다.

　오늘날 교회는 누가 뭐래도 세속화가 되어 가고 있음을 부정할 수 없다. 그리스도의 피로 세워진 거룩한 교회가 세상의 속물처럼 변질되어 가고 있는 것을 어떻게 부정할 수 있겠는가? 하나님 앞에는 물론 세상 사람들에게도 부끄러운 일이다. 내가 목사인 것을, 아직도 내가 목회를 하고 있다는 그 자체가 부끄러울 때가 많다. 그래서 나도 고민하며 교회 개혁을 생각할 때가 많다.

바라기는, 여기에 있는 글들이 남을 비판하는 도구로 사용되는 것이 아니라, 우리 모두가 하나님 앞에 회개하는 마음을 촉구하는 동기부여의 역할로 사용되기를 바란다. 여기에 하나님의 자비와 은총이 있을 줄 믿는다.

이창순(토랜스한인연합감리교회 담임목사, LA 기독교윤리실천운동 자문위원)

발간사

　이번에 우리가 작은 책 한 권을 우리 이름으로 세상에 내놓게 된 것을 기쁘게 생각한다. 먼저 우리의 이러한 수고로 빛을 보게 하여 주신 하나님과 글을 써 주신 회원들과 목사님들께 진심으로 감사를 드린다.

　미국에서는 기독교윤리실천운동이 이곳 로스엔젤레스에서 1993년 4월에 시작되었다. 우리가 이 운동을 하게 된 직접적인 동기는, 미국에 살고 있는 우리 한인들과 한인 사회가, 다수 민족이 어울려서 살고 있는 이 나라에서 아름답지 못한 모습으로 언제나 문제가 되고 있기 때문이었다.

　사실 미국의 한인 사회는 동포 인구의 과반수가 교회에 출석하고 있는 교회 중심의 커뮤니티라고 할 수 있는데, 이런 우리의 모습이 부끄러웠고 안타까운 마음이었다.

　기독교윤리실천운동은 우리의 정관 목적에 있는 대로 "성경의 생활 원리를 실생활에 적용하여 가능한 한 검소하고 정직하게 살아서, 그러한 삶의 근거 위에서 사회와 국가에 대하여 빛과 소금의 역할을 수행하려는 기독교인들의 운동"이다. 우리 한인 크리스천들은 새벽기도로 유명하고 믿음이 좋다는 칭찬을 듣는다. 그러나 문제는 믿음이 좋다는 점이다. 야고보 선지자는 "행함이 없는 믿음은 죽은 믿음"이라고 하였고, 본회퍼 목사님도 "신앙은 명사가 아니고 동사"라고 말했다. 우리 한인들이 예수 믿는 모습을 보면, 주일 하루는 교회에 나와서 경건한 모습을 하고 돌아와서, 6일간의 사회생활에서는 믿지 않는 사람들과 아무 구별 없는 삶을 산다. 아니 어떻게 보면 오히려 죄를 합리화하면서 살고 있는 것같이 보인다. 신앙은 있는지 모르지만 행동과 실천이 뒤따르지 않는다. 우리 한인 크리스천이 이렇게 된 데는 교회에도 책임이 있다고 할 수 있다. 한인 교회에서는 선포되는 말씀은 풍성한데 말씀대로 사는 삶과 행실에 대한 가르침은 거의 없다. 그리고 교회 안에서 신자 간의 교제와 교회에 대한 봉사는 강조되어도, 교회 밖의 사회나 국가와 소외된 이웃에 대한 관심이나 섬기는 데는 매우 인색하다. 그래서 한인 교회는 한국이나 이곳 미국에서도 세상에 대하여 아무 역할도 하지 못하고 어떠한 영향도 끼치지 못하고 있는 것이다.

이런 문제점을 생각하며 우리 로스엔젤레스 기독교윤리실천운동이 먼저 시작한 것이 신앙을 생활로 실천하는 생활신앙운동이었다. "정직, 검소하게 나누며 살자"라는 행동강령을 내걸고 정직한 납세와 공중도덕, 국법 준수 등 정직운동과 '일주일 하루 굶기 운동', '한 달 하루 금식'과 '장바구니 줄이기 운동', '이삭줍기 운동' 등 검소 · 절제 운동과, 기독교의 최고 윤리인 이웃 사랑과 나눔 운동으로 창립 초기에는 카자흐스탄 고려인을 위한 구호와 성덕바우만 군의 '골수 기증 운동'을 전국 교회를 상대로 펼쳤고, 1996년부터는 북한 어린이를 위한 '사랑의 빵 운동'과 농민들을 위한 '젖염소 보내기 운동' 등을 해 오고 있다. 최근 4년간에는 우리의 관심을 교회로 돌려서 교회를 바로 세우기 위한 '건강교회운동'

을 하고 있다. 각 언론 매체와 우리 소식지에 교회 개혁을 촉구하는 글을 싣고 매년 건강교회포럼을 개최해서 한인 교회가 안고 있는 문제점을 토론하며 그 대안을 찾는 데 주력하고 있다.

이번에 발간되는 논문집도 이러한 우리의 노력의 한 표현이라고 할 수 있을 것이다. 이 책에는 우리가 그동안 생활신앙운동과 건강교회운동을 해 오는 과정에서 부딪친 문제점에 대해서 진지하게 해결해 보려는 노력의 흔적들이 있을 것이다. "돕고자 하는 마음이 있는 사람만이 비판할 권리가 있다."는 에이브러햄 링컨 대통령의 충고를 귀담아 듣고 우리는 비판을 위한 비판이 아닌 참으로 돕고자 하는 애정어린 마음으로 건설적인 대안을 제시하려고 노력하였다.

우리의 이러한 작은 노력들이 우리 신자들의 마음과 삶을 바르게 하고, 우리 교회를 건강하게 세우는 일에 조금이라도 도움이 되었으면 한다. 끝으로 이 책을 만드느라고 물심양면으로 수고한 사랑하는 우리의 동지들에게도 위로와 격려의 말씀을 드린다.

유용석(나성성결교회 원로장로, LA 기독교윤리실천운동 공동대표)

편집자로부터

　건강교회운동은 미주 한인 교회를 포함한 한국 교회가 병들었다는 문제의식에서 출발했다. 한국 교회가 보여 주는 문제점들은 상식적인 눈으로 보더라도 이해하기 어려운 부분들이 많은 것이 사실이었다. 그런데 이미 중병에 걸린 한국 교회를 향한 그동안의 우려와 걱정은, 부분적인 증상의 지적이거나 추상적이고 선언적인 차원에 머무는 경향이 있었다.

　로스엔젤레스 기독교윤리실천운동 역시 건강한 교회에 대한 희망을 버릴 수 없었다. 그런 바람은 한국 교회 개혁을 위한 좋은 가이드북 하나라도 준비해 보자는 소망을 갖게 해 주었다. 그러나 건강한 교회를 만들기 위한 우리의 소박한 꿈을 이루는 과정은 결코 쉽지 않았다. 그중 가장 어려운 것은 미주 사회에서 교회 개혁을 주제로 한 적합한 필자를 찾는 일이었다. 무엇보다 필자로서의 지적인 준비나 전문성을 갖춘 성도로서, 한국 교회 문제를 글로써 발표할 용기를 지닌 사람이 많지 않았다. 그래서 우리는 원고를 기고해 주신 분들, 특히 미주 교계에서 활동하는 교역자로서 원고 청탁에 임해 주신 필자들의 용기에 감사와 경의를 표한다.

본래 편집 계획은 교회의 문제점을 분야별로 살펴볼 수 있도록 책을 꾸미고자 하는 것이었다. 그러나 이 책의 중요한 부분을 차지하는 논문들이 몇 년간 계속해 온 로스엔젤레스 기독교윤리실천운동(이하 LA 기윤실)의 건강교회포럼 주제발표 원고들이었기에 이 글들을 하나의 장으로 모으자는 편집위원들의 의견이 채택되었다. 편집위원들은 이 책이 LA 기윤실의 활동자료집 역할을 겸해 주기를 바라기도 했다. LA 기윤실의 목적과 활동에 대해서는 이 책 내용 중 유용석 장로의 "우리는 왜 기독교윤리실천운동을 하는가"에 비교적 상세하게 소개되고 있다.

LA 기윤실은 지난 2년간 미주 《한국일보》에 "기윤실 호루라기" 칼럼을 연재해 오고 있다. '호루라기' 라는 용어는 한국 교회가 윤리적 문제를 범할 때 호루라기를 불어서(whistle blowing) 교회의 경각심을 깨워야 한다고 지적한 글(허성규의 "호루라기 불기")에서 나온 개념이었다. "기윤실 호루라기"는 LA기윤실 실행위원들을 비롯한 각계의 인사들이 참여하여 쓰고 있는데, 그동안 한국일보에 발표한 조각글의 일부를 이 책에 실었다.

제1장에 실린 권두 논문 세 편은 한국 교회의 문제점들을 다룬 글들로 세 분의 교역자가 원고를 썼다. 이정석 교수는 "한국 교회 개혁의 신학적 배경"이라는 논문을 통해 "지상의 교회는 계속적 개선을 추구해야 할 신학적 당위를 지닌다."고 설파하면서 교회 개혁을 신학적으로 옹호하고 있다. 개신교는 원래 종교개혁에서 탄생한 것이고 보면, 교회 개혁의 신학적 근거를 다시 논해야 할 필요가 있는지도 의문이었다. 그러나 많은 교회의 지도자들이 개혁론자들을 향해 '교회에 대해서는 늘 긍정적인 말을 해야지 건강해야 한다고 말하는 것 자체가 불경한 일이다.' 라는 식의 공격을 해오고 있기에, 이 기회에 건강교회운동에 대한 신학적 근거가 신

학자에 의해서 제시되기를 바랐다. 이 교수는 이 논문을 통해 "교회 개혁이 교회의 단일성, 성결성, 세계성 그리고 사도성을 추구하는 것이 되어야 한다."고 말한다. 김병호 목사의 "한국 교회 개혁의 방향과 내용"이라는 글은, 일선 목회자의 눈에 비친 한국 교회의 문제점, 특히 교회론의 왜곡, 직분 개념의 왜곡, 재정의 왜곡을 지적하고 있다. 이 글에서 우리는 눈에 띄지 않지만 바르게 목회하려는 많은 목회자들과 하나님의 교회들에 대한 필자의 애정과 기대를 읽을 수 있다. 손경호 목사의 "세속주의와 한국 교회"는 한국 교회가 앓고 있는 질병의 핵심에 경건의 상실과 세속적 가치의 추구가 도사리고 있음을 지적하고, 세속주의에서의 탈출 방법으로 신학 교육의 재정립을 제시하고 있다. 그래서 손경호 목사의 글은 2장에 실린 송인범 목사의 "한국 교회의 집단이기주의", 송하중목사의 "남가주 이민 신학교의 문제점과 개선 방안" 그리고 3장어 쓰인 박문규 교수의 "성직의 존엄, 성직의 타락"과 함께 읽어 주기 바란다.

제 2장은 LA 기윤실이 매년 개최해 온 건강교회포럼 발제 원고들이다. 첫번째 논문인 박문규 교수의 "한국 교회의 권력 구조"는 평생 정치학 공부를 해 온 크리스천의 글임을 염두에 두고 읽어 주기 바란다. 그는 권력 이론의 관점에서 한국 교회에 권력 자원이 담임목사에게 과도하게 집중되어 있음을 지적하고, 이것이 교회 부패의 원인이 되고 있다고 주장하며 교회 권력 자원의 분산과 구체적이고 자세한 교회 규칙의 스립을 해결책으로 제시한다.

"한국 교회의 집단이기주의"라는 송인범 목사의 글은 미주 한인 교회의 개교회주의를 비판한 내용으로 자신이 부교역자와 담임목사, 해외 선교사로서 한국 교회를 안팎에서 관찰하면서 교회의 소형화, 무소유의 교회, 무목자 교회 등의 개념을 새로운 교회의 모델로 제시하고 있음이 특이하다.

허성규 교수의 두 개 논문 "한국 교회 회계 재무의 문제점과 개선 방안", "한국 교회의 회계 처리와 개선 방안"그리고 조만연 장로의 "교회 헌금의 바람직한 사용 방안"은 투명한 교회 재정에 이르는 길을 모색하고 있다. 허성규 교수는 감사 제도의 효과적인 도입과 예산결산 결정과 인준 을 하는 각종 회의의 활성화를 대안으로 제시했으며, 조만연 장로는 교회의 분식회계를 비판하고 교회가 의도적으로 교인들의 눈을 가리려 하고 있음을 지적하고 있다. LA 기윤실이 좋은 재정전문가들을 확보하고 있음에 감사한다.

김홍덕 목사의 논문 "고통 받는 이웃을 위한 교회"는 장애자 사역 전문가가 펼치는 예배론으로, 그는 교인들이 고통 받는 형제들을 향해 나아갈 때 참 예배가 시작되고 있음을 설파한다. 또 "장애자를 포함한 소외된 집단이 특수 집단이 아니라 우리와 똑같은 형제라는 인식을 가져야 한다."고 말한다. 그리고 송하중 목사는 미국 남가주의 한인 신학교를 경험적으로 분석하고, 한인 신학교들이 협력하여 콘소시움(consortium)을 만들어 질 좋은 신학 교육을 만들어 가야 한다는 현실적 대안을 제시하고 있다.

제3장은 앞장에서 다루지 않은 한국 교회의 문제들을 이슈화하였다. 여기서 이정석 교수와 허성규 교수는 교회 분열 문제를 다루고 있다. 개신교 교단의 문제점에 대한 정보를 갖고 있는 신학자(이정석)와 한인 교회의 분열을 관찰자의 입장에서 분석하며 가슴 아파하는 한 평신도 지식인(허성규)의 시각 차이를 보기 바란다. 최상준 목사의 "세 가지 바람: 예배, 믿음, 교회"는 필자가 정치학자 출신의 목회자라는 사실을 기억하고 읽어 주기 바란다. 필자는 신앙과 생활이 일치되지 않는 교회와 성도들의

모습을 한국 교회의 가장 큰 질병으로 질타하고 있다. 다음에 이어지는 박문규 교수의 글은 한국 교회의 상업주의, 특히 목회자들의 물량 중심과 상업적 교회 운영에 대한 문제 제기로, 필자는 오늘날 교회의 모습이 시장주의적 관점에서 분석되면서 드러나는 문제점을 슬퍼하고 있다. 그리고 워싱턴 기독교윤리실천운동의 실무책임자인 배현찬 목사의 "이민 사회의 윤리적 과제"는 워싱턴 기독교윤리실천운동 심포지움의 발제문임을 밝혀 둔다.

제4장은 미주 《한국일보》에 실린 칼럼들을 모은 것이다. 호루라기의 의미는 허성규 교수와 박문규 교수의 맨 처음에 실린 칼럼을 통해 이해할 수 있을 것이다. LA 기윤실 실무를 오랫동안 끌어온 유용석 장로의 다음 글은 기독교윤리실천운동의 목적과 의미를 전하고 있다.

제5장은 자료집으로, 한국 기독교윤리실천운동이 1998년에 발표한 〈98교회개혁선언문〉과 LA 기윤실이 2004년에 발표한 〈건강 교회 체크리스트〉를 실었고, 당시 발표한 성명서와 언론에 발표한 건강 교회 체크리스트의 배경과 해설을 하나의 글로 정리했다.

이 책의 의미를 구태여 찾아보자면, 한국 기독교의 안팎에서 논의되어 온 교회 개혁에 관한 쟁점들을 정리하고 가능한 한 해결책을 모색해 보았다는 데 있다. 그러나 어떻게 교회 개혁을 위해 성도들의 에너지를 결집할 것인가 하는 것은 아직도 숙제로 남는다. 그것은 글을 쓰는 자들의 몫이라기보다는 행동하는 자의 몫이기 때문이다. 다시 말해 교회 개혁은 한국 교회의 문제를 놓고 고민하고, 구체적으로 발언하고, 기도하고, 행동하는 성도들 하나하나의 몫일 수밖에 없다. 그것이 단위 교회 안에서의 개혁운동이건, 개혁지향적 교인들 간의 연합운동이건, 기독교시민운동이건 아니면 요즈음 번진다는 셀처치운동(Cell Church Movement)과 같은 새교회운동이건 간에 교인들이 온몸으로 밀고 가야 할 과제이다. 한인 교회가 새로워져서 전 세계에 있는 한인 사회가 건강해지는데 이 책이 작은 도움이 될 수 있기를 기원하며 옥고를 주신 분들, 조언과 기도를 아끼시지 않으신 형제들, 특별히 한국 기독교윤리실천운동의 나용균 총무 등 신앙의 동지들에게 감사를 드린다.

박문규(캘리포니아 인터내셔널대학 학장, LA 기독교윤리실천운동 공동대표)

차 례

제1장

한국 교회 개혁의 정신과 방향

1. 한국 교회 개혁의 신학적 배경

개혁(改革)이라는 말은 우리의 역사적 현실에서 상당히 부정적 이미지를 가지고 있어서 대중에게 거부감을 주는 단어가 되었다. 한자에서 개혁이란 '고칠 개(改)' '고칠 혁(革)' 두 글자가 중복되어 강하게 고친다는 의미가 있는데, 본래 그 어원을 보면 '개(改)'는 잘못한 어린이를 매로 때려 고친다는 말이며, '혁(革)'은 몸통을 벗겨내고 가죽만 남기는 과격한 행위를 시사한다. 공산혁명, 군사혁명 그리고 학생혁명으로 점철된 우리 현대사에서 혁명(革命)은 급격한 체제 변화와 그로 인한 희생과 불안정으로 인해 오늘날과 같은 포스트모던 사회에서 평화를 추구하는 대중에게서 경원시되고 있다.

❧

교회에서도 개혁이라는 말은 그리 환영받지 못한다. 개혁이라는 미명으로 교회에 많은 비극적 분열을 초래하였고, 교권 투쟁을 합리화하는 논리로 악용되어 왔기 때문이다. 교회 개혁의 기치를 내걸고 교단을 사분오열시켰는가 하면, 목사와 장로, 교역자와 평신도의 세력 싸움을 벌여 오늘날 한국 교회가 불신 사회의 비난을 받게 만들고, 교회가 개선되기보다는 개악되는 결과를 초래하였다. 물론 교회를 생각하는 좋은 마음에서 개혁을 외치지만, 교회가 한 몸이라는 일체의식보다는 일방적으로 한편은 비난을 받아야 하고 한편을 비난을 하는 흑백논리가 지배하며, 자기 마음 근저에 있는 편견과 교만과 욕망의 동기를 보지 못하기 때문에, 결과적으로 교회에 피해를 주는 죄악을 범하게 되는 일이 적지 않았다.

따라서 교회 개혁이란 올바른 원리와 올바른 방법을 사용하여 교회를 세우는 경건하고 건설적인 자세로 추진되어야 한다. 실로, 교회는 많은 오류에도 불구하고 성령께서 인도하고 주님이 다스리기 때문에, 근본적인 부정이 아니라 부분적인 개선을 점진적이고 온유한 방식으로 추구해야 한다. 교회의 전통을 전면적으로 부정하는 집단을 교회는 이단으로 규정하고 교류하지 않는다. 그 이유는 성령의 인도를 전면적으로 부정하기 때문이다. 세속적인 개혁이나 혁명의 이념과 같이 과거의 모든 것을 때려 부수고 뒤엎어 버리자는 식의 사고는 비기독교적이다. 기독교의 역사관은 거시적 구조상 긍정적이다. 하나님께서 역사를 주관하시기 때문이다.

그러나 많은 사람들이 개인적으로 혹은 집단적으로 하나님의 통치에 저항하기 때문에, 그리스도의 몸이며 행동 기관인 교회에게 영적 전쟁의 의무가 주어졌으며, 이러한 외부와의 전쟁을 효과적으로 수행하기 위해, 군사들의 집단으로서 군대와 같은 성격을 지닌 교회는 오합지졸이 아니라 정예병력이 되도록 강력한 군사 훈련을 필요로 한다. 교회가 설교와 교육을 통하여 매주 교인들의 정신교육을 시키는 것이나 전도 훈련, 제자 훈련, 소그룹 활동 등을 통하여 실전 훈련을 시키고 선교와 구제에 참여하는 경험을 제공하고, 모든 면에서 그리스도인으로서의 온전한 삶을 살도록 지도하는 것이 모두 그리스도의 좋은 군사로 만들기 위한 작업들이다. 그러나 이런 훈련만으로 충분하지 않다. 비록 개인적으로 강력한 전투력을 지닌 군인들이라 할지라도 군율이 무너지면 무력하게 되는 것처럼, 교회도 개인 신자의 헌신이나 능력으로 충분하지 않고 공동체로서의 단결과 질서가 확립되어야 훌륭한 교회가 되어 하나님의 소명을 성취할 수 있다. 따라서 교회 내부에 불화나 내분이 있다든지, 지도자가 권위를 상실한다든지, 무질서가 조장되면, 개별적으로 아무리 전투력이 뛰어나다 할지라도 전투 자체가 불가능하며, 적이 공격할 때 무력하게 와해되고말 것이다. 교회 개혁은 바로 교회 내부를 정비하고 단결과 질서를 확립하는 작업으로서, 세상을 향한 하나님 나라의 확장과 영적 전투에 있어서 선행되어야 하는 필수적 선결과제이다.

❦

지난 2천 년 동안, 교회는 성령의 인도하심 아래서 끊임없는 개혁과 갱신을 수행하여 왔다. 그러지 않았더라면 오늘날 교회는 뗠절하였든지 아니면 매우 이상한 모습을 하고 있을 것이다. 교회론적으로, 교회를 전투적 교회(militant church)와 영광된 교회(glorious church)로 나누는데, 전자는 불완전한 지상의 교회로서 끝없는 반성과 개선을 필요로 하는 교회이며, 후자는 천상에서 완성된 무흠한 교회를 가리킨다. 따라서 지상의 교회는 계속적인 개선을 추구해야 될 신학적 당위성을 가지고 있으며, 자기의 완전을 주장하고 개혁을 거부할 근거가 없다. 인간론적으로도 인간은 모두 죄적 경향성(sinful inclination)을 가지고 있으며, 비록 구원을 받고 중생했다 할지라도 여전히 죄성을 공유하고 있기 때문에 개인적으로뿐아니라 집단적인 교회의 경우에도 계속적인 반성과 회개와 자기개혁의 노력이 없으면 부패하고 타락하기 마련이다. 따라서 인간들의 집단이 아니라 그리스도의 교회로 남기 위해서는, 모든 교회가 계속적인 반성과 자기를 부인하는 심각한 개혁의 노력을 게을리 하지 말아야 한다.

　특히, 개신교회는 개혁을 수용하는 교회이다. 마르틴 루터와 존 칼빈을 중심으로 한 16세기의 종교개혁(Reformation)을 통해 탄생한 개신교회는, 전통의 절대화나 교황의 무오성을 주장하는 로마 교회와 달리 교회도 오류를 범할 수 있으며, 교회지도자도 오류를 범할 수 있다는 사실을 겸손히 자인하고, 항상 자기를 반성하고 개선하려고 노력할 때만 그 존재 가능성을 가지는 교회이다. 따라서 칼빈이 정의한 것처럼, "개신교회는 끊임없이 스스로를 개혁하는 교회이다(Ecclesia reformata est semper reformanda)." 서양어의 're-form'이라는 말은 형식을 바꾼다는 어원을 가지고 있어서, 본질은 그대로 유지하되 제도나 의식과 같은 형식을 고친다는 뜻이다. 물론 신학적인 개혁도 이루어졌지만, 삼위일체론이나 기독론과 같이 본질적인 교리는 거의 그대로 유지되었고, 주로 정치 제도, 사면 제도, 성례 제도, 예배 의식과 같은 제도들의 전면적 개정이 이루어졌으며, 이와 같이 그릇된 제도들을 정당화하는 신학적 논리들이 수정되었다. 그러나 이런 작업이 한번 이루어진 후 세월이 흐르게 되면, 그런 형식이 다시 절대화되고 전통적 권위로 군림하여 구속사적 발전에도 불구하고 수정을 거부하기 때문에, 개혁자들은 계속적인(semper) 개혁을 강조하였던 것이다. 그러나 교회가 장기간 개혁을 거부하게 되면, 긴장이 고조되고 과격한 개혁 운동이 발생하기도 한다.

　그러면 무엇이 올바른 교회 개혁의 원리인가? 교회 개혁이 올바른 교회의 모습을 회복하자는 노력이기 때문에, 자연히 교회 개혁은 주로 교회론에서 그 신학적 근거를 확보해야 한다. 그리고 교회 개혁이 진정한 교회의 회복을 지향하기 때문에 분파적인 교파 교회론이 아니라 세계 교회의 공통적인 교회론에 근거해야 한다. 최초의 공식적인 세계 교회 신조인 '니케아신경'은 "하나의, 거룩하고, 세계적이며, 사도적인 교회(una, sancta, catholica et apostolica ecclesia)"를 고백하고 있으며, 그에 따라 단일성, 성결성, 세계성 그리고 사도성의 4대 원리를 정통적인 교회론의 본질로 인정한다. 이 속성 중 하나라도 결여되면 진정한 교회가 될 수 없다. 그러므로 우리는 이 정통적인 세계 교회 신조에 근거하여 교회 개혁의 항속적인 원리를 논하고자 한다.

⚜

첫째로, 교회 개혁은 단일성을 수호하고 모든 분열의 시도들을 차단하는 노력이다. 단일성(unity)이란, 세계에 수많은 교회가 있지만 서로 대립적이거나 이질적인 것이 아니라 동질적인 하나의 교회라는 원리이다. 교회의 머리이신 그리스도께서는 나누어질 수 없으며(고전 1:13), 주도 하나이요, 믿음도 하나이요, 세례도 하나이요, 하나님도 하나이요, 성령도 하나이요, 소명도 하나이므로, "몸(교회)도 하나"인 것이다(엡 4:4-6). 즉 교회 유일성의 근거는 예수 그리스도의 단일성이다. 주가 단일하기 때문에 머리가 하나이고, 주님(주인)이 한 분이기 때문에 교회도 하나여야 된다. 그리스도께 접붙임을 받게 되면 모두가 결국 한 몸을 구성하게 되는 것이기 때문에 그러하다. 만약에 어떤 교회가 다른 교회들과 하나가 아니라고 주장하는 교회가 있다면, 그것은 스스로 자기 교회가 진정한 교회가 아니라는 것을 선언하는 것과 같다. 신약성경에서 나오는 교회들은 주로 '지역 교회(local church)'를 가리키는데, 많은 교회들이 설립되었으나 그 지엽적 다양성에도 불구하고 그 단일성과 동질성이 유지되었다. 여기서 유의할 점은 초대 교회가 하나 됨이 유지될 수 있었던 비결이 바로 비본질적인 문제들에 대해서는 다양성이 인정되었다는 사실이다. 따라서 단일성을 수호하는 교회 개혁에서는 모든 교회가 모든 사안에서 자기의 의견을 따라야 한다는 획일주의적인 논리를 거부하고 본질적인 사항을 제외하고는 각 교회의 자유와 개인 양심의 자유가 다양하게 인정되어야 한다(롬 14장). 교회의 원리와 주인과 성령이 동일하기 때문에, 그 결과 이 세계에는 본질상 동질적인 하나의 교회만이 존재하게 되었으며, 본질상 다른 이단적인 교회와는 관계를 단절하고 주님의 교회로 인정하지 않았다.

오늘날 한국 교회에서 가장 잘 정립되어야 할 교리가 바로 교회론이다. 교회론이 잘못되어서 한국 교회가 많은 문제에 직면하고 그릇된 현상들이 계속 발생하는 것이다. 우리가 믿는 교회는 지역 교회나 국가 교회나 교단 교회가 아니라, 하나밖에 없는 우주적인 교회(universal church) 혹은 보편적인 교회이다. 그런데 이 교회는 단수로서, 우나 에클레시아(una ecclesia), 즉 하나의 교회를 가리킨다. 우리는 여러 종류의 교회를 믿지 않으며, 그런 존재 가능성 자체도 믿지 않는다. 우리는 장로교회나 감리교회를 믿는 것이 아니라, 예수 그리스도의 우주적인 교회, 하나밖에 없는 예수 그리스도의 진정한 교회를 믿는다.

그런데 한국 교회는 어떠한가? 한국 교회는 사분오열 정도가 아니라 사십분 오십열로 갈라져 있으며, 이런 상황에서 분리주의(separatism) 이데올로기가 지배하고 있어서 분리가 정당화되고 심지어 칭송되기까지 하는 심각한 상태에 있다. 군대에 내분이 있으면 전쟁을 할 수 없고, 적군이 공격할 때 패배할 수밖에 없는 것처럼, 교회의 내분과 대립은 근본적인 교회의 영적 실패를 의미한다. 실로, 개교회이든 교단이든 세계 교회이든 모든 분열의 배후에는 주도권 싸움이 있기 마련이다. 그리스도의 주인 되심을 실제적으로 부정하고 자기가 교회의 주인이 되려는 파벌이 대립할 때 분열을 결과한다. 물론 분열에는 그럴싸한 명분을 제시하고 신학적 이데올로기를 형성하지만, 그 배후에는 교권을 장악하려는 정치적 욕심이 도사리고 있다. 여기서 조심해야 할 점은 교회 개혁을 명분으로 파벌을 형성하여 결과적으로 교회의 분열을 막기 위해 교회의 분열을 촉진하는 자기모순에 빠지지 않는 것이다.

교회는 예수 그리스도를 머리로 하는 그의 몸이다. 따라서 그리스도의 주권과 통치가 비록 세상에서는 무시되고 거부되지만, 적어도 교회에서는 완전히 존중되고 확립되어야 한다. 이를 대항하는 악의 세력은 권력을 잡은 사람들의 야욕을 이용하여 그리스도의 주권을 대항하거나 약화시키도록 만든다. 사람이 사람 위에 군림하려는 권력욕은 세속 정치가들뿐 아니라 교회의 권력을 추구하는 지도자들에게도 나타나며, 이러한 교권주의자들은 자기의 정치적 욕망을 충족시키기 위하여 교회에서 몸이 아닌 머리의 역할을 주장하게 된다. 종교개혁을 요청했던 중세 교회의 상황은 이러한 교권주의자들의 난무로 인하여 교회에서 그리스도의 주권이 철저하게 짓밟히고 있었다.

칼빈은 당시의 교회 정치가 전제군주보다도 더 난폭한 독재자들의 '폭정'으로 화하였으며, 그들이 원하는 것은 무엇이든지 '성령의 말씀'이라고 정당화하면서 거기에 이의를 제기하면 '이단'으로 정죄해 버리고, '일단 장악한 횡포의 지배권을 어떻게 해서라도 확보'하고자 수단방법을 가리지 않았다고 지적하였다. 이렇게 교회 안에서 '그리스도를 대신하여 주권을 장악하며 법과 질서를 무시하는' 교권주의자들을 그는 결코 방관할 수 없다고 외쳤다. "개라도 자기 주인에게 난폭하게 행하면 즉시 짖어대며 덤벼들거든, 하물며 거룩한 하나님의 이름을 그토록 모욕적으로 무시하는데 우리가 어떻게 침묵만 지키고 있을 수 있단 말입니까?" 교회에는 '단순히 그리스도만이 지배하시며 단순히 그리스도의 음성만 들려야 하는데, 인간이 지배자로 군림하면 더 이상 참된 교회라 할 수 없었기에 개혁자들이 교회 개혁의 기치를 들었던 것이다.

오늘날의 한국 교회를 보면, 대부분의 교단에서 한 사람 혹은 일단의 교권주의자들이 모든 교권을 장악하고, 성경과 교회법 상위에 위치하면서 무엇이든지 그들이 원하는 대로 행동하며, 그들에게 저항하면 여지없이 제거 혹은 억압하고 있다. 그런 교단 어디에 교회의 머리이신 그리스도의 자리가 있는가? 교회들에도 권위주의적이고 고압적인 목사들이 많이 있어서, 교인들의 의견과 성령의 인도를 따르기보다 독단적이고 전제적인 전횡을 일삼으면서도 성경과 성령을 내세우고 있다. 그런 교회 어디에 그리스도의 주권이 임하여 있는가? 교회를 자기의 소유물같이 생각하고 자기의 정치력을 이용하여 교회를 좌지우지하려는 교회지도자들은 당연히 교회 개혁의 대상이 된다. 이런 경우는 목회자에게 그치는 것이 아니라, 많은 교회들에서는 장로들이 주인의식을 가지고 교회를 마음대로 하려고 하기도 한다. 또 평신도 단체나 기독교 기관들도 주님의 뜻과 가르침보다는 세상의 지혜와 사회단체의 세속적인 논리로 운영하며, 그리스도의 이름을 걸고 사실은 자기들의 사업을 하고 있는 경우가 허다하다.

둘째, 교회 개혁은 교회의 성결성을 수호하고 교회의 세속화를 거부하는 것이다. 성결성(holiness)이란 교회가 그리스도에 의해 거룩하게 되었고 거룩한 성령의 지도 아래 하나님의 거룩하심에 참여하는 '성도의 교제(communio sanctorum)', 즉 '성화의 공동체'임을 가리킨다. 성화가 선택의 목적이었으며(엡 1:4), 소명의 목적이고(살전 4:7-8), 구원의 목적이다(벧전 1:4-11). 교회가 성령의 지도에 순종하여 성령의 열매(갈 5:22-23)를 맺지 못하고 세속화하면 진정한 교회가 될 수 없다. 따라서 교회 개혁은 교회의 도덕성을 개선하려는 노력에 집중되며, 세상을 성화하기 이전에 교회가 자체적인 성화를 이룩하고 도덕적 우월성을 확보하려는 노력을 경주하게 된다. 자기의 교회를 건설하려고 계획하면서 사랑을 강조한 예수님은 엄격한 권징 제도를 부여하였다. 이는 교회의 사명을 감당하기 위해 교회의 도덕적 질서가 필수적인 선행 조건이기 때문이었을 것이다. 교회는 하나님의 사랑을 세상에 나타내는 기관으로서, 먼저 진정한 사랑을 실현하는 공동체가 되어야 한다. 그런데 여기서 사랑이란 무조건 덮어 주고 은혜로 감싸는 것이 아니라, 권면과 징계를 수반하는 진정한 사랑이다. 제거해야 건강해지는 경우에는 수술을 하고, 감염될 수 있는 환자는 격리해야 한다. 그러지 않을 경우 교회 전체의 도덕성을 약화시키고 성결성을 오염시키기 때문이다. 오늘날 교회성장주의로 인해 교인들의 도덕적 범죄를 묵인하고 권징이 사라지는 현실은 교회의 미래에 치명적인 결과를 초래할 것이다. 교회에 권징을 명령한 예수님의 지혜와 사랑을 외면하지 말아야 한다. 따라서 교회 개혁은 교회의 도덕적 약화를 방관하지 말고 사랑의 자세로 권면해야 한다.

한편, 교회는 내부에 안주하여 자체적 친교와 활동으로 만족하지 말고 세상으로 나아가서 불의와 싸우고 이웃을 도와야 한다. 즉, '빛과 소금의 직분'을 속세 속에서 감당함으로써 세상이 교회 때문에 더욱더 밝아지고 덜 썩도록 노력해야 한다. 이것은 흑암의 세력과의 길고도 긴 영적 투쟁으로서 그리스도인들은 하나님 나라의 시민이며 군사이기 때문에 이 투쟁에 적극적으로 참여하여 하나님을 위해 승리를 쟁취해야 한다. 이러한 교회의 사회적 활동의 총화를 '유기적 교회(coetus)'라고 말하며, 이는 '제도적 교회(institutio)'의 사회적 연장이다. 따라서 교회는 세상에 위치하고 있는 하나님의 대표 기관으로서, 하나님 나라의 확장을 위한 전략적 공동체인 것이다. 제도적 교회가 유기적 교회의 활동을 등한시하고 제도적 교회주의에 안주하는 것은 지상 교회가 설립된 목적을 완전히 이해하지 못한 것이다. 교회가 끊임없이 기도하고 추구해야 하는 것은 '하나님의 나라가 임하옵시며, 하나님의 뜻이 하늘에서 이룬 것같이 땅에서도 이루어지이다' 하는 거룩한 소명이다.

교회는 겸손과 섬김의 공동체이기 때문에, 교만과 군림을 방지해야 한다. 교회는 하나님의 나라를 추구하고 그리스도의 주권만이 통치하게 해야 하며, 목사와 장로들을 포함한 모든 그리스도인들을 중심으로 겸허하게 섬기는 자들이 되어야 한다. 물론 교회도 하나의 공동체이기 때문에 지도력 있는 지도자가 필요하지만, 가장 결정적으로 요청되는 자격은 바로 겸손인 것이다. 왜냐하면 그리스도가 머리인 교회에서 그리스도를 부정하지 말아야 하기 때문에, 그리스도의 주권을 인정하고 복속하는 자만이 지도자로 인정할 수 있다. 이스라엘의 초대 왕이던 사울에게는 분명히 다른 지도자적인 역량이 있었겠지만, 성경은 그의 겸손을 특별히 강조하고 있다. 한편, 하나님께서 그를 버리신 이유는 그의 교만에 있었다. 자기에게 부여된 기능 이상으로 자기의 권력을 확대하여 절대 권력을 향하려 할 때, 하나님은 그의 정권을 빼앗아 겸손한 다윗에게로 옮기신 것이다. 인간의 죄성 때문에 인간이 권력을 가지게 되면 점차 교만해지고 하나님을 무시하게 되는 경향성이 발생한다. 따라서 교회는 교회지도자들을 존중하면서도, 그들이 그리스도의 주권을 무시할 때는 그에 항의하고, 독재화될 때는 폐해야 한다. 하나님께서 구약 교회에 제사장과 선지자와 왕을 분리함으로써 균형과 견제의 원리에 따라 한 사람이 독재하는 것을 방지하였으며, 신약 교회에서는 목사와 장로와 집사를 분리함으로써 한 사람이나 한 직분의 독재를 방지하는 안전장치를 제공하였다. 그러나 오늘날 많은 교회에서 성경적 원리를 부정하고 교권 독점을 자행하는 파행에 대해 지속적인 자기 개혁과 정비를 통하여 참된 교회의 구조를 회복하는 작업이 필요하다.

또 교회가 국가에 아부하고 선지자적 자세를 취하지 않는 정치적 복속도 교회를 세속화되게 만든다. 유럽 교회의 세속화를 연구한 학자들은 그러한 사실을 확인하였다. 존 맥닐(John T. McNeill)이 지적한 대로, "모든 유럽 국가들에서 일어난 교회의 국가에 대한 복속의 심화가 성직자들 사이에 세속주의의 열매를 산출하였다." 1960년대와 1970년대의 열띤 세속화 논쟁과 분석 후에, 유럽종교사회학회 회장 데이비드 마틴(David Martin)도 그의 저서 『세속화 이론』(A General Theory of Secularization)에서 세속화가 교회와 국가의 구별에 실패함으로써 야기되었다고 결론지었다. 그에 의하면, 교회와 국가는 인류 사회에 있어서 두 개의 중심 기관으로서, 이 둘 사이의 사회적 구분이 그들의 독특하고 계속적인 발전을 보장한다. 그러나 "교회는 계속적으로 교회 자체를 하나의 시민 단체로 전환시키든지 혹은 기독교를 단순히 지역적 연속성, 상호성 그리고 가치관의 상징으로 만들도록 요구하는 사회의 구심적 세력과 직면하게 되어 있다." 세속화는 바로 교회가 "기독교의 독립을 부정하려는 압력"에 저항하는 데 실패한 결과이다. 이 실패는 교회의 공모화, 지엽화 그리고 쇠약화(collusion, marginalization, and attenuation)로 이어진다. 따라서 한국 교회 대부분의 지도자들이 일제와 독재 권력에 복속한 것이 오늘날 한국 교회의 세속화를 결과했다는 사실을 명심하고, 교회 개혁에 있어서 정치권력과의 밀착이나 복속을 거부해야 한다.

⚜

셋째, 교회 개혁은 교회의 세계성을 수호하고 각종 집단적 이기주의를 거부하는 것이다. 세계성(catholicity)이란 모든 민족과 종족을 포함하는 범세계성을 가리킨다. 그러므로 어떤 민족 교회나 지역 교회가 우월성이

나 독립성을 주장하는 것은 금지된다. 이것은 이스라엘 민족 교회의 운명을 자초하는 잘못이며, 민족과 지역을 초월하여 세계를 다스리는 하나님의 통치를 제한 혹은 부정하는 행위인 것이다. 구약 시대의 경우, 초기에는 아브라함의 가정 교회가 멜기세덱 제사장을 인정하는 등 노아 이후 중동에 존재하던 교회들과 연결하는 세계성을 보였으나, 가나안 정착 후에 그리고 왕국의 도입 후에 철저한 민족적 배타성이 배태되었으며, 특별히 남북 왕조의 분열로 인한 정치적 갈등의 종교적 영향과 포로 시대 이후 파당의 결성 등으로 민족 교회 내부에서도 하나가 되지 못함으로써 세계성의 실현은커녕 민족적 일치도 이루지 못했다. 그러나 신약 시대에 예수님이 설립하신 세계 교회는 민족주의를 극복하고 세계성을 실현하였다. 그러나 초기 3세기의 모범적인 세계 교회의 정립 후에, 기독교가 로마 제국의 국교로 선포되면서 교회를 로마 제국의 영토로 제한하고 동서 로마 제국의 정치적 갈등에 복속되어 동방 교회와 서방 교회로 양분되었다. 또 그 후 종교개혁으로 인해 개신교회가 형성되고 많은 교파와 교단으로 분리됨으로써 세계성에 중대한 위기를 맞이하게 되었다. 20세기에 들어와 교회 연합 운동이 강력히 일어났으나, 오히려 그러한 연합 운동으로 인해 교회가 분리되는 아이러니를 결과했으며, 산업 사회의 병폐인 개인주의의 급속한 확산으로 개교회주의나 교단주의, 그리고 민족 교회 운동이 일어남으로써 심각성이 날로 더해 가고 있다.

　우리가 믿는 유일한 교회는 세계 교회(Ecclesia catholica)이다. 하나님은 선지자들을 통하여 일찍이 아브라함에게 계시하셨던 세계 교회의 설립을 강력히 시사하였다. 그에 따라 메시아로 오신 예수님은 구속 사역을 완성하고 그의 성령을 보내어 자기의 몸인 세계 교회를 세웠다. 따라서 민족주의가 얼마나 교회에 심각한 폐해를 입히는지 깊이 반성해야 된다. 우리 한국은 오랜 단일민족의 역사를 지니고 있기 때문에, 민족주의가 우리나라만큼 강한 나라를 찾아보기가 어렵다. 그리스도 안에는 이방인이나 유대인의 구분이 있을 수 없으며, 따라서 민족을 구별하는 것은 초대 교회에서 이단으로 정죄되었다. 우리가 한국 교회만 주장하고 자화자찬할 것이 아니라 타인종, 타민족 교회를 이해하려고 노력하고, 세계 교회의 일원이라는 사실을 강조해야 한다. 한국 보수 교회에서는 분리주의가 심각하여 연합하자고 하면 무조건 이단적이고 자유주의라고 비판한다. 그러면서 세계 교회가 그렇게 많은데 왜 연합 운동을 하지 않느냐고 질문하면, 건전한 교회가 없어서 연합운동을 하지 않는다고 대답한다. 이 말은 다시 말하면 이 세계에서 우리 한국 교회가 최고로 거룩하고 완전하다는 말인데, 어떻게 그런 생각을 할 수 있는가? 그것은 내가 곧 기준이며 진리라는 자기중심적 사고 때문이다. 우리 교회, 우리나라를 강조하는 것은 다 '우리'를 미화하는 자기중심적 행태이다. 우리는 이와 같은 민족주의(nationalism)적 사고를 하루 속히 탈피해야 한다.

　교회 개혁은 교파주의를 극복하려고 노력해야 한다. 교회는 종말론적으로 하늘나라를 향한 도상의 교회(Church on the way)라는 형식을 가지고 있다. 따라서 현세의 교회를 완성되고 정착된 실체로 생각해서는 안 된다. 천상의 완성된 교회에서는 모든 인류가 하나의 공동체를 이루게 될 것이다. 따라서 종말론적으로 볼 때, 민족주의나 교파주의는 사라져야 할 죄악이며, 교회는 천상의 새로운 질서가 실현되는 지상의 모델 공동체이기 때문에, 교회는 부단한 개혁을 통하여 이러한 집단주의를 제거해야 한다. 교회는 본질적으로 분열될 수 없으며, 여하한 차별이나 구별도 존재하지 않는다. 교회의 분열은 하나의 환상이다. 그리스도의 몸은 나누어 질 수 없다.

또 교회 개혁은 교회 내에 존재하는 모든 사회적 차별을 철폐하는 작업이다. 기독교는 지상과 천상에서의 공동생활(community life)을 목표로 하며, 따라서 교제의 소명은 결정적으로 중요하다. 교회의 교제란 서로 다른 생각, 다른 취미, 다른 성격, 다른 외형, 다른 신분을 가진 사람들이 만나 서로 다른 사람과 교제해서 하나가 되는 것으로, 그리스도 안에서만 가능하며, 교회는 바로 성령의 능력으로 모두 하나가 되는 훈련장이다. 이와 같은 훈련을 통해서 서로 다른 사람들과 서로 대화하고 이해하며, 공동의 목적을 가지고 같이 기도하고 예배하고 찬양하고 선교하고 활동함으로써 인격이 서로 갈고 닦아지며, 그리하여 함께 어울리고 공동생활을 할 수 있게 된다.

그런데 이 공동생활이란 세계의 모든 민족과 인종이 함께 하는 공동생활이기 때문에, 민족주의 이데올로기는 심각한 장애 요인이 되지만, 더욱이 현대의 개인주의(individualism)는 모든 인류가 개인 중심적 분리를 결과하기 때문에 매우 심각한 근본적 선결 과제이다. 실로, 개인주의는 죄악의 가장 대표적인 현상이다. 그러나 개인주의는 동일한 원리에 의해 자기 집단의 배타적 수호논리로 발전한다. 개인주의가 가족으로 연결되면 족벌주의가 되고, 교회로 연결되면 개교회주의가 된다. 나아가, 교단주의, 민족주의도 모두다 나 중심의 개인주의가 확대 적용된 것이다. 일부에서 공동체운동(community movement)을 전개하지만, 그것도 또 하나의 개인주의 형식일 수 있다. 진정한 공동체는 오로지 예수그리스도의 세계 교회뿐이다.

❦

넷째, 교회 개혁은 교회의 사도성을 수호하고 교회의 변질을 거부하는 것이다. 사도성(apostolicity)이란 사도적인 초대 교회와의 연결성을 가리킨다. 로마교회는 인적 연결성을 강조하는 반면, 개신교회는 교리적 연속성을 강조한다. 모든 교회는 타락한 교황 교회의 이질성을 벗어나 사도적인 초대 교회로 돌아가고자 시도했던 종교개혁의 정신에 따라 '끊임없는 자체 개혁(semper reformanda)'을 실천함으로써 성경에 나타난 사도적인 교회의 원리에서 이탈하지 않도록 부단히 노력해야 한다. 비록 시대적인 요구와 문화적인 차이에 따른 개발과 적응은 성령님의 인도하시는 바로서 수구적인 방법적 보수주의에서 탈피해야 되지만, 신앙의 내용과 교회운영의 원리에 있어서는 계시된 말씀과 초대 교회의 모범에서 이탈하여 사도성을 상실하지 말아야 한다.

자유주의의 교회론이 매우 위험한 것은, 교회가 역사의 흐름에 따라서 얼마든지 자신을 변화해 갈 수 있다는 생각이다. 그래서 그 시대의 교회의 모습으로 시대에 맞게 가르치고, 그 시대에 맞게 형태를 바꾸고, 그 시대에 맞게 모든 제도를 바꿔 가면서 교회가 살아남아야 한다고 주장한다. 교회가 살아남기 위해서는 시대에 맞게 변화하고 적응해야 한다는 논리는 매우 강력한 현실주의적 사고가 아닐 수 없다. 물론, 교회는 시대와 상황에 적응해야 하지만 본질은 변할 수 없다. 본질이 변하면 더 이상 진정한 교회가 아니기 때문이다. 따라서 교회가 본질적 요소를 포기하면서라도 존속해야 된다는 생각은 정당하지 못하며, 그렇게 하여 존속한다 할지라도 아무 의미가 없다. 우리가, 형식은 새로운 세계의 변화에 대처해야 하고, 유대인에게는 유대인과 같이 헬라인에게는 헬라인과 같이 우리 자신을 적응시킬 줄 알아야 하지만, 본질은 잃어버리면 안 된다. 사도적인 본질, 즉 예수 그리스도께서 처음에 교회를 설립할 때 세웠던 원리와 원칙을 결코 버려서는 안 된다. 형식의 보수나 전통의 보수는 지양해야 되지만, 근본적으로 사도성의 보수가 교회의 본질을 유지한다.

따라서 교회는 교회 지도자들이나 다수의 생각이 교회를 지배하지 못하게 해야 한다. 실로, 교회의 타락은 소수의 이념이나 욕망에 따라 교회가 변질될 때 발생하였다. 교회의 주인은 오로지 예수 그리스도이며, 어떤 경우에도 그의 이념과 원칙이 교회를 지배해야 한다. 성경에 계시된 하나님의 말씀이 교회의 유일한 법이다. 이런 의미에서, 교회는 중우정치도 아니다. 다수가 찬성하면 무엇이든지 할 수 있는 다수의 지배도 교회의 원리가 아니다. 물론, 원칙적으로 성령께서는 교회를 지도할 때 교인들을 통하여 그 뜻을 나타내지만, 그것은 교인들이 자기의 주장이나 욕망을 포기하고 성령에 순종할 때만 유효하다. 항상 다수의 생각의 옳은 것도 아니며, 그렇다고 항상 소수의 생각이 옳은 것도 아니다. 교회는 사도성의 원리에 따라 항상 자기를 반성하고 성경에 기록된 사도들의 가르침에 위배되는 교회의 전통이나 결정이나 실천을 개혁해야 한다.

⚜

종교개혁자들은 참된 교회의 증표(notae verae ecclesiae)로서 다음 세 가지를 제시하였다. 첫째로, 말씀이 순수하게 전파되어야 한다. 철학적인 영향이나 시대정신 혹은 이데올로기에 의해 왜곡된 성경 해석과 가르침은 배격되어야 한다. 성령의 순수한 조명을 이질적인 사상적 편견으로 가리지 말고, 순수하고 건전한 지성과 감성으로 그리고 성경 전체의 종합적인 안목으로 성경을 해석하고 가르쳐야 한다. 둘째로, 성례가 올바로 실시되어야 한다. 성례란 예수님이 친히 제정하신 성찬식과 세례식을 가리킨다. 성찬식은 빵과 포도주의 두 요소가 성경의 엄숙하고 진지한 지침에 따라 거룩하게 행해져야 한다. 그리고 세례는 내면적으로 그리스도를 믿고 성령 세례를 통해 중생을 받은 자에 한하여, 교회가 삼위 하나님에 대한 학습을 선행한 후 교회 앞에 신앙을 고백하고 세례를 베풂으로써,

교회에 공적으로 가입시키고 천국에 맺어 주는 예식이다. 일부 교파를 제외하고는 가족 단위의 계약 신앙에 따라 신자의 자녀에게도 세례를 베풀고 장성한 후 본인이 신앙고백을 함으로써 입교시킨다. 초대 교회 교회론의 대가였던 키프리안(Cyprian)은 "교회 밖에 구원이 없다(extra ecclesiam nulla salus)"고 주장하였는데 개신교회도 이에 동의하였다. 마태복음 10장 32-39절, 로마서 10장 9절 등은 공적인 신앙고백이 없는 구원의 가능성을 배제하였다. 교회 안에 '가라지'가 있을 수는 있으나, 교회 밖에 '알곡'이 있을 수는 없다. 그러므로 예외적인 상황은 인정되지만, 공적인 신앙고백의 결과로 주어지는 세례는 구원에 필수적이다. 셋째로, 권징이 신실하게 시행되어야 한다. 교회의 성결성 유지와 질서를 위해, 그리고 주님의 명예를 위해 교회는 교인들을 감독하고 권징해야 한다. 교리 혹은 윤리적 탈선을 발견할 때는 수찬 정지, 정직, 해직, 또는 출교의 방법으로 징계하되, 사랑의 방식으로 먼저 간절히 권면하고 교회 대표의 권면을 거부할 경우 단계적으로 징계한다. 이러한 징계가 두려움이나 인간적 관용으로 신실하게 시행되지 않을 때 교회는 점점 오염되고, 급기야는 세속 사회보다도 더 낮은 윤리적 기준을 가지고 사회적인 비판의 대상이 되는 결과를 가져온다. 현대 교회는 심각한 교리적 혼란과 윤리적 타락에도 불구하고 교회 성장주의와 사생활 불가침의 개인주의 수용으로 인해 권징이 점차 사라져 가고 있다.

실로, 교회의 개혁 운동이란 교회의 참된 모습을 회복하려는 부단한 노력이다. 그러나 개혁무용론을 주장하는 사람들도 많다. 개혁자 칼빈은 당시에 여러 가지 개혁무용론이 대두되었다고 소개하는데, 그중 두 가지만 살펴보기로 한다. 첫째는 운명론으로서, 교회의 개혁은 하나님께서 친히 하시는 일이지 사람의 노력으로 갑자기 일어날 수 없다는 것이다. 이러한 사고에는 "교회가 너무 타락하여 회복할 희망이 없기 때문에 고치려 해도 허사다."는 비관론이 숨어 있다. 칼빈은 이에 대하여, 물론 교회의 개혁은 주님께서 하시는 일이지만, 우리는 그의 종으로서 그의 일을 성취하는 입과 손이 되어야 한다는 것이었다. 둘째는 평화주의로서, 개혁 운동이 교회의 평화를 깨뜨리고 교회의 외형적 일치를 파손한다는 주장이다. 실로 개혁 운동은 하나의 투쟁이며, 이는 자연히 싸움과 혼란을 야기한다. 그러면 모든 투쟁과 싸움은 다 나쁜 것이라고 정죄해 버리며, 그럼으로써 기존 권력의 유지를 정당화한다. 이런 논리에 대하여 칼빈은 이렇게 탄식하였다. "평화를 되찾는 유일한 조건은 우리가 침묵함으로 말미암아 하나님의 진리를 배신하는 일이었습니다." 그는 우리가 추구할 평화는 그리스도의 평화이며, 결코 교회에서 독재를 관용하므로 그리스도의 주권이 짓밟히는 상태를 연장시키는 묵종이 아니라고 주장했다.

⚜

　도스토예프스키의 소설 『카라마조프의 형제들』에 보면, 종교 재판이 기승을 부리던 중세에 예수님이 스페인의 세빌에 방문하여 대재판관인 추기경과 만나는 유명한 이야기가 있다. 이 교회지도자는 예수님을 체포하여 수감하고 밤에 조용히 찾아가, "당신이 준 자유를 모두가 가져와 우리에게 주었는데, 다시 자유를 되돌려주는 것은 우리 일을 매우 힘들게 하는 것이다."라고 비난하며 '모든 이단 중의 가장 악한 자'로 정죄하여 내일 화형에 처하겠다고 말한다. 교회의 개혁 운동은 교회지도자들에게 매우 곤혹스러운 일이다. 그러나 교회에 그리스도의 주권이 약화되고 사람들의 통치가 기승을 부리면 교회는 더 이상 그리스도의 교회가 아니라 사람들의 왕국으로 전락할 위험에 처하게 된다.

－ 이정석
(목사, 풀러신학대학원 조직신학 교수)

2. 한국 교회 개혁의 내용과 방향

 I. 시작하는 말

독일의 삭소니 지방에서 어느 날 어떤 한 사람이 대중을 모아 놓고 연설을 하고 있었다. 연설의 목적은 '면죄부' 라는 것을 사람들에게 팔기 위함이었다. 그는 목청을 높이면서 사람들이 왜 면죄부를 사야만 하는지에 대한 이유를 이렇게 설명하고 있었다.

"자! 여러분 들어 보십시오. 지금 하나님과 성 베드로께서 여러분을 부르고 있습니다. 여러분의 영혼의 구원과 우리 곁을 떠난 사랑하는 사람들의 구원을 곰곰이 생각해 보십시오. 사랑하는 친척들과 친구들이 죽어서 여러분에게 외치는 소리를 들어 보십시오. '우리를 좀 살려 줘, 제발 좀 살려다오. 이 지긋지긋한 지옥 불 속에서의 고문, 고통, … 너희의 단돈 몇 푼이면 거뜬히 면할 수 있을 텐데.' 여러분, 이 음성이 들리지 않습니까? 그럴 마음 없습니까? 귀를 번쩍 뜨십시오. 죽은 아버지가 아들에게,

죽은 어머니가 딸에게 애원하는 소리를 들어 보십시오. '널 낳아 길러 준 우리지 않느냐? 네게 유산까지 남겨 주었는데 그렇게 박절하게 이 불 속에 고통스럽게 있게 내버려두겠느냐?' 여러분은 그들을 구원할 수 있습니다. 어렵지 않습니다. 그것은 동전이 궤짝 속에 '짤랑' 하고 떨어지는 순간 그 영혼은 지옥에서 튀어 오르기 때문입니다. 이 면죄부를 사시면 됩니다. 신령하고 불멸하는 한 사람의 영혼을 천국으로 보내는 데 단돈 금화 4분의 1입니다."

⚜

이 연설을 한 사람은 도미니크회의 탁발 수도사였던 테첼이라는 사람이었다. 로마 제국이 무너지면서 그 이후의 역사를 우리는 중세라고 한다. 중세기의 가톨릭 교회는 점점 변질되기 시작했다. 교회는 사도행전에서 나오는, 그 옛날 베드로가 앉은뱅이에게 한 "은과 금은 내게 없거니와 내게 있는 것으로 네게 주노니 곧 나사렛 예수의 이름으로 일어나 걸으라"는 말씀과는 정반대의 현상이 일어나기 시작하였다. 나사렛 예수의 이름보다는 은과 금을 더 소중히 여기기 시작했다. 지상에서 유일한 신의 대리자이면서 오류가 전혀 없는 존재라는 궤변을 가지고 무소불위의 힘을 행사하던 대부분의 교황들은 수많은 재산을 축적하였으며, 축첩과 노름 그리고 사냥에 많은 시간을 허비하고 있었다. 그중에 레오 10세라는 교황이 있었다. 그는 자신의 전임자가 계획한 성 베드로 대성당의 건축을 완성하고자 하였다. 많은 자금이 필요한 것은 당연했고, 이것을 충당하는 방안으로 희한한 면죄부라는 것을 판매하였다. 면죄부란 돈으로 죄를 용서받고 심지어 자신의 가족이나 친척도 면죄부를 사는 순간 지옥에서 천국으로 다시 올라온다는 것이었다.

도미니크회의 탁발 수도단은 중세의 교회가 타락의 정점에 서 있었을 때, 성경을 문자 그대로 온몸으로 실천했던 사람들이다. 그들은 무소유의 삶을 살면서 전대를 갖지 않고 거지처럼 돌아다니면서 복음을 전하던 사람들이었다. 이들은 세속화된 교회 안에 신선한 충격을 가져왔다. 교황이 아시시의 성 프란체스코(St. Francis of Assisi)가 세운 프란체스코회와 더불어 공식 기구로 인정할 만큼 이들은 타락한 교회 안에서 순결과 정화수의 역할을 했다. 그러나 그런 도미니크회의 테첼 수도사도 이렇게 어처구니없이 성경말씀에 근거도 없는 면죄부를 파는 데 앞장섰던 것을 보면, 결국 어떤 것이든 세월이 지나면 얼마든지 타락하고 변질이 될 수 있다는 것을 웅변적으로 보여 주고 있다.

2004년은 종교개혁 487주년이 되는 해이다. 종교개혁일은 프로테스탄트(Protestant)라고 하는 개신교가 이 땅에 최초로 생겨나게 된 날이다. 1517년 10월 31일, 당시 독일의 수도사였던 마르틴 루터(Martin Luther)가 가톨릭(Roman Catholic)의 부패와 타락, 면죄부(indulgence) 판매에 항거하여 비텐베르크대학교 정문에 95개조의 반박문을 걸어 놓으면서 본격적으로 시작되었다. 당시 교회의 변질의 내용은 한마디로 왜곡과 변형이었다. 개신교라는 말의 프로테스탄트는 '반항하는 사람들' 이라는 뜻이다. 로마 가톨릭에 의해서 자행되었던 왜곡되고 변형되었던 것을 과감하게 돌이키고 회복하는 데서부터 개신교가 시작되었다는 것을 잊어서는 안 된다. 그렇지만 우리 개신교 역시 지난 500년의 역사 속에서 과연 얼마나 말씀의 변형과 왜곡이라는 것에서 자유로웠는지 살펴볼 필요가 있다.

따라서 교회의 역사나 성경 속에서 자행된 왜곡과 변형의 내용들 몇 가지를 살펴보고 오늘의 한국 교회의 자화상을 성찰해 보면서 한국 교회의 개혁 내용과 방향이라는 관점에서 몇 가지 대안을 제시해 보고자 한다. 특히 코리안 아메리칸(Korean American)이라는 콘텍스트(context) 가운데 있는 한인 이민 교회의 관점에 포커스를 두고 생각해 보려고 한다.

II. 한국 교회의 개혁 내용과 방향

1. 왜곡과 변형들

인간의 최초의 비극인 타락의 사건도 사실은 하나님 말씀의 왜곡과 변형에서부터 시작되었다고 볼 수 있다. 하나님은 아담과 하와를 에덴동산에 거하게 하시고 그들에게 명령하셨다. "여호와 하나님께서 그 사람에게 명하여 가라사대 동산 각종 나무의 실과는 네가 임의로 먹되 선악을 알게 하는 나무의 실과는 먹지 말라 네가 먹는 날에는 정녕 죽으리라 하시니라"(창 2:16-17) 여기서 정녕 죽으리라는 것은 반드시 죽게 되리라는 뜻이다. 그러나 사탄의 유혹을 받은 여자 하와는 아담에게 이렇게 말한다. "동산 중앙에 있는 나무의 실과는 하나님의 말씀에 너희는 먹지도 말고 만지지도 말라 너희가 죽을까 하노라 하셨느니라"(창 3:3) 여자는 "정녕 죽으리라" 하는 하나님의 말씀을 "죽을까 하노라"라고 교묘하게 왜곡하였다. 그 왜곡시킨 말씀을 그녀는 하나님의 말씀이라고 우겼다. 왜 그렇게 했을까? 자신의 욕망 때문이었다. 최초의 인간의 타락은 말씀의 왜곡과 변형 때문이었고 그것은 하나님의 말씀을 처음으로 받았던 첫 사람들에 의하여 이루어졌다.

종교개혁이 시작되게 된 동기는 로마 가톨릭 교회의 타락이었다. 당시의 교회의 타락의 가장 큰 본질도 진리에 대한 왜곡과 변형이었다. 루터에 의하여 종교개혁의 도화선이 되었던 면죄부라는 것도 하나님의 말씀인 성경의 왜곡이 아닌가? 누구에 의한 왜곡이었는가? 성경을 모르는 사람들이 아니었다. 그 성경을 누구보다 더 잘 알고 온몸으로 실천해야 할 사제와 교회들이었다. 어떤 것이든 진리에 대한 왜곡은 그 진리를 모르는 외부의 사람들에 의해 이루어지는 것이 아니다. 진리를 잘 알고 그 진리를 지켜 나가야 하는 사람들에 의해 이루어진다. 회교도의 경전인 코란을 왜곡하는 사람들은 코란을 모르는 사람이 아닌 코란을 잘 아는 사람들이고, 불경을 왜곡하는 사람들도 불경을 잘 아는 사람들인 것처럼, 하나님의 말씀인 성경을 왜곡시키는 사람은 교회 밖에 있는, 성경에 무지한 사람이 아니라 성경을 잘 아는 우리라는 데 문제의 심각성이 있다.

역사 속에서 이 사실을 증명하는 것은 어렵지 않다. 가장 대표적인 것은 십자군 전쟁의 사건이다. 필자는 수년 전에 러시아와 카자흐스탄으로 단기선교를 간 적이 있었다. 그때 카자흐스탄의 수도 알마티를 중심으로 설립된 몇 개의 카작 교회들을 방문한 적이 있었다. 그런데 교회마다 상징이 되어야 할 십자가가 없는 것이 눈에 띄었다. 현지 선교사님께 이 사실을 물었더니 카작에서 교회는 십자가를 달지 않는다는 것이었다. 왜냐하면 한마디로 십자군 전쟁의 결과 때문이라는 것이었다. 십자군 전쟁시 십자가의 깃발을 들고 십자군이라는 명분으로 가한 참혹함이 수많은 세월의 흐름 속에서도 여전히 회교도들에게는 씻을 수 없는 상처가 되어 쓴 뿌리로 내재해 있기 때문에 십자가의 상징에 대한 거부감이 많고 그것 때문에 십자가를 달지 않는다는 것이었다.

1095년 교황 우르바노스 2세에 의하여, 당시 이슬람 지배 하에 있던 성지 예루살렘을 탈환한다는 명분으로 군사를 모집하여 제1차 십자군 전쟁을 일으켰고, 그들이 다가간 곳곳에서 얼마나 참혹하게 이슬람교도와 유대인들을 죽였는지를 우리는 너무나 잘 안다. 십자군의 기록이 스스로 이렇게 증언하고 있다. "솔로몬 성전 입구를 지날 때 우리는 말을 탄 채 무릎 높이까지 올라온 피의 강을 지나갔다. 성전은 오랫동안 이단자들에게 불경스러운 모독을 당해 왔으니 바로 그 장소를 이단자들의 피로 가득 채운 것은 하나님의 훌륭한 심판이 아닐 수 없다." 지난 2000년 3월 12일에 교황 요한 바오로 2세는 '사죄의 날' 미사를 집전하면서 "회상과 화해–교회의 과오"라는 제목의 참회서를 공표했다. 새로운 밀레니엄을 맞아 지난 2천 년간 로마 가톨릭 교회의 죄상을 고백하고 사죄를 구하면서 교황은 십자군 전쟁을 대표적인 교회의 실수로 지적했다. 이렇게 말했다. "십자군 원정은 인류를 피의 구렁텅이로 몰아넣었다. 성지 회복이란 숭고한 목적의 이면에는 너무나 불손한 의도가 숨어 있었다. 유럽인들의 아픔이 이슬람보다 클 수는 없다." 결국 십자군 전쟁은 역사 속에서 교회가 가장 잘못된 진리에 대한 왜곡과 변형이라는 것을 현재의 교황이 인정하고 사죄한 것이다.

어디 이뿐일까? 돈으로 천국과 지옥을 움직일 수 있다고 기만한 면죄부 역시 왜곡과 변형이요, 눈에 보이지 않는 영이신 하나님이 아닌 눈에 보이는 온갖 성상과 엠블렘(emblem)을 신앙의 대상으로 추구한 것이나, 1869년 제1차 바티칸공의회에서 결의한 교황의 무오성 등은 가장 대표적인 진리에 대한 왜곡과 변형이 아닐 수 없다.

가톨릭에 의해서 자행되었던, 왜곡되고 변형된 것을 돌이키고 회복하는 데서부터 개신교가 시작되었다면, 우리 개신교 역시 지난 500년의 역사 속에서 과연 얼마나 말씀의 변형과 왜곡이라는 것에서 자유로웠는지 살펴볼 필요가 있다. 음부를 이기는 천국의 열쇠를 부여받은 교회가 신앙 고백과 믿음과 말씀을 건강의 기초로 삼지 않고 성장 제일주의에 입각하여 건물과 숫자와 헌금을 힘으로 삼았다면 그것은 말씀의 왜곡이다. 교회 안에 있는 모든 직분들, 목사, 장로, 집사 권사 등 직분은 교회를 섬기고 이웃을 섬기는 것이 아닌가? 그러나 하나의 명예요 타이틀로 간주하고 그것을 남발하고 있다면 역시 성경의 왜곡이다. 교회 안팎의 삶이 표리부 동한 교인, 직업의식에 사로잡힌 목회자 모두가 말씀의 왜곡이요, 황금 만능주의와 기복주의도 성경의 왜곡이다.

❧

 자신의 성취를 위해 하나님을 이용하고 기도조차도 자기 욕망을 성취하기 위한 수단으로 삼아, 감히 자기 욕심을 가지고 하나님에게 떼를 쓰고 이용하는 것이나, 하나님을 믿는 것 같지만 실제적으로는 돈을 믿고 자기의 건강을 믿고 그것들을 하나님보다 우위에 두는 것도 분명한 왜곡이다. 교통 법규는 제대로 안 지키면서 차마다 십자가나 기독교를 상징하는 물고기 형상의 엠블렘을 부착하고 다니는 것도 엄밀하게 샤머니즘적인 부적이요, 그것 또한 왜곡과 변형이 아닐까? 내 인격을 변화시키는 하나님의 말씀조차도 자신의 사업이나 가정을 지키기 위한 부적처럼 이용한다면, 그것은 성경의 무서운 왜곡과 변형일 수 있다는 것을 명심해야 한다.

❧

 한국 교회는 바야흐로 세계에서 가장 많은 선교사를 보내는 선교 강국이 되었다. 그 옛날 가난과 차별의 인습 속에 버려졌던 동토의 땅이 이렇게 변화된 것은 분명 하나님이 주신 복이다. 그러나 풍요 속의 빈곤처럼, 홍수가 나서 온 천지가 물뿐이지만 정작 마실 물이 없는 것처럼, 오늘의 한국 교회는 천국의 열쇠를 가진 교회로서 세상 속에서 빛과 소금으로서의 영향력을 끼치지 못하고 있고 다만 맛을 잃은 소금처럼 밖에 버려져 밟히고 있다. 왜 이렇게 되었을까? 하나님의 말씀에 대한 왜곡과 변형 때문이다. 이런 면에서 한국 교회와 특히 이민 교회 안에서 시급히 회복되어야 할 가장 대표적인 왜곡과 변형은 무엇인지를 본질의 회복 차원에서 함께 생각해 보고자 한다. 왜냐하면 이것이 바로 교회 개혁의 길이기 때문이다.

2. 교회 개혁의 내용

(1) 교회론의 회복이다

성경은 지상의 모든 교회가 다 주님의 교회라고 말하고 있다. 마태복음 16장 18절에서 주님은 "또 내가 네게 이르노니 너는 베드로라 내가 이 반석 위에 내 교회를 세우리니 음부의 권세가 이기지 못하리라"고 말함으로써 주님을 하나님의 아들이신 구세주로 믿는다는 인간의 신앙고백 위에 세워지는 모든 교회를 '내 교회', 즉 '주님의 교회' 임을 분명하게 하셨다. 다시 말하면 '이 땅의 모든 교회의 주인은 오직 주님뿐이시다' 는 것을 천명하신 것이다.

그런데도 사람이 주인 노릇을 하는 교회가 있다면, 그 교회의 명칭이 무엇이든지 상관없이 그것은 단순한 인간의 집단일 뿐, 결코 주님의 교회일 수가 없다는 것이다. 부끄러운 마음으로 우리 한국 교회와 이민 교회를 살펴보자. 세계의 기독교 역사상 그 유례를 찾아볼 수 없을 정도로 교회가 부흥했지만, 가장 부끄러운 것도 하나 있다. 교회의 지나친 분열이다. 한국 교회의 역사를 한마디로 정의한다면 분열의 역사라고 해도 과언이 아닐 정도이다. 교단은 교단대로 분열해 왔다. 기독교와 예수교, 통합과 합동이라는 말이 이를 대변한다.

✤

필자가 풀러신학교에서 공부할 때 피터 와그너(Peter Wagner) 교수의 과목을 수강한 적이 있었다. 수업을 처음 시작할 때, 상당수의 수강생이 한국 학생들인지라 각각 자기의 이름과 교단 배경을 소개하였다. 그때 와그너 교수가 자신을 장로교회 출신이라고 소개하는 어떤 한국 학생에게 웃으면서 한국말로 통합이냐 합동이냐를 물어본 적이 있었다. 우리 모두 웃음으로 넘겼지만 속으로는 씁쓸하기 그지없었다. 마치 통합이나 합동이라는 말이 언어의 유희가 아닌가 하는 조소처럼 들렸기 때문이었다. 어느 선교사가 한국에 가보고는 기독교와 예수교가 싸우는 희한한 나라라고 하지 않았던가?

교단뿐 아니다. 교회는 교회대로 줄기차게 분열해 왔다. 그런데 그 분열의 가장 주된 원인이 무엇인가? 사람이 교회의 주인이 되려고 했기 때문이다. 그렇다면 왜 유독 우리 한국 교회, 이민 교회들만 분란이 많고 분열을 만드는가? 그것은 주님만이 교회의 주인이 될 수 있다는 아주 단순한 진리가 왜곡과 변형으로 훼손되고 있기 때문이다. 오늘 이민 사회의 교회들을 아픈 마음으로 들여다보자. 교회마다 갈등과 분열이 악순환의 고리처럼 얽혀 신음하고 있다. 그 갈등의 본질은 사람이 교회의 주인이 되고자 하는 데 있다. 이 땅의 모든 교회는 주님의 교회이다. 사람의 교회일 수 없다.

우리가 언제나 고백하고 인정해야 할 진리는 주님이 세우신 교회만이 진정한 교회라는 것이며, 교회의 주인은 사람이 아니라는 것이다. 우리는 보통 얘기할 때 그 교회 누가 세웠느냐? "어떤 돈 많은 장로님이 세웠다. 아무개 목사님이 개척했다. 부자 권사님이 세웠다."는 얘기들을 많이 한다. 말은 맞는지 모르지만 뜻은 틀린 말이다. 사람이 세우는 교회는 모두 가짜이다. 주님이 세우신 교회만이 진정한 교회다. 물론 사람은 주님이 세우시는 교회에 영광스럽게 쓰임을 받은 것이다. 부르심을 받은 것이다. 이것을 분명히 해야 한다. 교회는 사람이 세울 수 없다. 교회는 인간적인 조직이 아니다. 교회는 인간이 주인이 되고, 인간적인 조직이 될 때 타락하기 시작한다. 냄새가 난다. 세상적인 방법이 들어오고, 회사를 경영하듯 하는 방법이 들어오면 교회는 위기를 맞게 된다. 교회가 세상처럼 돈 좋아하고 건물이나 권력을 좋아하면 썩어 가기 시작한다. 진정한 교회는 주님이 세우신 것이다.

⚜

교회는 주님의 말씀("내가 반석 위에 내 교회를 세우리니")을 잊어버려서는 안 된다. 교회는 날마다 이것을 생각해야 한다. 교회의 주인은 예수 그리스도이시기에 때문에 우리는 그분의 부르심을 받은 것이고, 그분이 원하시는 교회를 위하여 우리 모두 순종하고 헌신하는 것임을 고백해야 하는 것이다. 사람은 교회의 주인이 될 수 없다.

사람이 교회의 주인이 될 수 있다는 생각에서부터 교회의 왜곡과 변형이 시작이 된다. 그러다 보니 교회의 건강함을 주님이 말씀하시는 신앙고백과 영적 권세로 삼지 않고 헌금과 숫자와 건물로 간주하게 된다. 그러다 보니 한국 교회는 옥한흠 목사가 지적한 대로 허세와 허수와 허상에 익숙한 교회가 되어 버렸다.

교회는 건물이 아니다. 유타(Utha) 주에 가면 몰몬교 성전이 있다. 그래서 솔트레이크(Salt Lake City)가 유명한 관광지이다. 몰몬교도들에 의하면 그 성전을 40년 동안 지었다고 한다. 교묘하게 짜맞춘 듯한 성경의 왜곡이다. 화강암으로 지었는데, 그 돌 하나를 20마일 이상 떨어져 있는 근처의 코튼우드 협곡(Cottonwood Canyon)에서부터 날라 오는 데 약 2~3일이 걸렸다고 한다. 인간의 역사로는 불가능한 것을 이룬 듯 그 성전을 볼 때마다 웅장함에 압도될 수밖에 없다. 더군다나 그 성전은 아무나 못 들어가고 몰몬교 신자들 중에서도 자격이 되는 사람들만 들어가게 되어 있다. 그러다 보니 그 신비감이 더 증폭되는 느낌이다.

그러나 가만히 생각해 보자. 몰몬교 성전이 겉으로 드러나는 접근 금지의 웅장함 때문에 거룩한 곳일까? 거룩함이 과연 장소의 개념일까? 예수님이 40년 동안 지은 예루살렘의 솔로몬 성전을 자랑하는 유대인들에게 뭐라고 도전했는가? "이 성전을 헐라. 내가 3일 만에 다시 지으리라!" 유대인들이 분노하면서 흥분했지만 주님은 친히 십자가에 죽으시고 십자가에서 3일 만에 부활하셔서, 장소 개념으로서의 성전의 휘장을 가르시고 자신이 친히 성전이 됨을 드러내셨다. 좀더 지혜로운 몰몬교도들이라면 외양을 통해 드러내는 몰몬 성전의 겉모습을 통해 의미를 부여하려고 하는 것은 현대판 무지몽매한 바벨탑이라는 허상이라는 것을 깨달을 수 있을 것이다. 교회는 건물이 아니다. 교회의 머리는 주님이시기에 사람이 교회의 주인이 될 수 없다.

모든 교회 치고 어느 교회가 처음부터 사람을 주인으로 삼기 위해서 세워졌겠는가? 처음에는 주님의 교회가 되기 위하여 주님의 이름으로 세워졌을 것이다. 그러나 세월이 흐르면서 믿음의 본질이 타락하고, 교회를 이루는 사람들이 하나님의 교회에 부름을 받았다는 사실을 망각하고 교만하게 될 때부터 왜곡과 변형은 시작되고, 그러다 보니 교회는 인간의 교회가 되어 교회마다 이렇게 부끄럽고 안타까운 일들이 일어나게 되는 것이다. 사람이 주인인 교회는 참 교회가 아니다. 이민 교회는 교회 공동체가 두렵고 떨림으로 날마다 고백하고 확인해야 할 것이 있다. 주님께서 교회의 주인 되심을 인정하자는 것이다. 이것이 교회의 가장 중요한 개혁이다. 아무리 세월이 흘러도 주님께서 모든 교회의 주인 되심을 잊지 않을 때 이민 교회는 더욱 교회다울 것이다.

(2) 직분론의 회복이다

주님의 교회에 우리는 각자 주어진 직분으로 부름 받았다. 직분은 하나님께서 우리에게 교회를 세우고 주님의 일을 하라고 주신 것이다. 그러나 심각할 정도로 직분 역시 왜곡되고 변형되어 있다.

얼마 전 한국의 대형 감리교회 담임목사에게 검사가 횡령사건의 결심 공판에서 5년 형을 구형한 적이 있었다. 그때 검사의 논고 내용이 작은 파문을 일으켰다. 핵심 내용은 목사가 "자신과 교회를 분리시켜 생각할 수 없고 자신의 명예는 곧 교회 명예와 동일하다."고 일관되게 주장한 것을 반박하는 부분이다. 당시 횡령혐의로 구속된 목사는, "목사 없는 교회는 생각할 수 없으며, 목사를 위한 어떠한 공금 지출도 교회를 위한 명목으로 치부될 수 있다."고 주장하였다. 이 같은 논거에 대해서 검사는 "목사가 믿고 의지하는 여호와 하나님은 피고인 목사의 명예에 좌우되는 신이 아니다."며 "교회는 예수님이 피로 값 주고 사신 그리스도의 몸이고 모형이며, 목사는 그 중 하나의 지체일 뿐 교회의 머리는 예수 그리스도"라고 반박했다.

검사의 이 같은 반론은 한국의 대형 교회 담임 목회자가 막강한 종교적 카리스마를 토대로, 마치 가톨릭의 교황처럼 신의 대리인이며 교회 자체이자 모든 헌금을 관장하는 최고의 통수권자로 통하는 왜곡되고 변형된 현실에 대한 통렬한 논박인 셈이었다. 그 목사가 내세우는 소위 '담임 목회자와 교회 일체론'은 '짐이 곧 국가'라는 식의 왜곡이요 변형이다. 교회는 주님이 주인이시고 머리가 되신다. 목사는 그 교회에 목회자로서 부름 받은 것이고 목사직은 성직이지만, 그 성직이 평신도와 구분되어 신분의 우열의 관계가 아니라 부르심의 차이라는 사실을 염두에 두어야 한다.

❧

오늘날 교회 안에서 직분이 왜곡되고 변형되는 것은 목사직만이 아니다. 장로라는 직분에 대한 왜곡도 있다. 현재 한국 교회나 이민 교회가 당면한 가장 시급히 해결해야 할 문제는 목회자와 장로의 관계 정립이다. 헤아릴 수 없이 많은 교회들이 크고 작음에 상관없이 이 관계로 인하여 갈등하고 있다. 1998년 한국의 온누리교회(하용조 목사)에서 '열린비전 대회' 중에 리더십의 관점에서 목사와 장로의 관계를 다룬 적이 있다. 장로와 목사의 관계가 불편한 이유를 다섯가지로 지적하였다. 개념의 몰이해, 업무의 한계 모호, 장로 정치 영향, 의식의 문제, 그리고 교회의 주인 의식이다. 그 중에 개념의 몰이해가 가장 우선순위의 문제가 아닌가 생각한다.

목사와 장로는 회중을 대표해서 부름 받은 지도자이지만, 그 임무가 목사와 동격으로 이해하는 입장이기에 갈등을 이루고 있다. 사람은 누구나 자기의 경험, 지식, 생각만큼 일한다. 서로 부름은 받았지만 그 차이는 있다. 목사의 목회의 전문성을 인정해야 한다. 장로는 교회 일에 전문가가 아니다. 목사는 누구 못지 않게 이 분야를 전공했다. 누구보다 넓고 깊은 견문을 쌓은 사람이다. 먹고 자는 일 이외에는 늘 생각하며 연구를 거듭하는 것이 목사의 일이다. 자신의 사명을 위하여 때로는 밥맛을 잃고 금식기도하며, 때로는 교회 일로 걱정이 되어 잠을 이루지 못하기도 한다. 이제 성경적으로 옳지 못한 관계나 제도로서의 당회 제도는 개혁되어야한다. 구조적인 개혁, 체제 개혁이 있어야 한다. 그것이 건강한 교회를 세우는 길이다.

또 한 가지 한국 교회나 이민 교회가 지양해야 할 것이 직분의 남용이다. 처음에 이민 교회를 경험하게 되면서 이해되지 않는 것이 이 부분이었다. 비교적 괜찮은 학력의 배경에다 헌금은 잘하고 경제력은 있지만 신앙이나 그 인격은 너무나 수준 미달인 분들이 의외로 안수집사라는 직분을 많이 가지고 있다는 사실이었다. 이민 사회의 특성상 치열한 교인 쟁탈전에서 부득이한 생존 전략으로 직분을 남발한 것이 아닌가 하는 생각이 들었다. 오늘날 매우 심할 정도로 교인들 수평 이동이 자연스런 문화가 되어 버렸다. 그러다 보니 교회마다 자격도 되지 않는 사람들에게 직분을 주어 그 교회에 붙들어 놓겠다는 인간적인 발상을 아주 배제할 수는 없다고 생각한다.

직분은 타이틀이 아니다. 특권도 아니다. 신앙 연륜에 대한 공로로 주어지는 것도 아니다. 직분은 하나님의 일을 하도록, 섬기고 봉사하도록 주어진 것이다. 직분을 가질수록 '노블리스 오블리제'의 자세가 필요하다. 더 낮은 모습으로 남을 나보다 낮게 여기는 겸손으로 섬기는 종이 되어야 한다는 뜻이다. 이런 면에서 직분은 십자가를 지는 것이기 때문에 직분의 의미와 비중에 의미를 부여하고 무게를 두어야 한다. 이민 교회는 특히 이런 직분에 대한 잘못된 변형과 왜곡에서의 회복이 필요한 시기라고 본다.

(3) 헌금 및 재정의 회복이다

개신교가 이 땅에 태동된 최초의 동기 역시 헌금 문제라고 해도 과언이 아니다. 왜냐하면 가톨릭이 부패할 때로 부패한 그 이면에는 면죄부를 파는 등 각종 헌금에 대한 강요가 극에 달하였기 때문이었고, 여기에서부터 루터의 종교개혁이 시작되었기 때문이다. 그러나 헌금에 대한 지나친 강요의 반발에서부터 시작된 개신교 역시 오늘날 아이러니컬하게도 헌금 문제로 인하여 많은 사람들이 교회를 떠나거나 혹은 교회에 대한 부정적인 생각을 갖게 되었다. 그런 면에서 교회의 헌금 문제는 피할 수 없는 뜨거운 이슈가 아닐 수 없다.

사실 헌금은 신앙생활에 있어서 매우 중요한 문제이다. 왜냐하면 헌금은 거듭난 하나님의 자녀로서의 헌신과 신앙의 가장 중요한 고백적 표현 가운데 하나이기 때문이다. 이것은 필자의 생각이 아닌 성경이 분명하게 가르치고 있는 사실이다. 일찍이 종교개혁자 루터는 진정한 회심의 완성은 "돈지갑의 회심"이라고 했고, 감리교의 창시자 웨슬리(John Wesley)는 말하기를 "나는 주머니가 회심하지 않은 사람의 회심을 믿지 않는다."고 하였다. 사도 바울도 성도나 교회의 헌금을 받아서 선교하였고, 예수님도 비유 중 많은 부분을 물질과 관련하여 가르치셨으며, 과부의 두 렙돈의 헌금 자세(막 12:42-44)를 예로 들기도 하셨다. 다만 주님은 돈이란 단순한 교환 가치의 수단이 아닌 그 속에 들어 있는 인격(spirit)임을 경계하기도 하셨다. 그래서 "한 사람이 두 주인을 섬기지 못한다"고(눅 16:13) 말씀하셨던 것이다. 그만큼 헌금은 신앙의 중요한 표현이면서 동시에 오늘날 사람들로 하여금 교회의 수용 여부를 판가름하는 중요한 척도가 되기도 한다.

오늘날 헌금에 대하여 많은 교인들이 부담스러워한다. 그러나 중요한 것은 헌금이라는 행위보다 더 중요한 것이 헌금의 의미이다. 교회는 '헌금이란 무엇이며 왜 헌금을 해야 하는가?' 하는 것들을 올바로 가르쳐 주어야 한다. 그런 점에서 칼빈의 "오늘날 교회의 문제는 헌금에 대하여 너무 많은 이야기를 하는 것이 아니라, 헌금에 대해서 바르게 이야기하지 않는 것이다."라는 말은 올바른 지적이라고 본다. 목회자는 헌금에 대하여 말하기 어렵지만 그럴수록 정직하게 헌금의 본질을 말할 수 있어야 한다.

또 헌금 항목을 단순화할 필요가 있다. 한국의 교회가 헌금 항목이 세금 항목보다 더 많다는 말이 있다. 여러 가지 명목으로 헌금을 지나치게 세분화하는 것은 성도들로 하여금 헌금을 강요하기 위한 수단으로 의도의 순수성을 의심받기 쉽다. 그것보다는 성경에 엄연히 말씀하고 있는 십일조를 헌금의 중심으로 삼는 것이 바람직하다. 십일조는 하나님의 은혜의 응답이요, 하나님의 소유권에 대한 상징적인 것이기 때문이다. 따라서 교회는 성도들에게 십일조의 기쁨과 의미를 가르쳐 주면서 십일조를 하게 하고, 십일조를 중심으로 예산이 운용되도록 하는 것이 좋다고 본다.

필자가 살펴본 바로는, 대부분의 미국 교회에는 헌금 항목이 두 가지였다. 하나는 십일조이고 다른 하나는 'Love Offering'이다. 'Love Offering'은 감사헌금이라고 말할 수도 있겠지만 그 내용은 훨씬 광범위하다. 구제와 감사와 선교와 모든 것을 다 포함하는 의미가 있다. 그래서 성도들로 하여금 하나님께서 가르쳐 주신 십일조를 중심으로 헌금을 하되, 감사헌금이나 선교헌금(혹은 구제헌금), 그리고 목적헌금 등으로 단순화하는 것이 좋다고 본다. 최근 『감자탕교회 이야기』를 보면 서울광염교회(조현삼 목사)의 재정도 십일조를 중심으로 운영되고 있고, 절기 헌금(성탄, 추수감사, 부활절 등)은 모두 구제헌금으로 지출하는 것을 원칙으로 하는 것이 사람들에게 바람직하게 어필되고 있음을 주목할 필요가 있다.

헌금은 강요가 아닌 자원하는 마음으로 드리는 것이어야 한다. 목회자 개인의 뜻이나 교회의 뜻을 이루기 위한 수단이 아닌 하나님께 드리는 거룩한 것이라면 강요나 부담이 아닌 기쁨이어야 한다. 그런 의미에서 교회의 헌금 문화도 바꿀 필요가 있다. 성도들로 하여금 샤머니즘적인 접근이나 체면에 호소하거나 혹은 경쟁적 방법으로 헌금을 강요하기보다는, 하나님 사랑과 이웃 사랑의 가장 고상한 표현으로 드릴 수 있도록 해야 한다.

그리고 교회의 비전이 헌금의 지출 속에서 반드시 표현되어야 한다. 교회의 본질이 복음을 전하고 영혼을 구원하는 등 타인을 위하여 존재하는 기관이라면 구제비와 선교비·전도비의 지출이 많은 비율을 차지해야 옳다고 본다. 그리고 많으면 많을수록 바람직하다고 생각한다. 다만 교회의 형편에 따라 점진적으로 향상시켜 나가는 것이 좋다고 본다.

✤

헌금의 회복을 위하여 다음과 같은 것을 제안하고 싶다.

① 목회자는 가급적 교회의 재정에 간섭하지 않는 것이 좋다. 성직이란 청빈을 말한다. 그러므로 목회자는 성직자로서 재물에 초월한다는 모습을 보일 필요가 있다. 사실 오늘날 교회 안의 문제점 가운데 하나가 목회자와 돈 문제이다. 목회자가 지나치게 돈에 집착한다는 것이다. 사도행전 6장에서 사도들은 말씀과 기도에 전념하고 구제와 행정은 집사를 선택하여 담당시킨 것처럼, 목사는 본연인 말씀과 영적 직무에 최우선을 두는 것이 바람직하다.

② 교회 재정의 투명성을 위한 제도적 장치가 필요하다. 재정 보고는 매월 한 번씩 반드시 하게 하고, 재정부는 반드시 1년직으로 한다든지, 혹은 감사 제도를 강화시켜 나가도록 한다. 서울광염교회나 일부 다른 교회들처럼 주보에 매월 재정 보고를 등재하는 것도 좋은 방법이라고 본다.

③ 재정 집행에 대한 교인들의 참석을 유도한다. 헌금이 값지게 쓰이도록 제도를 만들어 놓고, 또한 성도들로 하여금 헌금이 쓰이는 곳에 직접 동참하게 함으로써 헌금의 올바른 사용에 대한 확인과 나눔과 드림의 축복에 대한 자부심을 갖도록 한다.

✤

헌금은 가장 예민하고도 중요한 문제이다. 성도들이 내는 헌금은 믿음으로 하나님께 드리는 성물이다. 따라서 본인들이 드린 헌금이 거룩하게 쓰이는지에 대하여 관심을 많이 가지고 있다. 헌금이 아름답게 쓰임으로 헌금자들이 보람을 느낄 수 있도록 하는 바람직한 헌금 문화의 정착이 중요하다.

Ⅲ. 맺음말

필립 얀시(Philip Yancey)는 교회에 관한 그의 책 제목을 『교회, 나의 고민 나의 사랑』이라고 표현하였다. 교회는 구원과 영광과 신비가 넘치는 아름다운 곳이기도 하지만, 동시에 아픔이 있는 고민거리이기도 하다는 표현이다. 교회는 이 땅에 영원한 생명과 행복을 위하여 주님께서 피 흘려 세우신 곳이다. 그런데도 오늘 이 시대의 교회는 많은 아픔으로 신음하고 있다. 주님의 유일한 소원이요 꿈인 교회의 회복은 우리의 사명이다. 그 회복은 진리에 대한 회복이다. 진리는 언제나 외부인이 아닌 그 진리를 몸으로 지켜 나가야 할 사람들에 의하여 왜곡되고 변형되었다. 따라서 교회의 개혁의 내용은 본질에 대한 왜곡과 변형에서의 회복이며, 그것은 나 자신이 언제나 개혁의 대상임을 자각하는 데서부터 시작된다고 본다. 왜냐하면 진정한 희망은 자신에 대한 회의(懷疑)에서 비롯되기 때문이다.

그 어떤 것보다 상처와 아픔이 많은 교회이지만 우리는 교회를 사랑한다. 왜냐하면 교회야말로 세상의 유일한 희망이기 때문이다. 마지막으로 어느 교회의 홈페이지에서 본 "한국 교회는 아름답다"라는 글을 소개하면서 마치고 싶다. 한국 교회와 이민 교회가 바로 이런 교회가 되기를 소원해 본다.

> 한국 교회는 아름답다. 장애인들을 내 몸처럼 돌보는 교회, 가출 청소년들의 쉼터 역할을 하는 교회, 헌금 절반 이상 이웃을 위해 쓰는 교회, 윤락가 선교에 나선 교회, 매일 밥을 퍼 주는 교회, 교파를 초월해 지역민들을 돕는 교회, 물건값을 절대 깎지 않는 교회, 담임목사가 청소년들과 배낭여행을 떠나는 교회, 노인에게 물고기 잡는 법을 가르

쳐 주는 교회, 건물은 없지만 사랑이 넘치는 교회, 절기 헌금 전액을 지역 사회에 지원하는 교회, 생명 문화를 창조하는 생활 공동체 교회, 친정같이 마음 편한 교회, 북한을 위해 400억 원을 지원한 교회, 중증 환자의 손발이 되어 복음을 전파하는 교회, 아시아 건너 세계로 '땅끝 전도' 하는 교회, 사랑의 지팡이 운동을 전개하는 교회, 처음 약속(재정의 65% 이상을 선교와 구제에 사용)을 그대로 실행하는 교회, 세상의 소금이 되는 교회, 밥은 공짜이고 사랑은 덤인 교회, 쪽방 사람들의 이웃인 교회, 주일은 예배당이고 평일은 주민 쉼터로 변신하여 이웃과 함께하는 교회, 교회가 교회를 개척하는 교회, 교회 개척 기금 1억 원을 쾌척한 교회, 아름다운 만남과 나눔이 있는 교회, 인재 양성에 주력하는 교회, 아름다운 팀사역을 하는 교회, 치매 노인들에게 은빛 날개를 달아 주는 교회, 입양운동을 전개하는 교회, 학사를 제공하는 교회, 믿음의 새 역사를 일으키는 교회, 행복을 나누는 교회, 일본 영혼들을 일으켜 세우는 교회, 노숙자를 끌어안고 함께 가는 교회, 30년 동안 지역 사회 주민과 함께 울고 웃는 교회, 성도 38명이 장기 기증을 약속한 교회, 낮은 자가 들어설 수 있는 교회, 후원 선교사와 구역을 일대 일로 연결하여 선교하는 교회, 전 세계로 11,614명의 선교사를 파송한 한국 교회, 작지만 알차게 좋은 일 하는 교회, 미자립 교회를 찾아 힘들고 궂은 일 척척하는 교회, 군포공단 노동자들의 고단한 삶을 품어 주는 교회, 교회 예산의 40%를 가난한 사람들과 선교 현장에 사용하는 교회, 노인종합복지관을 운영하는 교회, 불신자 전도에 탁월한 교회, 천사나눔운동을 전개하는 교회, 재활사업을 10년 넘게 실천한 교회, 개척 5년 만에 선교사 12가정을 파송하고 9가정을 후원하는 교회, 20년 넘게 예산의 15%를 선교비로 사용하는 교회, 미전도 낙도만 찾아 교회를 설립하는 교회, 어느 곳이든 연락만 주면 달려가는 봉사단이 있는 교회, 고난을 극복하고 예수의 향기를 아름답게 풍기는 교회, 볼리비아 선교를 10년째 일구는 교회, 아름다운 은퇴가 있는 교회, 사마리아인을 본받은 봉사 행렬이 이어지는 교회, 조선족 어린이들의 심장병을 무료로 수술해 주는 교회, 외국인 근로자들을 위한 위로잔치를 여는 교회, 소외된 이웃 1천 300명에 쌀 등 위문품을 전달하는 교회, 갈 곳 없는 아이들을 가르치는 교회, 교인 50명이 열 명 선교사를 후원하는 교회, 소외 이웃들의 희망 지킴이가 되는 교회, 벼랑 끝에 선 영혼들에게 생명의 손길을 펴는 교회. 전도로 호흡하는 교회, 무릎으로 목회하는 교회, 사랑과 음악이 넘치는 교회, 중국인 노동자들을 선교하는 교회, 외로운 섬의 등대지기 같은 교회, 고통 받는 자와 함께하는 교회, 무교회 섬을 방문하여 복음 전하는 교회, 사랑의 십시일반으로 전동 휠체어를 선사하는 교회, 섬김의 1% 사마리안 운동을 전개하는 교회, 느릿느릿 철학으로 행복한 농촌 교회, 복지 목회로 건강한 교회, 하나님 나라를 경험하고 통일을 꿈꾸는 교회, 절기 헌금을 이웃돕기에 사용하는 교회, 남의 생명 살리는 일에 집중하는 교회, 서로 돕고 위로하며 뜨거운 찬양이 있는 교회, 학교 강당이 예배당인 교회, 고난을 품어 세상을 아름답게 하는 교회, 깨지고 모나고 상처 입은 영혼을 보듬는 교회, 하나님의 뜻을 이 땅 위에 세우는 교회, 안 믿는 사람만 콕 집어 이끄는 교회, 서울에 유학 온 농어촌 대학생들의 숙식을 돕는 교회, 불우 학생들에게 장학금을 지원하는 교회, 주민건강관리센터를 개원한 교회, 등록 교인 81명으로 회원 2,300여 명의 어린이전문도서관을 운영하는 교회 ….

– 김병호
(횃불교회 담임목사, LA 기독교윤리실천운동 실행위원)

3. 세속주의와 한국 교회

필자는 오래 전 독일 교회에서 일어났던 경건
주의 운동에 관심을 가지고 공부한 적이 있다. 이러한 경건주의 운동은
양면으로 영향을 주었던 것으로 본다. 어떤 사상이든 긍정적인 영향과 부
정적인 영향을 동시에 담고 있는 것만은 사실이다. 다만 어디서 어떤 생
각으로 바라보느냐에 따라 해석이 달라지게 된다. 필자는 경건주의 운동
을 긍정적인 면으로 보고 싶다. 그 이유는 현재 한국 교회가 당면한 형편
이 경건주의 운동이 일어났던 독일 교회의 형편과 비슷하기 때문이다. 경
건주의 운동은 퇴색한 독일 교회에 신선한 바람을 불러들였다. 지상 교회
는 제3의 도전 없이 존재할 때 쉽게 교회로서의 사명을 상실하기 쉽다.
경건주의 운동이 일어난 배경을 살펴보면 어렵잖게 한국 교회의 현 주소
를 객관적으로 볼 수 있으며, 또한 어떤 방향으로 새로운 개혁을 시작해
야 할지 가닥을 잡을 수 있을 것 같다.

경건주의의 배경

30년 전쟁(1618년~1648년) 이후 독일을 둘러싼 주도권 싸움은 신성로마 제국의 황제, 즉 오스트리아의 합스부르크가로부터 많이 이탈하는 조짐이 보였다. 그러나 오스트리아는 여전히 독일 내에서 가장 큰 영향력을 행사하고 있었다. 전쟁으로 인하여 독일의 인구는 줄었고 농토를 경작할 인원이 엄청나게 부족한 상태였다. 결국 백성들의 마음은 황폐해지고 지적 발전을 위해서 투자할 의지도 줄어들었다.

종교적으로도 마르틴 루터 이후 탁월한 리더가 될 만한 인물도 배출되지 않았다. 결국 성직자들은 탈선하고 평신도들도 공공연하게 술 취하는 등 신앙의 방탕이 유행처럼 번졌다. 국가는 교회의 행정과 재정을 간섭했고, 교회를 하나의 행정적인 구역으로 통제하기에 이르렀으며, 성직자는 국가의 관리로 남게 되었다. 교회는 국가 관리들이 특권을 누리는 행사장으로 둔갑하게 되었다. 귀족이나 성직자, 법률가, 재력가들은 교회의 특별석에 앉는 것이 상식처럼 받아들여졌으며, 노동자나 농민들은 아래에 앉게 되었다. 교회는 결국 정부나 특권층들의 소유로 존재했으며, 농민과 일반 시민은 특권층의 권위에 복종하는 시녀로 전락하고 말았다.

신학교 교육도 정통주의가 지배하고 있었고, 교리를 답습하거나 비생산적인 주제를 논쟁하는 데 에너지를 허비했으며, 실천적 경건이 결여되고 타성에 젖은 형식주의가 팽배하고 있었다. 국가가 정한 종교법에 의해 교회 출석이 요구되었으며 교회 생활에 의미를 찾을 수 없었다. 심지어는 기도나 찬송할 시간에 잡담하거나 걸어다니는 사람들이 있을 정도였고, 예배 시간에 요구되는 경건의 모습은 찾을 수 없을 정도로 변질되어 있었다. 설교자가 설교하는 중에 자는 사람들도 흔했다고 한다. 물론 설교자들의 설교에는 영적인 능력이 결여되었으며, 구태의연한 강연식의 설교가 대부분이었다. 영적으로 침체되어 가는 분위기는 사회 전반에 깊이 뿌리내리고 있었으며, 신앙의 새로운 동기를 가질 만한 에너지가 그 어느 곳에서도 형성될 수 없었다.

교회가 국가의 권력이나 사회의 기득권층을 등에 업고 타락해 가는 반대편에서 일어난 운동이 바로 경건주의운동이었다.

경건주의운동에 주도적 역할을 한 사람은 스페너(Spener) 목사였다. 그는 1666년 프랑크푸르트교회의 목사가 되어서 1670년 자기 집에서 집회를 시작하였다. 그가 주창한 운동은 '교회 안의 교회운동(ecclessiole in ecclesia, 교회 안의 작은 교회들)'이다. 여기서는 성경을 읽고 기도하며 주일에 선포된 설교를 어떻게 삶의 현장에 실천할 것인지를 토의하였다. 이 모임을 '경건 집단(collegia pietatis)'이라고 불렀다. 여기서 '경건주의(pietism)'라는 말이 나왔다. 이들은 정부의 교회 간섭, 성직자의 삶의 타락, 신학의 논쟁적 해석, 부도덕한 생활, 방탕한 생활 등을 비판하였다. 교회 안의 교회를 통한 상호 감독과 격려, 영적인 변화와 삶의 경건을 주장하였다. 경건주의운동의 주도적인 역할을 담당한 스페너 목사는 음식뿐 아니라, 옷도 소박하게 입어야 하며, 극장 가는 것, 춤추는 것, 카드놀이를 금해야 한다고 했다.

경건주의자들의 신학 사상은 경험을 강조했다. 어떤 면에서 사도 야고보가 외친 실천적 신앙주의를 완성해 보려는 주의였다. 이들은 목회자나 신학자는 중생하지 않는 사람은 될 수 없다고 주장했다. 육신적이며 세상적인 지식과, 영적이며 신앙적인 지식에 분명한 한계선이 있다고 주장했다. 그러므로 그것이 비록 성경에 관한 지식이라도 육신적이며 세상적인 욕심을 이루려 할 때는 진정한 신앙과는 거리가 먼 지식으로 간주했고, 이러한 지식은 중생하지 않는 사람도 가질 수 있다고 했다. 그러나 영적이며 신앙적인 지식은 중생한 신자만이 가질 수 있고, 이런 사람만이 목회자나 신학자가 될 수 있다고 했다.

이들이 주장하는 신앙은 단순히 머리로만 아는 지식에 대한 동의나 감탄을 의미하는 것이 아니라, 신앙 지식 자체는 반드시 사회를 향하여 에너지를 발휘하는 능력이어야 한다는 것이다. 이러한 신앙 능력에서 실제적인 개혁과 변화의 체험이 나온다고 주장했다.

경건주의자들이 주장하는 중생의 측면은 오늘날 크리스천들에게 실제적일 뿐 아니라 깊숙이 접목되어야 하는 부분이다. 크리스천 모두에게 수여되는 중생은 새로운 삶의 패턴으로서 수여된 것으로 보았다. 그리스도인이 되기 전의 삶은 옛날 패턴이므로 벗어버려야 한다. 중생한 후에 주어진 칭호는 곧 모든 믿는 자들은 의롭다는 선언이다. 그러므로 중생의 상급인 의롭다 함이 주어졌으면 그에 따르는 생활 형태는 반드시 거룩함을 지향하는 모습으로 바뀌어야 한다는 것이다. 경건주의자들이 생각하는, 믿음으로 새롭게 태어났다는 말을 단순하게 죄로부터 용서받았다는 뜻보다 훨씬 진보적으로 해석했다. 이들이 말하는 새롭게 태어났다는 뜻은 예수 믿기 전의 삶과는 본질적으로 다른 삶의 모습을 말한다.

이러한 경건주의운동이 독일 교회에 준 부정적인 영향도 다소 있었다. 의식적인 회심을 강조하다 보니 내면적인 삶의 회개가 제대로 접목되지 않았다. 경건한 신앙으로 금식이나 세속의 삶으로부터 격리된 부분만을 강조하다 보니 세상을 자연적으로 멀리하게 되는 분리 의식이 생겨났다. 더욱 치명적인 실수는, 경건주의에 협력하지 않거나 동의하지 않는 사람들을 정죄하는 것을 서슴지 않았다. 또 영적인 일만 지나치게 강조하다 보니 신앙의 지적인 요소까지도 불필요한 부분으로 취급하고 말았다. 이러한 부분들이 경건주의자들에게 부정적인 요소들이었다. 그러나 이러한 경건주의운동은 현재 한국 교회나 이민 한인 교회에게 긍정적인 부분에 더 많은 영향을 줄 수 있으리라 본다. 역사를 통해서 일어났던 어떤 운동도 모든 사람을 균등하게 좋게 할 수는 없었다. 다만 시간이 지나도 이러한 운동에 대한 긍정적인 면이 거두는 좋은 열매를 보면서 옳고 그름을 평가할 수 있으리라 본다.

경건주의운동은 형식적인 면에 치우치는 교회들에게 신앙의 경건성으로 일깨우며, 바르게 사는 것이 무엇이고 성경대로 사는 신앙이 무엇인지 생각하게 하는 역할을 했다. 이는 곧 형식에만 치우치는 한국 교회들에게 많은 경각심을 불러일으킬 수 있을 것으로 본다. 또 이들은 형식에 치중한 교회를 일깨우는 방법으로 목회자와 그들의 설교나 교육의 문제에 대해서 영적으로 살아 있는 면을 개선시키려고 애쓴 흔적이 있다. 이러한 경건주의운동이 폐쇄된 독일 교회뿐 아니라 미래에 세워질 세계 모든 교회의 개혁에 커다란 영향을 준 부분들이 있다. 물론 경건주의운동에서 부정적인 면이 있었다는 견해도 부인할 수 없다. 필자가 보기에는, 경건주의자들이 교회를 개혁하기 위해 내세웠던 중요한 요소들 중에 가장 중요한 부분을 끝까지 추진하지 못했기 때문에, 이들의 운동은 그저 한 시대의 좋은 운동으로만 기억되고 말았던 것으로 본다. 그들이 일으킨 운동 중에 참으로 중요한 운동은 교회 안에서 평신도의 역할을 증대시킨 운동이었다. 이러한 운동이 지속적으로 일어났다면 엄청난 결과가 있었을 것으로 본다. 그러나 당시 교회들이 당면한 문제와 국가가 교회를 관리하다시피 한 상황에서는 역부족이었을 것이다. 또 이들에게는 아직도 천주교 영향이 사회 깊숙이 뿌려놓은 구조적인 세력에 밀려서 힘을 쓸 수 없었던 점도 있었던 것으로 본다. 이들은 모일 때마다 먼저 성경 연구에 많은 시간을 투자했기 때문에 성경 연구 분위기가 생활 깊숙이 자리 잡았던 것이다.

필자는 경건 운동의 역사를 살펴보면서 우리 시대에 교회를 바로 세우며 지도자를 올바로 키우는 수고가 모든 신앙 커뮤니티 안에서 끊임없이 일어나는 운동으로 자리 잡아야 한다고 본다. 그것은 한 세대로 끝나는 운동이 아니라 모든 크리스천들이 연합해서 추구해 가야 하며 교회 안에 가장 중요한 지침으로 체질화된 운동이어야 할 것이다.

1. 교회의 세속화는 영적인 기능을 마비시킨다

성경은, 크리스천들이 세상에 살지만 세상이 전부가 아닌 것처럼 살아야 한다고 강조한다. 예수님은 제자들을 위한 기도를 이렇게 하셨다. 제자들만 위한 기도일 뿐 아니라 모든 크리스천들을 위한 기도였다. "내가 비옵는 것은 저희를 세상에서 데려가시기를 위함이 아니요 오직 악에 빠지지 않게 보전하시기를 위함이니이다"(요 17:15) 예수님의 기도에는 어떤 면에서, 성도들을 이 세상에 그대로 두면 죄악과 엄청나게 싸울 것이 뻔하기 때문에, 사실은 이들을 천국으로 데려가고 싶은 심정이 내포된 것으로 볼 수 있다. 세상의 죄악이 오죽했으면, 예수님이 모든 믿는 자들을 천국으로 데려가고자 하셨겠는가! 예수님의 기도는, 믿는 자들을 데려가고 싶을 정도로 세상에 죄악이 가득 차 있다는 현실을 방영해 주고 있다. 나는 예수님이 많은 백성이 구원받도록 기도하지 않으시고, 오히려 이미 믿는 자들이 세상 죄악에 빠지지 않도록 기도하셨다는 데 깊은 의미를 두고 생각하지 못했었다. 그렇게 중요한 마지막 기도에서 세상 모든 사람을 구원해 달라고 기도하지 않고, 무슨 이유로 이미 믿고 있는 자들이 세상에 물들지 않기를 기도하셨을까! 이미 믿는 성도들이 세상에 물들지 않는 것이 전체의 구원보다 더 중요한 일일까! 그분께서는 계속해서 이런 기도를 하셨다. "내가 세상에 속하지 아니함같이 저희도 세상에 속하지 아니하였삽나이다"(16절) 나는 예수님의 이 기도를 묵상하고 깨달은 후 무릎을 쳤다. 예수님의 기도 내용에는, 모든 믿는 자들이 세상을 어떻게 보아야 하며 어떤 방법으로 살아가야 하는지가 들어있던 것이다. 믿는 자의 삶의 기준은 곧 예수님이 이 땅에 계실 때와 같아야 한다는 것이다. 예수님이 이 기도를 하신 때는, 제자들이 이미 예수님을 버리고 도망가게 되어 있음을 말씀하신 후였다. 아무도 예수님과 함께 고난을 같이해 줄 사람이 없도록 결정된 순간이었다. 그런데도 예수님의 기도는 현재형(성경 원문)으로 사실을 확인하신 사실이다. 바로 몇 시간 후면 제자들 중 아무도 예수님에게 속한 사람이 없으며, 하나같이 세상으로 향할 그 제자들을 두고 기도하신 예수님의 참뜻은 어디에 있었겠는가? 방금 전에는 제자들에게 "너희가 다 나를 버리리라."고 하셨는데, 왜 여기서는 "내가 세상에 속하지 않으면서 지금까지 살아온 것처럼 저희도 나와 같이 세상에 속하지 않았다."고 확신 있는 기도를 하셨을까!

나는 예수님의 기도를, 몇 사람 제자들을 위한 것만이 아니라고 생각한다. 제자들은 곧 모든 교회의 대표들이다. 또한 제자들의 고백 뒤에(베드로 한 사람만의 고백이 아니라고 본다) 예수님은 "이 반석(베드로의 고백) 위에 내 교회를 세우리니 음부의 권세가 이기지 못하리라"(마 16:13)고 말씀하셨다. 여기서 '음부의 권세'는 여러 가지로 볼 수 있지만, 그것은 사탄의 권세뿐 아니라 사탄이 이미 지배하고 있는 '세상'으로 보고 있다. 그 "세상"에 제자들과 믿는 성도들이 빠지지 않기를 예수님은 기도하셨다. 결국 예수님의 기도에 의하면 세상에 빠지는 것이 "세속주의"이다. 예수님은 한 번만 "믿는 자들이 세상에 속하지 않아야 한다."고 말씀하지 않으셨다. 몇 번이나 강조하셨다. 요한복음 15장 19절에도 "… 너희는 세상에 속한 자가 아니요 도리어 세상에서 나의 택함을 입은 자인 고로 …"라고 하셨다. 믿는 자들이 세상에 살지만 철저하게 세상에 속한 자가 아니라는 말이다. 다르게 표현하자면 '믿는 자들은 이 세상의 소유가 될 수 없으며 오히려 예수님이 세상에서 선택해 낸 사람들이다.'라는 뜻이다. 헬라어로 기록된 성경 원문에서 '불러내었다, 선택했다' 고 표현한 이 단어는 어원 변화의 복잡한 과정을 설명해야겠지만, 줄여서 말하자면 이 말은 '교회' 라는 단어의 배경과 어군(語群)을 같이하는 단어이다. 교회라는 말의 뜻이 '세상으로 불러내었다' 혹은 '세상에서 선택해 낸 사람들' 이라는 말에서 출발되었다면 교회의 존재 의미를 쉽게 정의할 수 있다.

"교회는 세상 속에 존재하지만 세상의 유행이나 분위기에 동의하지도 합류하지도 말아야 한다."는 논리를 말할 수 있다. 당연한 이야기이다. 왜냐하면 예수님은 제자들에게 분명히 세상이 너희를 미워한다고 말씀하셨다. 그 이유는 '너희가 세상에 속한 자가 아니기' 때문이다. 예수님이 우리를 세상에서 불러내신 이유는 우리 삶의 장소가 세상이 될 수 없다는 뜻이 아니었다. 삶의 장소는 세상이지만 세상과 다르게 살아야 한다는 의미이다. 그러기에 교회가 세속화 되는 것이 어쩔 수 없는 환경 때문인 것으로 용인할 처지가 아니다. 반드시 세속화에서 탈출해야 하며 탈출할 방법을 찾아야 한다. 이것은 정말 어려운 과제임이 틀림없다. 세상에 살면서 세속화 되지 않아야 한다는 말은, 마치 까마귀와 같이 놀면서 검은 물이 들지 말아야 한다는 주장과 같다. 그러나 우리가 또 다른 측면으로 바라보면 그것은 가능하게 보인다. 거위가 물 위에 떠 있지만 결코 물에 젖지않는 것처럼, 교회는 세상에서 살지만 세상에 젖지 말아야 한다. 그러기에 교회는 한 손에는 복음을 들고 있어야 하며, 한 손에는 세속주의와 싸워야 하는 자기투쟁의 교과서를 들고 있어야 한다. 성경은 교회가 세속화 되지 않으면서 또한 바르게 세워갈 수 있는 양면적인 면을 충분히 제공해 주고 있다. 어느 때든지 교회가 영적인 기능을 상실하게 되면 사회는 부패하게 되어 있다. 이러한 부패는 한 부분으로 끝나는 것이 아니라 동시다발적으로 모든 면에서 거침없이 일어나게 되어 있다. 이토록 교회의 세속화는 가히 상상할 수 없을 정도로 엄청난 전염성을 가지고 세상을 오염시킨다. 역사를 아는 사람이라면, 유럽 사회가 신앙에서 멀어진 원인이 교회의 세속화였음을 시인할 것이다. 교회가 살아 있을 때 세상은 제대로 숨을 쉴 것이며 정상적인 생활을 유지할 것이다. 교회가 죽어갈 때 세상은 죽어가는 것을 느끼지 못하지만 서서히 죽음으로 향하게 될 것이다. 이것은 비단 기독교 국가가 아니더라도 동일한 현상이 나타난다. 심지어는 기독교가 아니더라도 일반 여타 종교가 세상에 미치는 영향력도 대단하다. 종교가 일반 사회에 주는 영향은 마치 도미노 현상처럼 연쇄반응을 불러일으킨다. 하물며 인류 역사에 거대한 영향을 끼친 교회가 독특한 신앙 문화를 포기하고 세속 문화에 편승할 때 얼마나 많은 부조리가 생산되며 그것 때문에 신음하는 사람들 또한 얼마나 많겠는가!

2. 한국 교회는 과연 세속주의에 빠져 있는가?

한국 교회의 세속주의에 대해서는 오래 전부터 이야기되어 왔다. 우리는 우리가 서 있는 위치를 바로 알아야 올바르게 대처할 수 있다. 신앙 의식이 있는 사람이라면 누구든지 한국 교회가 세속주의에 깊이 빠져 있다고 생각한다. 그러나 이제는 이러한 목소리들이 설득력이 없다. 왜냐하면 한국 사회의 구조가 올바른 사상이나 신앙의 외침만으로 쉽게 개혁될 수 있는 분위기가 아니기 때문이다. 봉건주의 사회에서 빠짐없이 볼 수 있는 현상은 관료적인 의식과 함께 자본주의적인 생각이 깊이 뿌리박고 있다는 것이다. 수천 년의 역사를 자랑하는 한국 역사는 권력과 물질에 얽매인 지배계급의 소용돌이 속에서 발전보다는 반복, 개혁보다는 후퇴를 거듭해 왔다. 권력과 돈을 지닌 자들이 사회를 지배해 왔으며, 한번도 백성들 편에 서서 나라를 돌보지 않았다. 그들이 잘해 보겠다고 한 일은 겨우 백성들의 고난의 고삐를 조금 풀어 주는 정도였다. 한국 역사의 내

용물 속에는 어떤 면에서 그 어느 한 구석도 성경이 가르쳐 주는 역사의
식을 실천해 본 적이 없었다. 이런 가운데 서구의 주류 기독교는 그들이
입고 있던 서구 문명의 옷을 들고 한국 땅에 상륙하게 되었다.

선교사들은 한국 사회를 제대로 읽지 못하고, 전도하는 것과 그들 본
국의 교단 세력 확장 사명에 투쟁적인 자세로 임했다. 물론 선교사들이
피를 흘리며 한국 땅에 복음을 전한 것은 대단한 일이었고, 그들의 희생
과 헌신은 엄청난 가치가 있었다. 그러나 그들의 선교 방법 역시 선진국
과 강대국의 억압정책의 그림자를 안고 들어왔음을 부인할 수 없다. 필
자가 경험한 선교사들은 줄잡아 수십 명에 달하는데 한두 선교사를 제외
하고는 대부분이 다스리는 자였으며, 부와 성공을 위해서는 예수를 믿어
야 한다는 것을 겉에 나타난 그들의 자세와 생활 형태에서 읽을 수 있었
다. 결국 예수를 믿는 것이 영원한 하늘의 특권으로 이해되기보다는, 선
교사를 통해서 번영이 보장된 삶의 좋은 줄을 잡는 수단으로 자리 잡게
되었다. 국민 대다수가 권력과 물질에 노예가 되던 시절이었으니 서구
사회의 부와 성공의 기회가 신속하게 전달된 것은 기정사실이었다. 이런
분위기 때문에 교회에서도 자연스럽게 흔히들 말하는 기복 사상이 자리
잡게 되었다. 어떤 면에서 한국 교회의 초기 기독교 인구의 많은 부류는
순수한 복음의 열정을 지닌 자들이 모인 것이 아니며, 오히려 기회주의
적인 속셈으로 교회에 잠입해 들어와 있었다고 보아야 할 것이다. 결국
은 성경말씀대로 살려는 소수의 헌신된 지도자들과 서구 문명의 혜택을
누리며 한번 잘 살아 보려는 기회주의자들의 영적인 암투의 조짐이 잠재
해 있었던 것이다.

교회가 참 신앙을 위해 투쟁하기보다는, 교인이기 때문에 성공해야 하
고 교회에 다니기 때문에 잘 되어야 한다는 기복사상이 교회 전반에 스며
드는 분위기였다. 그러기 때문에 교회 다니면서 성공하지 못하고 잘되지

못하면 신앙생활을 잘 못해서 그런 것처럼 받아들여졌다. 이러한 메시지는 아직까지도 부흥회를 전문으로 하는 목회자나 잘못된 지도자들의 입에서 자연스럽게 외쳐지는 실정이다. 고난 중에서 새롭게 태어난다는 기독교 신앙의 원리를 가르치는 모습이 점차 교회의 소외된 구석으로 이동하게 되었다. 고난 중에서도 하나님의 뜻에 순종하려는 신앙 선배들의 사건들은 한 순간의 감동과 눈물로 쉽게 사라지고 마는 분위기가 되었다. 그것은 비단 한국 교회뿐 아니라 서구 교회들도 가진 자들이 더 갖도록 격려하는 데 후했으며, 약한 자를 점령하고 무시해도 어쩔 수 없는 하나님의 뜻으로 받아들이는 해법이 통하게 되었다. 어느 곳을 가 보아도 많이 가진 자가 성공하고, 강한 자가 하나님의 쓰임을 받고 있다는 논리가 통한다. 그러기에 교회는 겉으로는 성경의 옷을 입고 있으나 내면에는 세상적인 부와 다수의 횡포에 손을 들어 주고 있다. 아무리 성경말씀에 어긋나더라도 우선 잘되는 것을 선호하는 환경이 되고 말았다. 강단에서 선포되는 말씀 중에 참으로 예수님의 말씀에 순종하며 외치는 부분이 얼마나 되고, 세상에서 진실하게 살다가 실패한 자들이 위로받을 수 있는 시원한 그늘이 어디에 있는가! 성공 일변도로 치닫고 있는 교회에서, 고난과 함께 세상을 살아가셨던 예수님의 앉을 곳이 없어졌다. 교회가 세상 문화에 밀려서 어쩔 수 없이 그렇게 살고 있는 것처럼 보인다.

오늘의 교회가 지향하는 모습으로 예수님을 바라본다면 그분은 철저하게 실패하셨다고 해야 할 것이다. 호화스럽도록 거대한 교회에서 바라보면 예수님은 철저하게 실패한 자요, 정말 교회 안에 앉아 있기조차 부끄러운 사람일 수밖에 없는 분이다. 그러나 예수님은 실패하셨다고 한 번도 말씀하지 않으셨다. 또 한 번도 성공하였다고 말씀하지 않으셨다. "다 이루었다!"는 말씀만 하셨다. 이것은 교회가 경쟁 사회 속에서 투쟁해서 얻는 '성공'이라는 개념과 동떨어진 커뮤니티임을 친히 몸으로 말씀하신 것이다. 또 예수님은 제자들에게 마지막으로 이런 말씀을 남기셨다. "세상에서는 너희가 환난을 당하나 담대하라 내가 세상을 이기었노라"(요 16:33)고 하셨다. 흥미 있는 사실은 예수님이 하신 "이기었노라!"라는 말씀이 오늘날 세계 모든 사람들의 마음을 엉뚱하게 사로잡고 있다는 것이다. 운동선수나 운동을 좋아하는 사람뿐 아니라, 미국 사람을 포함한 세계의 모든 사람들까지도 즐겨 입고, 즐겨 신고, 즐겨 사용하는 모든 운동기구의 대표인 나이키(Nike) 회사의 이름이 바로 '이기다'라는 헬라어에서 출발했다는 사실이다. 이토록 세상적인 승리와 이김이 사람들의 마음을 완전히 장악하고 있다.

우리의 생각을 사로잡는 세속적인 문화가 이제는 교회에 깊숙이 자리 잡고 있다. 교회는 더 이상 세상에 존재하지만 세상에 속하지 않는 교회가 아니라, 세상과 하나 되어 세상이 불의를 부르짖을 때 함께 부르짖으며, 하나님의 말씀인 성경이 아니라고 하는데도 세상 문화가 세워간 윤리의 잣대를 들이대며 성경을 다시 기록하려 한다. 철저하게 교회는 세속화의 중심에 자리 잡고 있다.

3. 교회가 세속의 물결을 어떻게 탈출할까?

존 칼빈은 그의 대작 『기독교 강요』에서 현재 우리가 사는 세상의 문화를 어떻게 이용해야 하는지의 방법 부분에서 이런 말을 하고 있다. 불과 27세의 청년으로서 어떻게 이토록 성경을 깊이 묵상하였는지, 더 나아가 살아 있는 말씀의 현실 접목에 대해서 구체적인 방향을 제시했는지 가히 탄성을 멈출 수 없다. 1559년경에 이러한 생각을 했을 정도면 그는 대단한 선지자적인 지혜를 얻은 사람임이 분명하다. "만일 우리가 이 세상을 단순히 지나갈 뿐이라면, 현세의 좋고 유익한 사물을 이용하더라도, 그

것이 우리의 갈 길을 방해하지 않고 오히려 돕는 범위 내에서 사용해야 한다는 것은 의심할 여지가 없다. 그래서 바울은 '매매하는 자들은 없는 자같이 하며 세상 물건을 쓰는 자들은 다 쓰지 못하는 자 같이 하라'(고전 7:30-31)고 우리에게 권고한다. 그러나 이 문제는 미끄럽고도 좌우로 경사져서 오류에 빠지게 된다. 그러므로 우리는 안전하게 설 수 있는 곳에 발을 든든히 붙이도록 해 보자. 엄격한 제약을 가하지 않을 때 방종한 생활은 걷잡을 수 없이 극단으로 달음질한다." 놀라운 통찰이다. 그는 계속해서, 세상에서 우리가 사용할 수 있는 모든 것은 하나님께서 잘 사용하도록 하셨는데 그 방법을 찾자고 하였다. 그리고 잘 이용할 수 있는 훈련이 필요함을 가르쳤다. 무조건 이 세상의 모든 것이 나쁘다고 하는 극단주의적인 잘못을 지적하면서 오히려 하나님께서 허락하신 모든 것을 선물로 생각하며 방종을 막아야 할 것을 제시하고 있다.

칼빈이 제시한 방법을 하나 더 소개하겠다. "외면적인 일에 대한 신자의 자유를 고정된 조문으로 속박해서는 안 된다고 하더라도, 확실히 자유는 이 법에 복종해야 한다. 즉, 될 수 있는 대로 쾌락에 흐르지 말아라. 오히려 불필요하게 풍요한 것은 흔적도 없이 끊어버리도록 불굴의 정신으로 싸워라. 방탕한 것을 입에 담지 말 것은 물론이다. 그리고 도움을 주는 보조물들이 장애물로 변하지 않도록 부단히 경계하라는 것이다."

물론 교회가 부흥하는 것, 재정이 많아지는 그 자체는 잘못된 것이 아니다. 그러나 주어진 특권을 어떻게 사용하느냐의 방향을 정하는 것은 교회 존재 가치의 의미와 동일하게 중요하다. 내 것은 내 마음대로 할 수 있다는 생각은 결코 교회 안에서는 통용될 수 없는 원칙이다. 왜냐하면 교회 자체가 내 것이 아니며 또한 우리의 것도 될 수 없기 때문이다. 교회는 바로 예수님의 것이기 때문이다. 그런데 우리는 교회를 우리 것으로 생각해서 다수의 횡포 속에 가두고 있지 않는가! 이제는 큰 교회이건 작은 교회건 가진 것을 나눌 때가 왔다고 본다. 나누는 것은 모으는 것보다 훨씬 더 어렵다. 이런 이유 때문인지 예수님은 재물을 모으는 방법보다는 나누는 방법을 더 강조해서 가르치셨다. 거기에는 분명히 재물을 모을 때도 나누기 위해서 모아야 하며, 쌓을 때도 사용할 수 있는 장소를 생각해야 할 원칙이 포함되어 있다. 아무것도 가지지 않은 자는 욕심이 없다. 다만 기본적인 생활에 대한 바람뿐이다. 그러나 가진 자는 욕심이 거침없이 부풀어 간다. 마치 눈덩이가 굴러 가면 굴러 갈수록 커지는 것처럼, 마치 골이 깊은 밭고랑에 물이 더 차는 것처럼 말이다. 교회라는 말 자체는 어떤 면에서 해석하느냐와 무관하게 그 어떤 것도 교회 건물 안에 그대로 머물러 있어서는 안 된다. 이러한 생각은 교회가 소유한 모든 것에 다 적용되어야 한다. '세상으로부터 불러내었다'는 말을 적용하자면 불러낸 이유가 있을 것이다. 예수님이 심심하셔서 우리를 그냥 한번 불러 교회로 모이게 하신 것은 아니었다. 부르시고 사명을 주셔서 다시 세상으로 돌아가게 하셨다. 또 '선택해서 불렀다'는 말을 적용하자면, 선택이라는 말에는 반드시 사명이 포함된다. 예수님은 우리를 어떤 일을 해야 하는 조건으로 선택하셨다. 선택된 자들은 선택을 받은 후에 선택에 걸맞는 일을 해야 한다. 교회가 분명한 사명을 모를 때 방황하게 되며, 결국 세상에서 부름받은 자들이지만 세상을 여전히 그리워하는 무가치한 존재로 전락하게 된다.

예수님은 교회가 이렇게 어려울 것을 미리 아셨다. 세속으로부터 교회를 정결하게 지키는 일은 어떤 결심과 주관만으로 이루어질 수 없다. 마치 베드로가 목숨을 담보로 내놓으면서까지 절대로 예수님을 버리지 않겠다고 했지만 버린 것처럼, 교회는 어떤 주의와 외치는 구호로만 새로워질 수 없다. 인간의 힘없는 주관이나 결심에 근거하지 않고 특별한 방법을 사용하신 예수님의 방법이 무엇이었는지를 알아야 할 필요가 있다. 그 방법이 무엇일까?

교회는 지금까지 나누어 주며 사회를 위하여 봉사하는 행사를 전개하지만 그 속에 무엇을 담고 있어야 하는지를 중요하게 생각하지 않았다. 법칙 없는 열심은 껍데기만 거창하게 만들 뿐이며 바깥 모양을 꾸미는 데 많은 물질과 시간을 허비할 뿐이다. 무조건 열심 내는 한국 교회들의 모습에서 어떤 현상을 볼 수 있는가. 우리는 종종 침묵된 진리의 삶에 대한 가치를 법칙 없는 열심과 방향 없는 고함 소리에 양보하고 있을 때가 있다. 외국 사람들은 흔히 한국 사람들을 열심히 살지만 잘못 사는 민족으로 보고 있다. 그렇다. 우리는 열심히 사는 민족이며 열심히 예수 믿는 민족이다. 그러나 그 열심 속에 바로 사는 모습이 모자란다. 여수도 열심히 믿으면 된다는 식으로 밀어붙이고 있다. 바르게 믿는 것을 훈련받아야 한다. 다시 하나님의 법칙으로 돌아가야 한다. 지식 문화가 홍수처럼 범람하면서 튀어나온 생활 방식은 맞추기 식 방법이다. 모두 내 몸에 맞는 옷을 찾으며, 내 입맛에 맞는 먹을거리를 찾고, 내 생각에 맞는 사상을 찾으며, 내 취향에 맞는 교회를 찾아가고 있다. 교회를 찾는 사람들에게 교회는 자연스럽게 그들의 선택에 초점을 맞추기 위해 분주하다. 하나님의 말씀까지도 모든 사람의 관심을 따라 남김없이 변조시켜 버린다. 사람들의 맛에 따라 꿰맞추어 붙였기 때문에 성경은 이제 더 이상 하나님의 말씀으로 존재하는 것이 아니라, 사람들의 생각에 맞춘 가지각색의 현란한 모자이크 작품이 되고 말았다.

교회는 다시 하나님의 법칙으로 돌아가야 한다. 우리의 생각 방식대로 꿰맞춘 말씀을 하나님의 말씀으로 회복하는 운동이 있어야 한다. 자신의 부흥방식에 성경을 꿰맞추며, 자신의 사고방식에 성경을 합리화시키고, 자신의 미래관에 성경의 사건들을 왜곡시키는 행동을 교회는 중단해야 한다. 모든 교회들이 가장 중요하게 생각해야 할 부분은 성경을 하나님의 완전한 말씀으로 놓고 바라볼 줄 아는 것이다. 그 속에서 나온 법칙을 발견하여 어김없이 적용하는 회심 운동이 일어나야 한다. 그러기 위해서는 반드시 시작해야 할 관문이 있다. 그것은 곧 지도자를 어떻게 키워야 하느냐의 문제이다.

(1) 잘못된 신학 교육의 현실

예수님이 부활하신 후의 흔적을 자세히 살펴보면 그 방법을 알 수 있다. 40일은 짧은 시간이 아니다. 많은 일을 할 수 있는 시간이다. 특별히 부활의 몸을 입고 계시는 예수님은 시간과 공간의 제약을 받지 않으셨다. 동서남북으로 다니시면서 종횡무진 일하실 수 있는 분이시다. 그런데 그렇게 엄청난 시간의 분량을 예수님은 어디에 투자하셨는가? 성경을 어느 정도 아는 사람이면 한 번에 알 수 있다. 거의 대부분의 시간을 제자들을 찾아다니셨다. 제자들이 예수님께 직접 찾아 와서 통곡하며 용서를 구해도 시원치 않은데 오히려 예수님이 제자들을 찾아다니셨다. 이것은 무엇을 의미하는가? 지도자를 키우는 것이 예수님의 교회를 세우는 가장 중요한 일임을 친히 보여 주신 것이다. 제자들을 3년 동안 키우셨으나, 그들의 파편적이며 빗나간 삶의 방향을 한꺼번에 모으시고 교회의 새로운 시작을 알리시기 위함이었다. 그것은 곧 오순절 성령의 역사를 소개하는 중요한 순간이다.

여기서 잠시 예수님이 성령님의 오심을 미리 알리신 배경을 생각하고 넘어가면 쉽게 크리스천들의 사역을 이해할 수 있겠다. 복음서(요 14:16)에서 예수님의 죽으심과 승천에 대한 이야기를 전해 들은 제자들이 근심하기 시작했다. 그때 예수님은 앞으로 일어날 중요한 일 하나를 말씀하셨다. 그것은 바로 '보혜사'를 보내 주겠다는 것이었다. 우리는 보혜사를 쉽게 '성령님'으로 이해하고 있다. 그러나 그 보혜사가 무엇을 하시는지에 대해서 깊이 알고 있어야 할 것이다. 성경을 자세히 관찰해 보면 보혜사께서 예수님과 다르게 독단적으로 일하신다고 하지 않았다. 물론 하나님 아버지와 성령님과 예수님의 삼위로서 각각 역사하신다고 생각하지만, 이 부분에서는 보혜사께서 하실 일이 무엇인지를 밝혀 두셨다. 또 보혜사는 예수님이 요구하셔서 보내 주셨다고 명시하고 있다. '보혜사'라는 헬라어 단어 자체는 원래 '함께'라는 전치사와 '부르다'라는 동사가 합성되어서 명사화 된 것이다. 초기 헬라어에서는 전치사와 동사를 합성한 명사를 거의 사용하지 않았다. 아마도 예수님 당시에 이런 단어가 많이 유행되어서 예수님이 사용하신 것으로 본다(물론 예수님은 아람어를 사용하셨지만 요한이 그렇게 번역했다고 봄). 그렇다면 예수님이 사용하신 보혜사라는 단어는 무엇을 뜻하고 있는가? 예수님이 제자들에게 중요하게 강조하신 메시지를 종합해서 결론을 내리면 쉽게 보혜사의 역할을 알 수 있을 것이다. 제자들에게 지상명령으로 주신 마태복음 28장 19-20절에서 "그러므로 너희는 가서 모든 족속으로 제자를 삼아 아버지와 아들과 성령의 이름으로 세례를 주고 내가 너희에게 분부한 모든 것을 가르쳐 지키게 하라"고 하셨다. 이어서 "볼지어다 내가 세상 끝날까지 너희와 항상 함께 있으리라"고 하셨다. 물론 추상적인 의미에서 생각할 때 예수님은 승천하셨지만 우리와 항상 함께 계신다고 생각할 수 있다. 그러나 논리적으로 생각할 때 하나님 아버지께로 가신 분이 어떻게 우리와 항상 함께하시겠느냐는 것이다. 이제는 예수님이 함께하지 않으시고 보혜사 성령님이 함께하심을 말씀해 주신 것이다. 예수님은 승천하시기 직전 제자들에게 43일 전에 말씀하신 보혜사 곧 성령님을 보내시겠다고 약속하신 사실을 한 번 더 확인시키셨던 것이다. 결국 보혜사 성령님은 예수님과 전혀 다른 별도의 일을 하기 위해 오시는 것이 아니다. 예수님이 제자들에게 부탁하신 일을 돕기 위해서 오시는 것이다. 사도행전 1장 8절이 이 일에 대한 확실한 증거를 주고 있다. "오직 성령이 너희에게 임하시면 너희가 권능을 받고 예루살렘과 온 유대와 사마리아와 땅 끝까지 이르러 내 증인이 되리라" 예수님은 여기서 성령의 도우심에 철저히 의지할 것을 가르치고 계신다.

그러나 한국 교회의 일부 교단이 특별히 주장하는 신학에서(물론 이 신학사상은 대부분의 교회들도 따라가고 있는 실정임) 중요한 사실 하나를 오해하는 부분이 있는데, 그것은 곧 보혜사의 역할에 대한 것이다. 사람들의 생각과 감정에서 독립적으로 존재하는 삼위의 한 분으로 이해하는 것이 아니라, 우리의 생각과 감정에 얽매여 있는 분으로 이해하고 있다. 보혜사의 역할은 예수님이 부탁하신 복음이 전해지는데 모든 사역이 집중되어 있다. 그러나 우리는 보혜사의 사역을 제한하여, 우리에게 이 세상의 복을 주며 삶을 윤택하게 만들어 주는 것으로 생각한다. 보혜사의 이런 역할로 인하여 많이 가진 자와 덜 가진 자가 생겨난다는 자본주의적 사고방식이 교회 안으로 침투하였다. 결국 보혜사의 도움으로 교회가 부자와 가난한 자로 분리되는 비극을 초래하게 되었다. 많이 가진 자가 더 능력 있고 활개 칠 수 있다는 의식이 생기게 되니까 결국은 보혜사 많이 가지기 경쟁을 하는 꼴이 되고 말았다.

본질을 되찾아야 한다. 보혜사는 우리가 노력해서 많이 갖는 것이 아니라, 예수님이 주신 사명에 바로 서 있을 때 보혜사의 도움을 받게 된다. 한국 교회는 성령님에 대한 오용을 여전히 감행하고 있다. 성령님의 사역을 부를 창출해 주는 것으로, 어디서나 함께 따라다니며 과잉보호를 해 주는 수호신 정도로 생각하고 있다. 더 심각한 것은 성령님을 물량적으로 생각해서 많이 힘쓰는 쪽으로 성령님의 기운이 기우는 것으로 생각하며 가르치는 주류 교단이 있다는 사실이다. 올바른 성령론에 대한 고찰이 심각할 정도로 요구된다.

독일의 천주교 학자인 한스 큉(Hans Kung)이 쓴 『교회』(The Church)라는 책에서 그는 "교회에 주어진 본질은 그리스도를 통하여 하나님의 종말론적인 구원 사역을 이루는 것이며, 그것은 또한 교회가 책임져야 하는 사명인 것이다. 이러한 교회의 본질은 우리 개인의 믿음의 결단에 의하여 역사적으로 끊임없이 새롭게 깨달아야 할 것이며, 또한 새로운 형태를 공급해야 할 것이다. 역사성이 있는 교회는 이렇게 끊임없이 새롭게 되는 것을 무시하고는 존재할 수 없다."고 말한다. 그는 계속해서 교회가 물론 처음부터 주어졌던 본질에서 변질되는 것을 막을 수는 없지만, 끊임없이 새롭게 되려는 노력을 멈추면 안 된다고 했다. 그러나 교회가 이렇게 끊임없이 변질되어 가는 소용돌이 속에서도 반드시 해야 할 일은, 교회의 거룩함을 유지하기 위한 노력이며 사도성에 대한 사명을 잃지 말아야 하는 것이다. 교회는 지금 주어진 본질에서 벗어나 엉뚱한 더 사명을 걸고 있다. 성령의 역사에 대한 본질을 잘못 이해하고 있다. 힘써서 더 많이 얻을 성령이라면 이방 신앙에서 주장하는 다산(多産)과 풍작(豊作)의 신을 소유하는 것과 다를 바가 무엇이겠는가! 그러기에 우리는 자신의 욕심을 채우기 위해 성령님께 간구하는 것이 아니라, 오히려 자신의 부족함과 악한 것을 좋아하는 경향을 벗어 버리고 성령님께 사용되기 위해 기도하는 편을 택해야 할 것이다.

본질에서 이탈한 교회를 바로 세우는 데는 많은 사람이 필요하지 않다. 소수의 지도자가 바로 설 때 가능하다. 한국 교회는 이미 올바른 지도자를 배출해 내는 데 실패했다고 본다. 좀더 전문적인 통계가 필요하지만, 절대 다수의 신학교는 전인적인 신앙교육을 지향하는 것이 아니라 잘못된 신학과 돈이 좌우하는 정치적인 권모술수에 깊이 연루되어 있으며, 또 하나의 세상 직업에 훈련된 전문가를 길러내는 기관으로 변질되고 말았다.

지금까지 한국 교회는 맞춤식의 지도자를 많이 양산해 왔다. 이러한 맞춤식 지도자는 주어진 환경을 경영해 가는 데는 그런대로 적합할지 모른다. 그러나 경영 위주의 지도자는 그 시대를 벗어난 새로운 세계에 관한 시야가 어두워져 있다. 눈에 보이는 세계만 잘 만들어 가는 것은 지도자의 자질보다 차라리 경영자의 자질로 보아야 할 것이다. 물론 주어진 환경을 잘 운영만 해도 크게 잘못되어 갈 염려는 없을 것이다. 이러한 운영 형태는 주로 유물론 사상에 바탕을 둔 지도자들의 모습이다. 문제는 물질 세계의 힘이 거대하게 영적인 세계를 위협하는 데 있다. 각 분야마다 자격을 완벽하게 갖춘 경영자들이 포진하고 있기 때문에, 그들만이 추구하는 세계를 어김없이 개척해 가고 있다. 그런데 그들은 서로 죽이고 넘어뜨리기를 당연한 관행처럼 여기고 있다. 가진 자가 위에 앉으면 못 가진 자는 퇴출되어야 하는 것이 이들이 추구하는 세계이다. 이러한 지도 체제를 교회는 지양(止揚)해야 할 것이며, 헌신하고 일하기 위해 존재하는 지도자 양성에 눈을 떠야 할 것이다.

이러한 현실에서 교회가 할 수 있는 가장 효과적인 일은 결국 평신도를 계발해서 교회의 새로운 지도자 군으로 형성해 가는 것이다. 어떤 의미에서는 잘못된 신학 교육으로 양산된 지도자에 대한 견제 역할을 평신도지도자들이 맡아야 하지 않겠는가 하는 생각이 든다.

(2) 평신도 운동의 구체적인 계발

평신도 계발에 대한 논제는 요즘 교회에서 많이 유행하고 있는 말이다. 그러나 선뜻 이 운동에 대해서 긍정적인 반응을 보이지 않는 이유는 한국 교회의 발전과 깊은 연관이 있다. 앞에도 언급했듯이 한국 교회는 봉건주의 사상에 많은 영향을 받고 발전해 왔다. 평신도지도자 계발은 어떤 의미에서 전통적인 관습 사상을 완전히 벗어 던져야만 정상적인 발전을 할 수 있다. 그러기 위해서는 현 교회가 지닌 구조를 완전히 개편해야 할 필요가 있다. 이것은 물론 장로교 제도만 두고 하는 말이 아니다. 모든 기존 조직체 교회들이 계급제도(hierarchy)적인 사고방식에서 벗어나야 한다. 다수의 장로교 지도자들은 현 장로교회 제도를 가장 바람직한 민주적인 정치로 도입했다고 하지만 실제 내용은 그렇지 않다. 이것은 감독제인 감리교나 심지어는 여타 교파도 이러한 계급제도 테두리를 벗어나지 못하고 있다. 어떤 이들은 구태여 이런 사실을 부인하려 하지만 그것은 현실을 속이는 것이다.

예수님은 사도들에게 교회를 세워가는 데 중요한 기초가 되라고 하셨지만, 교회를 조직화해서 체제 속에 머물러 있기를 원하지 않으셨다. 답답한 면이 있다. 예수님이 아예 예수님의 마음에 드는 이상적인 교회 조직을 가르쳐 주셨으면 이러한 혼돈은 없었을 것이다. 역사는 교회가 자기들의 체제 유지 때문에 수많은 피를 흘렸으며 무고한 평신도들이 고난을 도맡아 감당해 왔다고 말한다. 교회의 조직 자체가 중요한 것이었다면 예수님이 대안을 주셨을 것이다. 그러나 체제보다는 예수님이 가르치신 말씀을 근본으로 하여 사도들이 제자를 만드는 것이었다. 제자를 만드는 것은 조직이 중요하지 않다. 잘 훈련된 자들이 좋은 제자를 만들게 되어 있다.

어떤 의미에서 마르틴 루터는 구속사 교리에 대한 문제를 들고 종교개혁을 부르짖었지만 체제는 개혁하지 못하였다. 다만 천주교에서 개혁 교회로 이름만 바꾼 것뿐이었다. 체제는 여전히 천주교의 그것을 유지하는 형편이었다. 체제가 개혁되지 않으면 내용도 오래가지 못하여 힘을 잃게 된다. 앞으로의 교회 개혁은 체제 자체를 완전히 개혁하는 것이 바람직한 것으로 본다. 지금까지 유지되어 왔던 체제는 교회를 개혁하는 데 커다란 걸림돌 역할을 해 왔다. 물론 평신도가 준비 없이, 또한 어떤 훈련 없이 당장 교회를 떠맡아도 좋은 결과가 있다는 보장은 없다. 그러나 바른 것이라면 시도해야 하며 성경적인 교회관에 대하여 다듬어서 훈련시켜야 할 것이다.

(3) 신앙 감시 체제가 필요함

지금까지 교회는 어떤 의미에서 종교적인 단체로서의 특권이 주어졌기 때문에 감시체제가 확실히 서지 않았다. 그것은 한국도 그렇거니와 미국도 마찬가지이다. 일본 제국이 물러간 후 한국은 기독교인인 대통령이 통치했기 때문에 기독교에 대한 특혜가 사회 곳곳에 자리 잡고 있었다. 심지어는 예수 믿는다는 것 때문에 여러 종류의 혜택이 주어질 정도였다. 물론 이것은 일반 성도들에게 해당되는 것은 아니었다. 각계각층에 이런 줄을 타고 정치권력의 유익에 유입된 사람들이 있었다. 나는 이러한 기회가 한국 기독교를 후퇴시킨 중요한 요인이 되었다고 본다. 기독교가 어쩌다가 정치적인 우위를 차지할 수도 있다. 그러나 결코 정치적인 우위 때문에 자격과 권위를 내세울 수는 없다. 처음도 마지막도 섬기는 자로 남아 있어야 한다. 신앙 감시 체제가 바르게 운영되면 권위를 주장하는 자들이 교회에서 사라질 것이며, 오히려 섬기기 위해 준비된 사람들로 운영 체제가 바뀔 것이다.

경건주의 운동가들이 이러한 감시 체제를 잘 운영했기 때문에 적어도 그 운동에 가담한 자들은 변질되지 않고 현상을 유지할 수 있었다. 오늘의 교회에서 이러한 감시 체제가 효과적으로 자리 잡으면 누구의 잘못을 들춰내는 데 관심을 두는 분위기가 아니라, 서로의 허물을 고쳐 주며 더 좋은 방향으로 갈 수 있는 분위기로 자리 잡을 것이다. 교회에서 의로운 감시 체제가 잘 이루어지지 않으면 교회의 지도자는 자연스럽게 타락할 것이며, 지도자와 교인들 간의 골은 더욱 깊어질 것이다. 교회에서 이러한 불신이 계속될 때 나타나는 현상이 바로 신비주의이다.

신비주의는 이미 13세기경에 프랑스 교회에서 발생하여 그 힘을 과시해 왔다. 신비주의의 전적인 책임은 교회가 져야 한다. 교황청이 타락하니까 교직자들이 타락하게 되었고, 심지어는 이들이 행하는 성찬식과 성례식까지도 불신하게 되었다. 결국 교인들은 그들 나름대로 새로운 신앙의 길을 찾게 되었고, 교황이나 지도자를 통하여 하나님께 가는 것이 아니라 직접 가는 길을 찾아 나서게 된다. 이러한 출발이 결국은 신비주의로 발전하게 되었다.

교회에서 지도자와 교인들 간의 불신은 신비주의 아니던 세속주의로 발전하게 된다. 이러한 역사를 우리가 알고 있다면, 이제는 서로 감시하며 거룩한 모습을 유지해 가는 일을 서슴지 말아야 할 것이다.

(4) 바른 교회, 하나님의 간섭을 받는 교회

교회는 끊임없이 개혁되어 가야 한다는 것이 종교개혁자들의 외침이었다. 그러나 교회는 어느 순간 개혁보다는 안주하기를 원했다. 세상을 향하여 외치기보다는 세상에 들어가 살기를 원했다. 잘못된 것을 지적하고 고치기보다는 그럴 수 있겠다는 타협주의에 동참했다. 우리는 여기까지 왔다. 이제 더 이상 가면 길이 없다. 다시 무거운 짐을 교회가 져야 한다. 우리는 하나님의 말씀에서 떠나 너무 멀리까지 왔다. 이제 다시 말씀으로 돌아가야 하며, 우리의 선배들이 말씀을 바로 세우기 위해서 목숨까지도 아깝지 않게 생각한 그 자세로 돌아가야 한다.

지금까지 우리는 크고 웅장하며 멋진 것을 선호해 왔다. 또 그렇게 되기 위해 꿈을 꾸는 사람들이 모인 수많은 신학교 교실은 시끄럽고 복잡하며 혼탁하다. 목회자가 되기 전에 바른 신앙을 배워야 한다. 세상에는 지금 우리 기성세대가 상상하기도 버거울 정도로 엄청난 일들이 벌어지고 있다. 그런데 우리는 언제까지 조용하고 평안한 꿈만 꾸고 있어야 하는가! 세상에서의 행복만 추구하는 교회는 벌써 하나님이 떠나신 지 오래되었다. 그러나 아직도 남아 있는, 새롭게 되고자 하는 불씨를 모아 힘을 합쳐 뜨거운 입김으로 불어야 한다. 그럴 때 "네가 적은 능력을 가지고도 내 말을 지키며 내 이름을 배반치 아니하였도다"(계 3:8)라는 간섭이 있으실 것이다.

– 손경호
(오레곤 임마누엘교회 담임목사, LA 기독교윤리실천운동 실행위원)

제 2장

로스엔젤레스 기독교윤리실천운동

건강교회포럼

1. 한국 교회의 권력 구조

 **1. 들어가는 말**

이 글은 일반적으로 교회론이라고 불리는 교회는 어떻게 해야 하는가
를 논술하기 위함이 아니다. 이 글은 한국 교회의 권력 관계를 분석하려
는 것인데, 그렇다고 해서 교회에서의 권력 집중이 바람직한 것인가, 권
력 분산이 바람직한 것인가 하는 것 신학적 혹은 성경적으로 검증하기 위
한 것도 아니다. 다만 한국 교회의 특징 중의 하나가 교회의 권력이 고도
로 담임목사에게 집중되어 있음을 지적하고, 이 권력 집중이 교회의 부패
를 심화시키고 있음을 직시하고 왜 권력 집중이 일어나는지, 그리고 어떻
게 권력이 집중되고 있는지를 규범적인 의미에서가 아니라 분석적인 의
미에서, 그리고 신학적인 의미에서가 아니라 현실주의적 사회과학의 안
목에서 점검하고자 함이다. 그래서 교회의 부패 문제를 해결하기 위해서
구체적인 제도적 장치를 모색해 보고자 함이 이 글의 목적인데, 거기에

달하기 위해서 흔히 사회과학에서 쓰이는 권력 관계 혹은 권력 투쟁의 분석법에 의지하여 권력 집중을 억제하기 위한 장치를 탐색해 보고, 그 제도의 수립과 효과적인 운영이 가능한 구성원들의 환경 혹은 문화까지 살펴보고자 하는 것이다.

2. 분석 방법

이 글은 교회의 권력 집중도 사회의 권력 집중의 한 부분이자 반영이라고 인식, 한국 사회의 권력 집중 현상을 미리 분석한다. 그리고 권력에는 권력 자원(power resource)이 있기 마련이라는 데 관심을 두고, 교회 정치는 권력 관계를 빼놓고 이야기할 수 없다는 권력이론의 현실주의자적인 입장에서 교회 문제를 분석하려고 한다. 먼저 한국 교회의 권력 집중은 한국 사회 전반의 권력 집중 상황과 연결되어 있고, 그 반영에 지나지 않는다는 인식 아래 한국 사회의 권력 집중을 분석하는 데서 이 글은 시작한다. 그리고 담임목사의 권력 자원은 무엇인지, 그리고 그 권력 자원을 평신도지도자들과의 관계에 있어서 어떻게 사용하는지를 분석하려고 한다.

다음으로 권력 집중에서 오는 피해는 결국에는 권력에 대한 억제만이 해결할 수 있음에 관심을 두고, 권력의 실질적인 분산, 그리고 권력의 자의적인 사용을 막는 법의 제정과 성실한 집행, 그런 것을 위한 제도적 장치의 마련에 초점을 두어 해결책을 모색하려고 한다. 마지막으로 이러한 제도적 장치도 구성원들이 이루고 있는 문화 혹은 정신의 성숙도와 직결되고 있음을 인식하면서 결론을 유도하고자 하는 것이다. 교회라는 숭고한 목적을 추구하는 집단의 문제를 세속적이고 현실주의적 잣대로 분석함에 있어서 조심스러움이 있지만, 이런 현실주의적 안목이 교회 문제의 해결에 실질적인 도움을 주리라는 믿음에서 이 글을 쓰고 있음을 고백한다.

3. 사회의 권력 집중과 교회의 권력 집중

한국 사회에 있어서 권력 집중은 교회에만 있는 것은 아니다. 주식의 지분이나 공식적인 이사회조차 무시한 채 총수가 절대적인 권력을 행사하는 재벌의 이른바 황제 경영이 한국의 재계를 지배하고 있고, 정치적으로 민주화가 상당히 이루어졌다 하더라도 정치권력은 대통령 한 사람에게 고도로 집중되어 있는 것이 사실이다.

이것은 재벌에서는 총수, 국가에서는 대통령이 사용할 수 있는 권력의 자원이 다른 어떤 관련 인사와도 비교할 수 없이 많은 데서 연유한다. 법과 제도가 주는 권한도 한없이 크겠지만, 그 외에 동원할 수 있는 자금, 조직, 인간관계, 연고, 대중적 인기, 정보 등에 있어서도 군림할 수 있는 자원을 이들은 누적해 왔고 확보하고 있는 것이다.

그러나 이러한 자원의 독점도 아직 회사의 주주 하나하나가 자기의 권리를 행사하겠다는 의지, 그리고 국민 각자가 지역의 대표자를 통해 아니면 이익 집단을 통해 자기 의사를 국정에 발휘하고자 하는 행동과 의지의 결여에서 나오며, 법과 규칙은 반드시 지켜져야 한다는 의식이 제대로 정립되지 못한 데서 나온다. 다시 말해서 공동체의 구성원이 정책 결정에 참여하되, 그것을 위해서도 법적 질서가 수립되고 규칙이 지켜져야 한다는 이른바 시민 정신이 아직 형성되지 않았음에서도 비롯된다. 이것을 1960년대에 이미 정치학자 윤천주는 한국 정치 문화의 무행동성과 무정형성이라고 일찍이 규정한 바 있으며,[1] 후학들은 국가 부문에 비해 시민

---

1) 윤천주, 『한국정치체계 서설』 문운당, 1962. PP. 232-240.

사회가 절대적으로 취약한 데서 기인하며,[2] 이 취약한 시민 사회가 참여의 의지나 법에 대한 존경심을 결여한 시민들을 만들었다고 말한다. 그리고 이 시민 정신이 제대로 내재되어 있지 않은 신도들이 교회 구성체를 이룰 때 교회 내의 권력이 소수에게 집중되는 현상은 불가피하다고 보아야 하리라.

서구에 있어서 개신교의 성장이 시민 사회의 성장과 병행되어 이루어졌음을 생각할 때, 시민 사회와 시민 정신이 수반되지 않은 채 개신교 교회의 틀만이 주어진 한국의 상황에서 만인제사장주의나 평신도가 다수 참여하는 정책 결정이란 산에 가서 고기를 구하는 일이었는지도 모른다. 서구의 기독교가 한국에 들어온 이래 근대화의 기수 노릇을 하였고, 모든 민주적인 제도를 선도적으로 도입했음은 자랑스러운 일이다. 그러나 한국의 근대화가 결국 외형적 서구의 모방에 그치고 근대정신을 소화하지 못한 것이 문제였다면, 개신교회 역시 서구 개신교의 코스튬(costume)만 입었지 그 시민 정신은 수용하지 못했다고 말할 수 있을 것이다. 원래 가톨릭에 대해 개신교가 갖고 있는 교역자와 평신도의 그리고 평신도 간의 평등 정신을 잃어 버린 채 교역자 중심주의, 그것도 담임목사의 절대 군주화를 가져왔다고 해야 할 것이다.

담임목사에게 교회 내의 절대 권력을 제공해 주었지만, 한국 개신교는 지적, 영적, 도덕적으로 질이 높은 교역자들을 생산하는 데 결정적으로 실패함으로써 교회의 부패를 위험 수위까지 가져 왔다고 보아야 할 것이다. 이것은 신학교의 문제, 교단의 문제, 목사 재교육의 문제, 교역자 복지의 문제 등 이 장에서 논의하지 않은 제 문제들과 겹쳐서 교역자들의 부패를 가속화하고 있는 것이다. 그래서 교회 권력 집중으로 부패한 가

---

2) 예컨데, 최장집, 『민주화 이후의 민주주의』, 후마니타스, 2003.

톨릭 교회에 대한 개혁으로 출발한 개신교는, 한국에 와서는 가톨릭보다 더 부패하여서 세상의 지탄을 받는 지경에 이르렀다고 말해야 정직한 고백이리라.

4. 담임목사의 권력 자원

담임목사가 교회에서 전권을 행사하기는 그리 쉬운 일이 아니다. 특히 장로들과의 갈등 속에서 담임목사가 쫓겨나는 일이 자주 있고, 이때 목사를 쫓아내는 장로들에게도 도덕적, 신앙적 문제가 많은 경우가 허다하다. 그러나 목사는 교회 주도권을 놓고 벌이는 게임에 있어서 여러 가지로 유리한 자리에 서있다. 그 이유는, 목사는 특히 담임목사는 교회 운영의 중심적 자리에 서 있을 뿐 아니라 가용할 수 있는 자원이 어느 신도들에 비해서 많다는 데 있다.

담임목사가 쓸 수 있는 자원은, 우선 목사는 성스러운 직책이고 그의 권위는 신적 권위라는 성도들의 인식이다. 그래서 목사에 대한 도전 혹은 불충성이 혹시 하나님을 화나게 만드는 것은 아닌가 하는 두려움을 성도들은 조금씩 갖기 마련이다. 바로 이러한 점을 인식해서인지 목사는 자신을 주의 종이라고 부르기를 좋아한다. 그러면 평신도들은 주의 종이 아니라는 말인가? 어느 교회의 분규에서, 목사는 하나님께서 세우신 자인데 감히 인간이 세운 장로가 까분다고 말도 안 되는 이야기를 목사가 했다고 한다. 모세에게 도전했던 미리암이 문둥이가 되었다는 이야기를 계속 하면서, 목사는 평신도와는 다른 권위가 있음을 내세운다.

또 교인들의 대부분은 교회에서 위로받기를 원하지 전쟁하기를 원하지 않는다. 이미 그들은 세상의 생존경쟁에서 충분히 시달리고 있다. 특히 목사에게 도전할 생각을 할 만큼 세상에서의 재정적, 신분적, 지적 자원을 소유하고 있는 사람일수록 세상에서 바쁘기 마련이다. 교회에서 싸움을 생각할 여유가 생기지 않는 게 보통이다. 그래서 교회 일은 목회자에게 위임했다가 정 목사가 마음에 들지 않으면 교회를 옮기면 그만이라는 생각을 갖게 된다.

게다가 목회자는 설교권을 실질적으로 독점하고 있다. 설교를 통해 목사는 매 주일 혹은 일주일에도 몇 번씩 자기가 하고 싶은 말을 성도들에게 일방적으로 해 댈 수 있다. 그리고 목사의 설교는 하나님 말씀의 대언이라는 신적인 권위로 치장된다. 그래서 그 앞에서 반론을 제기할 수도 없고 질문을 할 수도 없다. 설교 후에 자기 설교의 주제에 맞는 기도를 은혜롭게 하고 또 축도도 거기에 맞추어 한다. 예배를 마치고 가는 성도들은 목사의 입장을 이해해야 한다. 다른 대안이 많지 않은 것이다. 목사는 설교를 통해 교회를 자기 마음대로 끌고 나갈, 이른바 목회 방침을 말하고 특정 인사를 칭찬하거나 비난하는 듯한 암시를 줄 수도 있다. 설교뿐만 아니라 광고 시간도 목사가 유용하게 사용할 수 있는 시간이다. 교회의 필요 그리고 자신의 처지에 대해 더 직설적으로 이야기할 수 있다. 다시 말해 강단권을 보유하고 있는 목사는 우선 교회의 파워 게임에서 가장 중요한 자원을 확보한 것이다. 교회 분규가 치열한 경우 강단에서 반대파가 서로 몸싸움을 벌이는 경우가 간혹 있는데, 이것은 강단권이 그만큼 중요한 교권의 자원이 되기 때문임은 두말할 나위가 없다.

교회 내의 힘겨루기에서 담임목사가 가용할 수 있는 자원은 또 있다. 그것은 장로, 안수집사, 권사, 서리집사 등 교회 직분의 수여에 목사가 많은 영향력을 행사할 수 있다는 점이다. 물론 직분 임명에 절차가 있기는 하지만 결정적인 역할을 하는 사람은 역시 담임목사일 수밖에 없다. 어떤 경우에는 담임목사가 새로 임명될 직분자의 이름을 적어와 당회나 공동의회에서 그냥 통과시키는 경우도 있다. 이럴 때 교회의 회의는, 유신시대에나 있었던 잠실체육관의 대통령 선거와 같아지는 것이다. 상당히 많은 경우 담임목사는 직분자 임명에 배수 공천을 하기도 한다. 정당의 총재가 각종 선거직 후보의 선택에 공천권을 쥐고 그것을 최대의 정치 자원으로 삼는 것과 매 일반이다. 어떤 경우에도 담임목사에게 잘못 보이면 직분을 얻기는 말할 수 없이 힘들다.

그저 직분이 아무리 계급이 아니고 기능일 뿐이라고 가르쳐 보았자 공허할 수밖에 없는 것은, 직분은 이미 교회 안에서 그리고 교회 탁에서 계급이고 신분이라고 이해되기 때문이다. 그리고 그 계서제에 담임목사는 맨 꼭대기에 앉아 있으니 교회의 계서제가 목사에게 손해될 게 없는 것이다.

게다가 목사는 직분자들에게 보직을 주고 맡기는 데도 결정적인 역할을 한다. 특히 교회의 재정을 걸머지고 있는 재정위원장에는 측근을 앉혀야 한다. 심한 경우에는 목사가 자기 마음에 안 드는 시무장로에게 아무런 보직을 주지 않는 경우까지 있다. 물론 이 직분의 안배, 보직의 안배에 신앙 경력도 중요하지만, 사회적, 경제적 배경, 그리고 담임목사에 대한 충성심이 크게 고려 대상임은 두말할 것도 없다. 이렇게 되면 교회는 군대 같은 계급 사회이고 담임목사는 목자가 아니라 사령관이 되는 것이다. 하기야 여호수아, 사울, 다윗 등이 모두 사령관들이 아니었던가? 그런데 그들이 사령관 노릇하던 시대는 3천 년 전이라는 것이 망각되고 있다.

또 한국에 있어서 담임목사는 거의 모든 중요 정책 결정 기구의 의장직을 맡고 사회권을 갖는다. 회의에서 목사에게 도전하는 사람에게는 은혜로 하자고 발언을 억제시킬 수도 있다. 마음에 맞지 않는 의제는 아예 상정조차 못하게 할 수도 있는 것이 보통이다.

목사는 또 교인들과의 개인적 접촉을 통해 교인 하나하나에게 자기의 입장을 전달하고 자신의 지지 기반을 다질 수 있다. 또 어떤 특정한 성도를 총애함으로 그 교인을 교회에서 선망의 대상으로 만들기도 하고, 그래서 대접받을 수 있게끔 해 주기도 한다.

반면에 어떤 성도를 의도적으로 비판하고 소외시킴으로 그 성도가 교회에서 발붙이기 힘들게 하고, 교회를 궁극적으로 떠나게도 만들기도 한다. 이렇게 목사는 교회 내에서 가치의 분배에 가장 결정적인 영향력을 행사한다. 다시 말해 담임목사는 교회라는 파워하우스의 중심에서 가장 중요한 파워 브로커의 역할을 할 수 있는 것이다. 그래서 많은 한국 교회에서 담임목사는 군림하게 된다.

담임목사의 또 하나의 파워 리소스는 부목사, 강도사 혹은 전도사 임명에 거의 전권을 행사한다는 것이다. 아무리 인사위원회가 있어도 부교역자들은, 담임목사와 학연, 지연, 친우 관계 등을 통해 담임목사에 대해 절대적으로 충성을 신뢰할 수 있는 인사로 채워진다. 영향력을 끼칠 만한 평신도지도자들도 부교역자의 임명에 대해서는 팀워크를 생각해서 담임목사의 의견을 최대로 존중한다.

새로 담임목사가 부임하면 과거에 있던 부교역자의 대부분은 빠른 시일 내에 물갈이 되는 것이 보통이다. 정부나 기업도 최고 경영진이 갈리면 스태프들을 갈아 주는 것이 보통이 아니냐고 변호하기도 하지만, 요즈음처럼 피고용자의 권리가 주장되는 시기에는 정부나 기업에서도 그런 잔혹한 인사를 할 수가 없다. 그리고 교회는 기업도 정부도 아니고 교역자는 단순한 월급쟁이가 아니지 않은가? 아무리 부목사라도 그들은 감히 목자라고 불리고 있고, 그들의 업무는 목회라는 성스러워야 하는 작업이 아닌가?

어느 교회에서는 담임목사가 새로 부임해와서 부목사 대부분을 내보낸 것은 물론, 신학생인 전도사들 중 그 교회 장로의 아들과 사위를 하루 아침에 해고한 적도 있다. 물론 아버지 장로의 백을 믿고 까불까봐 두려워서가 아니었겠는가? 그러나 해고당한 전도사나 아들의 해고당함을 멀쩡히 구경해야 하는 아버지들의 눈에서는 피눈물이 나지 않았겠는가? 아버지가 장로인 것도 죄가 되는 교회가 있다니! 요즈음에 와서는 담임목사들이 아예 자기의 아들, 사위, 조카를 부교역자로 임명하는 경우까지 심심치 않게 일어나고 있는데, 특히 그런 현상은 큰 교회에서 더하다.

자신의 생살권이 담임목사에게 있는 줄 아는 부교역자들은 교인과의 접촉에 있어서 목사님 신격화의 행동대원으로 등장하게 되고, 또 교인들의 동정을 살펴 비충성분자의 탄생을 막고 그런 기미가 보이면 지체 없이 담임목사에게 보고하는 역할을 맡는다. 교회의 분규가 있을 때 대부분의 경우에 부교역자들은 담임목사의 편에 서곤 하는 것이 상례이다. 부교역자가 혹시라도 담임목사의 마음에 안 들면 가차 없이 권고사직이 행해지고, 그렇지 않으면 해직의 요구나 다름없는 이런저런 압력을 행사하며 부교역자를 비판하거나 비하시키기까지 하기 때문이다.

아무리 앞에서 아첨을 잘 해도 담임목사는 대부분의 경우가 부교역자를 경계하는 것이 보통인데, 혹시라도 교인들의 일부를 데리고 나가서 딴 살림을 차리면 어떻게 하나 하는 두려움 때문이다. 특히 부교역자가 인기가 있고 설교나 성경 강해 등에 자질을 보이면 더욱더 그렇다. 그래서 부교역자의 자리는 늘 좌불안석이다. 교인들을 돌보고 담임목사의 손이 안 가는 데까지 챙기고 가르치는 것이 임무인데, 이 작업에서 성공하면 담임목사의 미움을 사고 실패하면 실력 없는 교역자로 낙인찍혀 교회에 오래 남아 있기 힘들다.

가장 좋은 방법은 빠른 시기에 작은 교회라도 좋으니 담임목사가 되는 것인데, 교회를 개척하려 해도 비빌 언덕이 있어야 하지 않은가? 그래서 실질적으로 부목으로 있던 교회의 신도 일부를 데리고 나가는 것이 가장 손쉬운 일이다. 그러니 담임목사도 부교역자를 경계할 수밖에 없다. 왜냐하면 신도들이, 특히 경제력 있는 신도들, 헌금 많이 하는 신도들이 교역자들의 권력의 자원이기 때문이다.

인사권과 강단권을 독점한 담임목사가 다음으로 챙겨야 할 것은 재정권이다. 인사위원장은 담임목사가 겸임하는 경우도 종종 있지만, 재정위원장의 자리를 담임목사가 겸임하는 경우는 많지 않다. 우선 명분이 없을 뿐 아니라 돈 이야기를 하는 것은 남을 시켜서 하는 것이 더 효과적이다. 그러나 돈을 쓸 권리는 교권 중에서 핵심 중의 핵심이기 때문에 재정위원장의 선임에는 특히 담임목사가 신경을 써야 한다. 잘못 하다가는 돈 줄을 쥔 장로가 사사건건 담임목사의 발목을 잡고 나오기 때문이다. 일차적으로 담임목사는 재정위원들을 통해 영향력을 행사하려고 하지만, 그밖에도 목사는 목회 방침임을 내세워 교회 재정의 방향을 좌지우지할 수 있고, 돈이 필요할 때마다 이런 명분 저런 명분으로 요구할 수 있다.

이렇게 해서 담임목사가 인사권, 강단권, 재정권 그리고 목회 정책 결정권을 틀어쥐면, 그가 눈치를 보아야 하는 것은 몇 명 안 되는 특권층일 뿐이다. 교회가 클수록, 특권층이 많이 다닐수록, 특히 담임목사가 개척한 교회이거나 오래 봉직해 장로들이 대충 담임목사의 영향력 아래서 장립 받은 자로 채워졌을 때, 담임목사는 특권화되고 군림의 정도는 더욱더 강해진다. 많지는 않지만 어떤 담임목사는 장로의 임명을 극도로 기피하는 경우도 있다. 혹시라도 장로가 목사의 권력 독점에 도전할까 두려워서이다.

담임목사가 교회 위에 군림하게 되면 교회의 모든 규칙과 정책은 담임목사의 뜻 앞에서 무의미 하게 된다. 교회의 직분자들은 담임목사의 눈치를 보느라고 전전긍긍한다. 부목사와 전도사들은 애초부터 저임금 임시 고용원에 지나지 않을 뿐이고, 그들에게 맡겨진 임무는 담임목사에 대해 신도들의 충성심을 유지, 고양시키는 것이다.

담임목사의 권력 자원은 또 있다. 그는 교회를 대표하고 자기 교회 밖의 사회, 특히 기독교계와의 교섭에 채널이 된다. 한국 교계는 대충 특정 교회와 담임목사를 동일시하는 경우가 대부분이다. 우선 부흥회 등 각종 행사에 외부 강사를 초청하여야 할 경우 그 선정과 교섭을 담임목사가 한다. 물론 자기의 필요에 따라 교인들에게 자기의 입장을 충분히 전달해 줄 수 있는 사람 혹은 교단 정치에서 자기에게 힘이 되어 줄 수 있는 분을 초청해 부탁을 하고 또 융숭히 대접을 할 기회로 삼는다.

교단에 대해서도 교회 내의 다른 교인들의 입장을 전하기보다는 자기의 입장을 전하고 그런 방향의 도움을 구한다. 교단에서도 담임목사 아니면 우선 상대도 하지 않으려고 하고, 또 큰 교회 담임목사를 대접하여야 교단의 재정이 원활히 돌아가는 현실이 인지되어 있다. 그리고 담임목사들은 교단 내에서 영향력이 커지면 우선 자기 교회 교인들에게 자신이 거물임을 주지시키고, 또 이런저런 모습으로 사회적인 인정을 받아 교회에서의 군림은 더욱 도를 높이게 된다.

담임목사가 기독교계에서 거물로 인정받게 되고, 교인의 숫자도 많아지고, 교회에서 거의 전권을 행사하게 되면, 담임목사의 신격화는 본격화된다. 담임목사의 비서실이 생기고, 심지어는 보디가드 혹은 교회 내에 전용 엘리베이터가 있는 경우까지 있다고 하며, 해외여행도 수행원과 더불어 일등석만 타고 다니고, 국내외 정계, 재계 혹은 종교계의 최고위층 아니면 안 만나려고 하며, 일반 성도가 담임목사 한번 만나는 것이 대통령 만나는 것만큼 힘들다. 예복도 화려해지고 심지어는 모세의 지팡이까지 가지고 있는 목사도 있다. 재벌의 황제 경영이 아니라 이른바 황제목회가 이렇게 탄생하는 것이다.

5. 교회 내에서 평신도지도자의 권력

교회의 비서, 사찰 등 교회 직원이나 성가대 지휘자, 반주자 등의 특수

직을 가진 신도 몇몇을 제외하고는 평신도는 교회에서 월급을 타지 않는다. 오히려 교회에 꼬박꼬박 헌금을 함으로써 평신도들은 담임목사를 비롯한 교역자들을 먹여 살린다. 세상적인 의미로 말하자면 평신도는 주주인데 비하여 교역자들은 피고용원에 불과하다. 담임목사의 결원이 생길 때 목사를 청빙하는 것도 평신도들의 일이다. 목사는 교회의 평신도들에 의해 해고당할 수 있지만 평신도들은 해고당할 수 없다. 왜냐하면 그들은 고용된 적이 없기 때문이다. 그래서 한 교회에 오래 다닌 사람들이나 헌금을 많이 하는 평신도들은 교회의 주인의식이 강하다. 목사와 평신도 사이에 갈등이 생기면 당연히 목사가 나가야 한다고 생각한다. 큰 교회 건물을 갖고 있는 교회에서 분규가 생기면 고참 장로들은 목사에게 당신이 이 교회를 지을 때 한 것이 무엇이냐고 다그친다.

목사에 대항할 수 있는 평신도 지도자의 권력은 교회 내에서의 그의 인간 관계에서 나온다. 오랜 시절을 교회에서 함께 지지고 볶으면서 쌓아온 정과 유대는 결코 무시할 것이 못 된다. 그래서 고참 장로 특히 교회 내에서 인간적으로 가까운 신도들이 많이 있는 장로들은 교회 내에서 발언권이 셀 수밖에 없다.

평신도 지도자가 헌금을 많이 하고 교회의 그에 대한 재정 의존도가 높으면 높을수록 그의 발언권은 세지게 마련이다. 교회에서 돈 드는 무슨 일을 벌이려 하면 우선 그의 눈치를 살펴야 한다. 그가 반대하는 사업은 벌이기가 쉽지가 않다. 이런 경우 담임목사는 이 막강한 신도를 특수 관리하는 것이 보통이고 가급적이면 마찰을 피하려고 한다.

세상에서의 평신도가 갖고 있는 지위나 명성 등이 교회에서의 영향력에 잠재적 혹은 실질적 자원이 되기도 한다. 세상에서 지위를 확보한 사람에게 아쉬울 것이 있는 혹은 그와 사귀고자 하는 사람들이 그 교회를 찾고 이미 있던 신도들도 그와 가까워지고 싶어 안달을 한다. 그 사람이 속한 구역에 들어가고 싶어서 이사를 하는 사람까지 있다고 한다. 이런 사람들이 교회에서 영향력을 행사하려고 하면 잠재력은 얼마든지 있다. 그러나 대충 이런 사람들은 교회 내부의 일에 깊숙이 간여하기를 꺼리고, 특히 교회에 분규 같은 것이 있으면 거기에 끼여 자기의 명성에 흠이 가기를 원치 않는다. 물론 이들도 담임목사로서는 특수 관리하여야 할 대상이다.

특수한 경우를 제외하고는 교회에 꼬박꼬박 나오는 대부분의 평신도들은 직분을 얻기 원한다. 물론 교회의 직분은 권리보다는 의무가 많은 봉사직이라는 것이 원칙이다. 그러나 장로, 권사, 집사 등의 직분자가 그 의무를 안 할 때 그 직분 자체에서 해임을 해 버리는 경우는 많지 않다. 그래서 일단 직분은 차지하는 것이 밑질 것 없다는 계산이 나온다. 교회 운영의 총체적인 책임을 지는 시무장로 직을 맡았다가도 그 엄청난 의무를 감당하기 힘들어 시무의 자리에서 물러날 때도 협동장로, 명예장로 등의 자리로 가서 계속 장로라고 불릴 수도 있다. 죽을 때까지 말이다. 교회에서 이렇다 할 역할이 없이 교회 밖에서 많은 일을 하는 사람에게 사역 장로라는 이름으로 장로 추대를 하는 경우도 있다. 이쯤 되면 장로직은 교회 내에서 봉사를 요구하는 기능적인 위치가 아니라 신분을 나타내는 자리가 된 것이다. 이왕 나가는 교회인데 높은 신분을 공인받는 것이 낫고, 아무래도 봉사를 하려고 하면 높은 위치에서 봉사하는 것이 낫지 않겠는가?

그래서 평신도들은 이 직분을 가지고 경쟁을 한다. 앞서 말한 대로 담임목사는 이 직분의 안배에 대해 결정적인 영향을 끼친다. 물론 평신도에게 주어지는 최고의 직분인 장로직 혹은 권사직을 차지하는 것이 신도들의 궁극적인 목표이다. 안수집사의 서열이 장로를 바라볼 때쯤 되면 봉사를 하더라도 남의 눈에 띄는 곳에서 하고 싶어하고, 장로 등 교회 지도자들의 경조사를 챙기고, 헌금 액수도 늘리고 담임목사에게 잘 보이려고 의식적인 노력을 하는 것이 보통이다. 담임목사는 이 직분의 분배에서 헌금을 많이 하는 신도, 세상에서 지위를 누리고 있는 성도 등 특별 관리 대상의 신도들에게 특혜를 베풀어 필요 없는 마찰을 피하고 충성심을 확보하는 것이 통례이고, 담임목사에 대한 충성심이 의심되는 자, 혹은 입바른 소리를 잘하는 반골 등이 중요 직분을 차지하는 것은 가급적 막으려고 한다.

담임목사는 평신도들의 움직임, 특히 장로들의 동정을 늘 잘 파악하여야 한다. 까딱 잘못하면 언제 장로들의 뭉쳐서 목사에게 도전해 올는지 모른다. 그러나 우선 담임목사에게 유리한 점은 앞서 말한 설교권, 강단권 등의 목사 고유의 권한 외에도 많이 있다. 담임목사는 한 사람인데 장로는 여러 사람이라는 것도 담임목사에게는 유리한 고지일 수가 있다. 장로 한 사람에게 몰리는 권력의 독점을 막을 수 있기 때문이다.

그래서 장로 한 사람을 세우는 것보다는 다섯 사람을 세우는 것이 낫다는 말까지 공공연하게 나오고 있다. 나누어서 통치한다(divide and rule)는 오래된 정치판의 원칙이 여기에도 통하는 것이다. 그뿐만 아니라 장로들에게 보직을 줄 때도 한 자리에 오래 있게 하지 못한다. 그 장로가 한 분야에 있어서 전문가로 권력을 쌓게 하는 것을 방지하기 위해서이다.

장로들의 권한이 비대해지는 경우에 담임목사는 장로가 되고 싶어하는 안수집사들을 동원하는 방법도 있다. 안수집사들의 눈에는 장로들이 일단 자리를 차지하고는 전혀 물러설 줄 모르는 것이 비합리적으로 보일 수도 있다. 그리고 장로 종신제 때문에 장로의 자리가 나지 않아 안수집사가 장로 될 기회가 적어진다고 생각하는 것이 보통이다. 이들의 압력을 뒤에 업고 어떤 교회들은 장로 임기제를 도입하여 장로는 몇 년을 시무한 이후에 시무직에서 물러나거나 재신임을 받아야 하게끔 만들었다. 장로들에게는 한없이 불편한 것이겠지만 목사에게는 참으로 편리한 제도이다. 장로 임기제가 교회 민주주의의 실현이라고 하나, 담임목사를 위임한다고 하여 실질적인 종신직을 만들어 놓고 장로의 임기만을 제한한다는 것은 교회 권력의 일인 집중만을 가져올 뿐이다.

다시 말해서 평신도들도 교회내에서 권력자원을 상당히 갖고 있는 사람도 있지만, 대부분의 경우 담임목사의 권력자원과는 비교할 수 없을 만큼 제한되어 있다고 말할 수 있다.

6. 해결의 모색

(1) 좋은 법의 제정과 집행

부패 없는 사회, 부패 없는 교회는 예수님 오실 때까지 오지 않는다. 그래서 어떻게 하면 부패를 줄일 수 있는를 이야기하여야 한다. 먼저 극단적으로 부패하였던 왕조의 권력 남용을 막아 부패를 줄이기 위하여 서구의 법치주의가 시작되었음을 우리는 기억하여야 한다. 다시 말해서 가치 있는 것들의 분배에 있어서 규칙이 정하여지고, 그 규칙이 제대로 지켜질 때 부패는 줄어들 수 있다는 것이 상식이다. 교회 운영에 있어서도 무엇이 정당한 방법이고 절차인지 명시되어야 한다. 특히 교회의 운영에 있어서 부정한 방법을 사용하거나 규칙을 어기는 자들을 처벌하는 법이 제정되고, 그 법이 예외 없이 지켜진다는 것을 모든 사람들이 인식하게 되면 부패는 줄어들게 된다.

교회의 모든 법은 선명하고 구체적이고도 상세해서 예외가 없어야 한다. 다시 말해 법이 있으나마나 할 정도로 모호한 규정들, 코에 걸면 코걸이, 귀에 걸면 귀걸이 식의 법이 많아도 안 되고, 집행자의 자의나 주관에 의해서 법이 해석되는 경우가 극소화되어야 하며, 일반인들에 의해서도 법이 무시될 수 있을 정도로 권위를 상실해서도 안 된다는 말이다.

교회의 부패를 줄이기 위해서는 우선 교회의 각종 법칙들이 충분히 선명하고 자세한가, 그리고 처벌 규정이 있는가, 그것은 지켜지고 있는지가 검토되어야 한다. 특히 교회 정책 결정 기구는 치리에 대한 권한을 분명히 행사해야 하며, 그 적용에 있어서 예외가 있어서는 안 된다. 교회는 단순히 위로받는 장소가 아니라 긴장해야 하는 장소가 되어야 한다. 특히 지도자일수록 그렇다. 인간은 긴장하지 않을 때 부패한다. 인간의 죄성 때문이다. 교회도 그래서 긴장을 초래해야 한다. "법은 법이고 우리는 은혜로 합니다." 하는 식의 적당주의는 사라져야 한다. 법이 있으면 그것을 지킬 때 가장 은혜로운 것이다. 법이 지켜지지 않은 채 만들어지는 결정은 애초부터 무효임이 인식되어야 한다.

(2) 권력의 분산

절대 권력은 절대로 부패한다는 액튼 경의 말이 항상 맞는 것은 아니다. 극도로 중앙집권적인 정치 체제도 부패하지 않은 채 통치를 계속하는 경우도 가끔 있고, 권력이 분산되었음에도 부패하는 경우도 허다하다. 그러나 본성적으로 욕심이 있는 인간에게 거칠 것 없는 절대 권력이 부여된다면 절대 권력자는 대충 법 위에 군림하기 마련이고, 부패할 가능성이 커짐은 상식에 속하는 일이다. 실질적으로 법치주의는 절대 권력에 대한 견제 장치로 나타난 것이다. 다시 말해 권력이 분산되지 않는다면 법이 제대로 지켜지기가 힘들다. 절대 권력자가 아닌 경우에도 그가 권력자의 마음에만 들면 부패했다 하더라도 살아남을 수 있다.

그래서 교회 부패의 방지를 위해서는 실질적인 교회 권력의 분산이 절대적으로 필요하다. 사회 전체가 총체적으로 타락해 있는데, 대부분의 교회에서 하는 것처럼 인사권, 재정권 그리고 정책 결정권을 담임목사에게 모두 준다는 것은 절대적으로 위험한 일이다.

성직자의 영적 권위를 내세워 그의 권력 독점을 합리화해서도 안 된다. 담임목사의 영적 권위를 지켜 주는 것은 그의 권력을 제한할 때 가능함이 인식되어야 한다. 섬기는 리더십이라는 명분으로 그의 독재가 옹호되어서도 안 된다. 섬기기 위해서는 먼저 손에 쥔 권력을 놓아야 한다. 교역자가 목회 전문가라는 이유로 목회자의 권력 집중이 옹호되어서도 안 된다. 목회자가 재정전문가, 인사전문가, 행정전문가는 아니지 않는가? 교역자는 말씀과 기도에만 전념하는 것이 원칙이다. 또 교역자와 평신도의 역할을 분담해야 하고, 교역자가 정책 결정권을 독점해서도 안 된다. 원래 권력의 분담 없는 역할 분담론은 불평등의 구조를 호도하려는 명분론 외에는 아무것도 아니다. 교회는 민주주의의 연습장이 아니라는 이유로 담임목사의 독재가 변명되어서도 안 된다. 우리는 민주주의를 이야기하는 것이 아니라 하나의 인간인 목회자가 영적, 도덕적 순결성을 유지할 수 있는 제도적 장치를 이야기하는 것이다.

교회 권력의 분산을 위해 담임목사제를 두지 않고 몇 명의 목사들이 팀으로 목회를 하는 것도 한 방법이고, 담임목사는 당회에서 발언만 하고 조정자의 역할만 할 뿐 사회권이나 투표권을 주지 않는 것도 또 하나의 방법이다. 담임목사의 임기를 두어 정기적으로 각종 회의에서 신임을 묻는 것도 한 방법이고, 인사위원회나 재정위원회에 담임목사가 참가하지 않게 하는 것도 또 다른 방법이 아니겠는가? 물론 담임목사의 의도가 전달될 수 있는 채널은 항상 마련되어야 하지만 말이다. 그리고 이러한 것들이 당연히 모두 문서화된 성문 규칙으로 정해져야 한다.

(3) 교회 내의 시민정신

좋은 법이 있다고 해서 부패가 없어지는 것은 아니다. 아무리 법이 좋아도 집행되지 않고 지켜지지 않으면 아무런 의미가 없다. 또 권력이 분산된다고 해서 부패가 없어지는 것도 아니다. 오히려 권력이 분산된 상태에서 부패는 더 확산될 가능성이 크다. 교회 내의 규칙이 투명하게 지켜지고 그래서 부패가 없어지게 하기 위해서는 스스로 법을 지키고 법을 지키지 않는 사람을 나무라는 공동체, 세상 식으로 표현한다면 시민의식으로 무장된 자들로 만들어진 공동체가 이루어져야 한다. 그리고 그 시민정신이란, 그 공동체의 일원으로 의무를 행사하고 권리를 주장하되 규칙의 테두리 안에서 모든 것을 해내겠다는 의지를 포함한다. 그래서 아무도 감히 법을 어기겠다는 생각을 못 하게 되고, 법을 어긴 것이 탄로나면 창피해서라도 그 공동체에 머무를 수 없는 분위기가 만들어져야 한다.

미국의 정치 사회도 그 초기에, 이른바 동부의 부유하고 계몽주의적 혹은 청교도적 윤리감과 자존심으로 무장된 엘리트 지배 사회에서는 부패가 심화되지 않았다. 당시의 엘리트들은 부패하기에는 너무나 부유하고 자존심이 많은 존재들이었다. 그러나 1830년 이후 이른바 보통 사람들의 시대가 열리면서 미국 사회는 부패하기 시작하였고, 남북전쟁 이후에 산업화와 더불어 분배될 가치가 증가되던 시기에 부패의 정도는 극심해졌다. 결국 19세기 말부터 시민 사회의 성장과 더불어 부패추방운동이 시민들에 의해 일어나고 성공할 수 있었음을 상기할 때, 시민 사회의 성숙 없이는 부패하지 않은 대중 사회는 이루기가 힘든 것이 아닐까 한다. 다시 말해서 한국에서도 시민의식과 시민의 참여 그리고 시민의 윤리가 수립될 때 비로소 우리는 부패 없는 사회에 접근할 것이다.

이러한 시민 정신과 윤리의식으로 무장된 신도들이 교회를 이룰 때 교회는 이 부패의 심연에서 탈출할 수 있을 것이다. 그렇다면 시민 정신이 있는 성도들은 어찌해야 하는가? 그들은 교회와 사회의 법을 지켜나가고 지키자고 주장하고, 교회의 규칙과 윤리적 강령을 만들어 나가야 한다. 그리고 그것이 지켜지지 않거나 교회의 지도자들이 부패할 때 항의할 용기를 지녀야 한다. 그들은 교회 행정과 재정 그리고 모든 정책 결정의 준법성, 윤리성을 요구하고 정책 결정 과정과 집행 과정의 투명성을 요구하는 성도들로 성숙해져야 한다. 정의가 수반되지 않은 권위에 복종하는 것은 범죄임을 인식해야 한다. 성도들 하나하나는 그들이 제사장일 뿐 아니라 예언자임을 인식하여야 할 것이다. 그리고 그런 성도들의 출현을 위해 애쓰고 그렇게 교육해 나갈 때 교회는 정화될 것이다.

이 시민 정신으로 무장되어 있는 신도들이 교회 밖에서 새 교회 운동을 벌이든 교회 내에서 기성 교회 개혁 운동을 벌이든 간에, 소수라도 그들이 어디에 있는지 찾아내어 조직하고 연합 전선을 형성하여 전략을 짜고 행동에 들어가는 일이 필요할 것이다. 남의 눈에 있는 티끌보다는 자기 눈에 있는 들보를 보아야 한다고 해서 소극성을 보여 주어서는 안 될 것이다. 우리 교회의 부패가 왜 남의 일이겠는가? 기독교적인 방법은 사랑과 온유라고 해서 무행동의 늪에 빠져서도 안 될 것이다. 미움이 아닌 사랑, 광란이 아닌 온유를 바탕으로 한 치열한 행동이, 예수가 보이신 삶의 스타일이 아니겠는가? 교회 밖에서 할 일이 너무 많아서 교회 개혁에 시간을 쓸 수 없다고 말해서도 안 된다. 교회 밖에도 할 일은 많지만 지금은 교회 자체가 무너지고 있지 않은가? 다른 종교를 믿는 자들에게 혹은 불신자들에게 기독교의 치부를 내보여서는 안 된다는 논리를 펴서도 안 된다. 그런 논리는 왜 외국에까지 가서 한국의 인권을 이야기하느냐 하는 권위주의 시대의 정권 담당자들과 그 하수인들의 논리와 비슷하지 않은가? 지금은 교회 개혁을 그것도 목회자들이 새로워질 수 있는 장치를 연구하고 주장하고 울부짖고 밀고 나아가야 할 때이다. 한국 교회에는 더이상 중요한 일은 없다.

오늘날 세상에 이른바 시민단체들이 이미 나와서 활약을 시작하고 있다면, 이제야말로 기독교인들도 교회 개혁을 위한 시민단체를 만들어,

평신도이건 교역자이건 참여하여, 작지만 무시할 수 없는 영향력으로 한국 교회 앞에 서야 하는 것이 아닐까 하는 생각을 조심스럽게 한다. 교회 권력의 비대에서 온 문제는, 권력 관계에 대한 정확한 인식과 그 권력을 억제하려는 집요한 노력만이 해결책이라고 믿기 때문이다. 그리고 건강 교회 운동을 벌여 가입 교회들을 만들고, 그 교회들은 그 강령을 철저히 지키고 서로 격려하여 교회 개혁 운동과 새 교회 운동을 벌여 나아가야 하리라. 한국 교회가 바로 서지 않고는 한국 사회가 설 수가 없다고 믿는 성도들의 기도와, 그들이 서로서로 팔짱을 끼고 눈을 부릅뜨고 벌이는 행동이 한국 교회를 바꾸는 원동력이 될 것이다.

— 박문규

(캘리포니아 인터내셔널대학 학장, LA 기독교윤리실천운동 공동대표)

2. 한국 교회의 집단이기주의

 1. 들어가는 말

사실 오늘의 주제가 부담스러울 정도로 크다는 생각이 든다. 왜냐하면 집단이기주의에서 자유로운 분야가 우리에게 있을까 할 정도로 그 부정적인 영향력이 광범위하기 때문이다. 일반적으로 우리 한국인들에게 그것이 크다고 생각되며, 우리 기독교인들에게 그것이 또한 크다고 생각된다. 적어도 그것이 일반적인 인상이라고 생각한다. 그래서 몇 가지 문제들을 생각하기에 앞서, 우리가 같이 생각해야 할 분야와 범위가 어떤지를 잡아 보는 것도 중요할 것이다.

❦

오늘 그 주제가 되는 집단이기주의는 개교회주의에 해당한다. 다시 말해서 자기 자신들이 속한 교회만을 생각하는 집단적인 태도의 부정성과 그것을 시정할 수 있는 방법들에 대해서 생각하는 것이다. 그 집단이기주의를 광범위하게 합리화하는 것은 목회의 성공주의라고 할 수 있다. 다시 말하면 물량적인 외형만이 그 교회의 가치와 목회자의 자질을 판단할 수 있는 척도가 되고 있다. 집단이기주의를 비롯하여 교회에서 많은 방면의 타락을 조장하는 것은 교회 물량적 성장에 대한 압력이다. 교회의 상업주의화를 논한 한 기사에서, 교회 성장을 이룬 목회자와 그렇지 못한 목회자를 전쟁에서의 패잔병과 황제로 비유한 것을 읽어 보았다. 고영근 목사의 "한국 교회 혁신과 사회 정화 방안"에 따르면, 이러한 한국 사회의 전체적인 교회 성공주의가 목회자들로 하여금 양적 성장을 위하여 수단과 방법을 가리지 않도록 했다. 결과적으로 그러한 추세가 전 세계의 100대 대형 교회 가운데 40여 개가 서울에 있도록 만든 것이다. 그것을 과연 한국 기독교가 하나님의 축복 가운데 기적과 같은 성장을 이루었다고 해야할 것인지, 혹은 한국 기독교가 어떤 사업 분야에서도 볼 수 없는 살벌한 경쟁관계에 있음을 실증하는 것인지는 분명치 않다. 그러나 적어도 이러한 물량적 성장주의는 교회로 하여금 자의반 타의반으로 이기적 자세를 갖도록 했다.

이렇게 한 교회의 집단이기주의는 그 교회를 넘는 넓은 범위로부터 영향을 받았으며, 또한 영향을 주고 있음을 이해하고 그 범위를 살펴야 한다. 먼저 집단이기주의이라는 명칭은 교회의 집단적 성격을 묘사하고 있다. 교회는 공동체인 것이 당위적이고 정상적인데, 그 반대적인 개념의 집단으로 보고 있다는 것이다. 홍인원 목사의 글에 따르면, 로핑크라는 신학자는 『예수님이 원하시는 교회』라는 책에서 공동체와 집단으로서의 교회를 구분하고 있다. 공동체는 구성원을 모두 개체와 개성으로 받아들이고 있는데, 집단은 이해관계를 같이하는 사람들만을 받아들이고 그 외의 모든 구성원을 경쟁관계로 본다고 말하고 있다. 아주 단순한 정의이긴 하지만 집단이라고 하는 정의에서 그 성격을 이미 결정하고 있다. 그 신학자에 따르면, 운동 경기에서의 한 팀 혹은 전쟁 상태에 있는 일국의 군대가 자신들의 승리와 안녕을 위해 하나님께 기도하는 상태를 집단이기주의의 예로 말하고 있다. 자신들이 살거나 이기기 위해서 상대방은 아무래도 좋다는 것을 말한다.

❧

이에 따라서 한국 교회, 특히 이민 교회의 집단이기주의는 어떤 형태로 나타나는지 간단히 집고 넘어갔으면 한다. 첫째는 모든 타교회를 무시하고 경쟁관계로 보는 집단이기주의가 가장 흔하다고 생각한다. 다른 교회보다 먼저 큰 교회가 되고, 먼저 자체 건물이 있는 교회가 되고, 먼저 교육관이 있는 교회가 되어야 하며, 다른 교회는 우리 교회를 위해서 희생되어야 하는 것이 하나님의 뜻이라고 주장할 수 있다는 것이다. 둘째는 타교단에 대한 집단이기주의이다. 이것은 신학적인 혹은 체제적인 우월주의에서 시작된다고 생각한다. 진보적인 교단과 보수적인 교단이, 혹은 은사에 열려있는 교단과 특별은사의 중단을 주장하는 교단이, 혹은 한국 내 신학교 출신들과 미국 내 신학교 출신 목회자들이 상호 간에 배타적이고 우월적인 입장을 주장하는 경우는 많이 있다. 셋째는 특히 이민 사회에서 교회가 사회 전반에 대해 이기적 태도를 취할 경우이다. 한 가지 예를 들면 남가주를 비롯한 많은 지역에서 교회 건축으로 인해 지역 사회와 갈등을 만드는 일이 많이 있다. 그러나 지역 사회와 교회를 적대적인 관계로 설정하면 교회가 원하는 것을 이룬다 할지라도 상처와 후유증은 오래갈 것이다.

집단적 이기주의가 남겨 놓은 현상은 협력의 부재라는 부끄러움이다. 교회들의 협력과 연합은 성경적인 명령이다. 그리고 많은 단체와 교회를 대표하는 분들이 기회만 있으면 상호 간의 협력을 위해서 노력하고 있음을 천명한다. 그러나 실제로 협력이 필요한 상황에서 오히려 서로에게 실망하는 경우가 종종 있다는 이야기를 듣는다. 그 이유는 우리 교회, 우리 교단, 우리 신학교, 우리 편이 항상 옳았기 때문이다. 양보할 일이 있으면 저쪽에서 해야 하고, 생색낼 일이 있으면 우리 쪽에서 해야 한다는 논리이다. 교회들의 협력이 강조되면서도 항상 이루어지기 어려운 것이 특별히 선교라고 생각한다. 내지선교와 외지선교를 막론하고 선교에 각각의 교단과 교회가 같은 사역을 위해서 별도의 투자를 마다하지 않는 상황이다. 그렇기 때문에 어떤 교회에서는 선교사를 찾고 있으며, 사역을 찾는 목회자가 그 선교지에 이미 있더라도 같은 교단이 아니라는 이유로 간단히 무시되는 것이 현실이다. 집단적 이기주의에 의해서 성경적 공동체를 바라보는 것이 어렵게 된 이민 사회의 한국 교회는 의미 있는 사역을 협력해서 이룰 수 있는 힘이 부족하다. 겉으로는 화려하고 거대한 교회들이 즐비하지만 실제로 성경적인 원칙에 따라 그 교회들을 검토한다면, 집단적 이기주의에 의한 상처와 갈등이 많이 감추어져 있을 것이다.

한국 이민 교회의 집단이기주의에 대한 기본적인 이해를 지금까지 나누었다. 앞으로 세 가지 관점에서 토론을 계속할까 생각한다. 첫째는 한국 이민 교회의 집단이기주의가 어디에 뿌리를 두고 있느냐를 생각하려고 한다. 둘째는 개교회의 형편에서 그러한 집단이기주의에 관련된 사람들이 어떤 자세를 가져야 할지에 대한 것이다. 셋째는 이런 부정적인 상황에 어떻게 대처할 수 있는지 같이 생각했으면 하는 것이다.

2. 교회의 집단이기주의의 배경

크게 두 가지 줄기로 배경을 볼 수 있다. 한국적인 정서와 일반 혹은 한국 교회의 역사성에 묻어 있는 배경이다.

(1) 한국적인 정서

이것은 한국 민족이 단일민족이라는 사실과, 오랫동안의 역사 속에서 외세의 잦은 침략을 받은 상황에서 형성된 것이 아닌가 한다. 한민족이 배달민족이라는 것을 자랑하는 것은 단결을 위한 것이지만, 동시에 그 자체가 집단이기주의의 바탕을 제공하는 것이다. 즉, 한민족 대 타민족의 대결구도를 너무 쉽게 상정하고 있다. 동시에 계속되는 어려운 상황에서 이해관계와 인척 등 여러 가지 형태로 집단화가 되어 갔을 것이다. 거기에 오랫동안 한반도 내에서의 지방화에 따라 상호 간에 문화가 달라지고 생존에 대한 우선순위가 자연스럽게 정해졌을 것이다. 더욱이 일본의 식민지 정책과 한국전쟁 및 군사독재를 거치면서 20세기 이후의 한국적인 정서는 집단이 더욱 세분화되고 그 배타성은 더욱 거칠어졌다고 본다.

최근의 도시화 혹은 그 이후의 국제화를 통한 이민 증가 등으로 집단화가 약해질 수 있는 기회들은 있지만, 사실상 한국적 정체성의 근거가 되는 지방, 학교, 인척관계 및 이에 따른 사회적 이해관계 체제의 확립, 즉 집단화는 더욱 공고해졌다고 생각한다. 마치 한국에서는 나가지 않던 학교 동창회나 종친회 등에, 미국에 와서는 열심히 참석하는 현상 같은 것을 말한다.

이런 관점에서 이 지역 이민 사회를 본다면 가장 개인화가 활발할 수 있는 미국 서부 지역에서 오히려 그것을 역행하려는 노력이 교회를 통해서 현실화되고 있다고 생각한다. 물론 많은 교회가 하나님의 인도하심을 따라 한국을 나온 사람들의 영적인 집과 고향이 되었지만, 동시에 그것과는 전혀 상관없이 자의적으로 세워진 교회도 있을 것이다. 즉, 이민 교회가 이민 생활에서 하나님의 뜻에 따라 살겠다는 의지보다는 전통적 집단화의 현장이 되었다는 것이다. 자신의 정체성을 확고히 할 수 있는 방안으로 교회를 선택하게 되었다. 한국인들이 미국 생활에서 인정받을 수 있는 유일한 환경이 교회였기 때문이다. 그저 막연히 한국인이기 때문에 혹은 기독교인이기 때문에 교회가 보호와 나눔의 장소가 된 것이 아니고, 특정한 집단에 속하고자 하는 사람들을 위한 장소가 된 것이다.

(2)교회의 역사
한국 교회의 전반적 이기주의 현상
한국 교회의 양적 성장은 부흥이라는 영적 상태를 나타내는 말로 포장되어 왔지만, 그것은 사실상 아직 완전한 분석을 받아본 적이 없다. 물론 그 양적 현상 뒤에 수많은 사람들이 희생과 순교를 통해서 헌신한 것은 사실이다. 그것을 어떤 경우에도 가볍게 평가할 수는 없다.

그러나 동시에 한국 교회의 최근 수십 년 간의 현상은 많은 경우에 비성경적인 원칙과 비논리적인 방법들이 사용된 것이 사실이다. 단적인 예로 총회를 위해서 모인 교회들이 눈앞에서 각각의 집단을 이루며 파당을 만드는 것을 거듭해서 보았으며, 그 현상을 하나님께 미루면서 교파가 많이 생겨서 오히려 전도가 더 많이 되었다는 식으로 미화했던 것을 들 수 있다. 그것이 이제 언급하고자 하는 미국 내 한국 교단의 핵분열을 조장했을 것이다.

미국 내 한국 교단의 난립 현상
한국 내에서 교단들이 신학적인 입장이 비슷함에도 불구하고 별도의 교단을 만드는 것은 사실 간단하게 설명할 수 없다. 그리고 한국 교단들이 한국에서도 부족해 미국에서까지 자기들끼리의 교단을 형성하는 것은 설명하기에 더욱 복잡할 것이다.

그러나 한 가지 확실한 것은 이렇게 새로운 교단이 만들어지는 과정에서 집단화의 과정을 거친다는 것이다. 기존 교단에서 갈라져 나온 혹은 새로운 교단을 형성하는 과정에서는 그것을 위한 명분이 있었겠으나, 현실적인 과정은 이해관계를 같이하는 사람들의 이합집산을 통해 집단이기주의 실현을 보여 주었다. 이런 자의적인 교단의 설립과 창출은 결국 그에 속한 여러 교회들이 같은 논리로 자신들의 이해관계에 따라 독립적인 결정을 할 수 있음을 보여 주었다.

교단과 더불어 신학교에 의한 집단화

교단의 집단화 과정에서 자연적으로 신학교를 동반하게 되었다. 신학교를 통해 새로운 집단의 힘인 목회자들을 배출할 수 있기 때문이다. 그리고 이런 신학교의 우후죽순 같은 설립으로 어쩔 수 없이 목회자들의 수는 늘었지만 수준은 계속 낮아졌다. 미주 《크리스찬투데이》에서 발행한 주소록에 따르면, 미국 내에 한국계 신학교로 분류된 것이 137개이며, 그중에서 남가주에 주소를 두고 있는 것이 68개, 즉 절반에 달하고 있다.

또 이런 신학교를 통해 목회자의 길을 걷게 된 사역자들은 대부분 해당 교회의 외형적 성장에 최대의 노력을 경주하게 될 것이다. 따라서 집단이기주의와 관련된 많은 폐해가 더욱 가속화되었을 것이다.

3. 개교회 집단이기주의에 따른 책임 소재

한 교회가 집단이기주의적인 태도를 취했다면 그것은 모든 교인들의 능동적 노력에 의한 것이 아니며, 대부분의 경우 교회 지도층의 결정 사항을 다른 사람들이 수동적으로 받아들이는 결과일 것이다. 물론 개별적인 사정을 보면 복잡할 수 있겠지만, 일반적으로 볼 수 있는 교회 지도력들의 입장을 생각해 보도록 하겠다.

(1) 목회자

이기주의가 사회와 교계에 전반적으로 확산된 부정적인 태도라는 것은 인정할 수 있다. 그것이 교회의 실수라면 목회자의 실수에서 시작된다. 어떤 교회가 집단이기주의로 볼 수 있는 상황에 있다면 그것은 목회자의 인격과 성향의 반영이다. 물론 목회자는 이기주의적 결정을 그럴듯하게 합리화하고 포장할 수 있는 모든 수단을 가지고 있다. 그리고 대부분의 경우에 그것은 자신들의 교회를 외형적으로 성장할 수 있도록 하는 것이기 때문에 그것에 동조하지 않는 사람들을 객관적으로 비난받도록 하는 것이 용이하다. 나아가서는 적극적인 목회자는 교회 내에서 이런 결정 과정을 어렵게 하는 사람들을 회사 경영상 효율성을 떨어뜨리는 사람들과 같이 취급한다. 목회자의 입장에서 그것은 더 이상 영적인 문제가 아닐 것이다. 이런 과정에서 목회자는 목회자가 하나님을 대표하고 있고 그러므로 목회자를 반대하는 것은 하나님을 반대하는 것이라는 식의 아전인수 격 논리를 사용한다.

동시에 목회자의 프로젝트형 사역을 용이하게 하는 주변의 집단화는 계속된다. 소위 교계의 선배들인 목회자들이 후배들을 위해 하는 조언이나, 목회자들이 장로들과 집사들을 격려할 때 하는 대부분의 말에는 목회자들의 사역을 용이하게 하려는 목적이 있다. 그러므로 교회를 집단화하고 있는 목회자의 입장에서 이기주의와의 상승작용에 의해 비성경화가 빨라지는 것은 당연한 것이다. 이럴 때 목회자의 입장을 적극적인 면에서 강화하거나 반대로 갈등을 통해 역집단 혹은 타집단화를 가속시키는 것은 여타 지도층과의 관계이다.

(2) 비목회자 지도자

이것은 주로 장로, 권사 혹은 안수집사들을 말한다. 대부분의 경우, 담임목회자와 목회자가 아닌 지도자들은 협력관계에 있는 것이 당연하다. 이런 경우에는 교회의 성경적인 사역을 위해서 같이 노력하는 것이 목표이지만, 만약 전체적으로 사업적 혹은 집단적 성격을 확장하고 있더라도 어쩔 수 없이 목회자를 돕고 있을 것이다.

그러나 목회자가 여타 지도력과 갈등의 관계에 있을 때 교회는 또 다른 의미의 집단화가 진행된다. 우리가 주위에서 종종 보는 것과 같이, 패가 갈라져서 서로 하나님을 부르며 같은 예배당에서 상대방을 불쌍하게 여기는 혹은 저주하는 모습 속에서 가장 이해하기 어려운 교회의 집단이기주의 모습을 볼 수 있다.

그런 면에서 보면 비목회자이면서 교회의 지도력에 참여하고 있는 사람들이야 말로 가장 어려운 입장에 있다. 전통적인 한국 교회의 정치 체제는 이들에게 책임 있는 행동과 입장을 허락하지 않는다. 대부분 목회자를 보조하는 은혜로운 사역에 그칠 것만을 인정한다. 그러니 성경적으로 분명히 교회의 지도력을 행사하도록 인정받고 있는 이들이 교회를 위해 건강한 영향력을 추구하는 것은 어려운 일이다. 사실상 이들의 위치는, 첫째, 목회자에 대한 전폭적인 순종, 둘째, 재정 등 목회 내 특정 부분에 대한 전문적 조언, 셋째, 갈등으로 나누어지지 않도록 목회자와 협력과 보완의 관계를 유지해야 하나 정상적인 관계를 기대하기 어렵다.

이들이 교회의 다른 영적인 사역보다 목회자의 사역을 쉽게 하는 사람들로서 혹은 목회자의 세력을 대표하는 사람들로서 보이고 일한다면, 역시 그것의 책임은 담임목회자를 윗사람으로 보는 전통적인 한국적 정서와 목회자들의 욕심이 합쳐진 것이 아닐까 생각한다. 평신도는 목회자를 돕는 사역자라는 논리가 속히 없어져야 할 것이다. 비목회자 지도자들이 성경적인 소명과 위치를 되찾을 때 집단이기주의에 대한 수정이 가능할 것이다.

(3) 일반 교인들

일반 교인들에게 교회의 집단이기주의의 책임을 묻기는 어려울 것이다. 다만 이 일반 교인들이 긍적적인 면에서는 수혜자들이고, 부정적인 면에서는 피해자라는 수동적 자세를 고칠 필요는 있다. 교회를 성경적인 면에서 세운다면 평신도지도자들과 더불어 조용한 다수(Silent Majority)로서의 일반 평신도의 자세와 위치를 정확하게 연구할 필요가 있다. 교회의 문제를 다룰 때 현재는 주로 목회자와 지도층들이 많은 일을 하지만, 앞으로는 일반 교인들을 더욱 적극적인 위치에 놓아야 할 것이다. 일반 교인들이야말로 교회의 지도층이 성경을 통해서 위임 받은 영적인 위치를 감당할 수 있는 후원을 받고 있는지 확인해야 하고, 실수와 월권을 시정할 수 있는 힘이라고 생각한다.

이런 면에서 일반 교인들은 매우 중요할 수도 있으며 혹은 위험할 수도 있다. 교회의 집단이기주의가 물량적 성장에 대한 목회자의 노력이 주요 이유라면, 그러한 물량적 성장이 가능했던 것은 일반 교인들의 재정적 헌신이 있었기 때문이다. 그러므로 집단이기주의에 대한 원천적 수정 노력은 일반 교인에 대한 교육과 참여가 필수적이라고 생각한다. 많은 일반 교인들이 사회에서는 가장 앞선 제도와 기술의 혜택과 책임을 가지고 있지만 오히려 교회에서는 논리를 접어놓고 있으며, 해당 안건에 대해 비전문가들인 목회자와 일부 지도자들에게 맡긴다는 것은 집단적 책임 회피라고 말할 수도 있다. 앞으로 기독교윤리실천운동(이하 기윤실)을 통해 더욱 실질적인 모델이 세워질 수 있기를 바란다.

(4) 비교인들의 경우

교회와 관련이 없는 사람은 교회 집단이기주의의 책임과 관계가 없다. 그런데 생각해 보면 이들이야 말로 집단이기주의의 가장 큰 피해자이다. 교회에 대한 혐오로 더욱 근본적이고 영적인 기회를 잃게 된다. 그리고 이들의 피해의식이 광범위해질수록 교회에 대한 관심을 잃어가고, 교회는 집단적 성격을 강하게 나타내게 된다. 따라서 비교인들에 대한 교회의 열린 자세가 필요하다고 생각한다. 반드시 그 시간에 전도하겠다는 목표를 갖기보다는 교회가 사회적으로 삶의 모범을 보여 주는 것이 중요하다.

4. 대책

패널 토론에서 실질적으로 가능한 대책에 대해 더 나누었으면 한다. 내가 몇 가지 대책을 제안한다면, 이 모든 것의 근본적인 대책으로 기윤실이 더욱 적극적인 사역을 해야 한다고 본다. 우리가 일반 교회들의 잘못과 목회자들의 부족함을 이야기하는 것보다는 교회 개혁을 위한 분명한 목표와 그것을 향한 힘을 모으는 것이 중요하다고 생각한다. 그것은 목회의 새로운 패러다임에 대해 학술적으로 열린 토의가 계속되어야 한다는 것이다. 목회에 대한 새로운 아이디어는 많이 있다. 대부분이 교회에 대해 증가하는 영적 혹은 사역적 요구에 대한 반응이다. 그러나 일부에서는 교회가 좀더 원시적인 목회를 추구하기 위해 연구해야 한다고 생각한다. 집단이기주의와 관련하여 연구해야 할 여러 가지가 있겠지만 교회의 형태, 교회의 재정 체제, 목회자의 기능, 궁극적인 교회의 목표 등에 대한 것들이 대표적인 연구 대상이라고 생각한다. 다시 말해서 교회의 집단이 기주의가 현실적인 문제라면 그것에 대응하는 직접적인 방법과 더불어 더욱 근본적인 교회 개혁의 방향이 논의되어야 한다는 것이다.

(1) 교회의 소형화

교회의 소형화를 지향하는 것은 교회에서 발생하는 여러 가지 부정적인 문제들을 해결할 수 있는 가능성을 제시할 것이다. 단순히 작은 교회들을 위로하고 교계에 그들이 있을 자리가 있다는 것이 아니고, 작은 교회가 성경이 원하는 교회의 의미를 달성할 수 있는 가장 모범적인 교회임을 체계화하는 것이다. 그러나 작은 교회는 집단이기주의라는 문제는 해결할 수 있을지 몰라도 능력 있는 사역을 할 수 없다는 단점이 있다. 그러나 작은 교회와 함께 교회의 연합 사역과 이에 따르는 지도력의 협력을 이룩하면, 오히려 범위가 큰 사역을 효과적으로 살려 나갈 수 있을 것이다.

(2) 무소유 원칙의 재정 체제

복마전 같은 와중에도 한국 교회의 축복은 무소유의 원칙을 지키는 사역자들이 있다는 것이다. 물론 그들이 사역하는 교회가 재정적인 모든 면에서 자유로운지는 모르겠지만 적어도 그것을 원하는, 같은 마음을 지닌 사람들이 많은 것은 사실이다. 건물에 대한 무소유 원칙이라도 교회의 변하지 않는 원칙으로 확립한다면, 교회 내 일부 인사들의 집단화도 막을 수 있으며 교회의 집단이기주의로 지역 사회와 갈등을 일으키는 것도 최대한 방지할 수 있을 것이다. 또 교회의 재정을 사회 사역을 위해서 효과적으로 사용할 수도 있을 것이다. 기윤실을 통해서 교회 재산 혹은 재정 상태를 정기적으로 발표하는 이러한 교회들이 모여서 교계 전체에 영향력을 발휘할 수 있을 것이다.

(3) 무목회자 목회

 목회자와 비목회자라는 이분법은 잘못되었다고 생각한다. 물론 목회자들이 받는 전문적 훈련과 교육이 전혀 필요 없다는 뜻은 아니다. 그러나 목회자가 교회를 위해 있는 것이라면, 교회의 의미를 더욱 정제해서 목회자가 없는 교회를 얼마든지 만들 수 있다고 생각한다. 물론 목회자가 없다고 해서 교회 내에서 생길 수 있는 인간적 실수를 모두 방지할 수 있는 것은 아니다. 그러나 일반적 한국 교회와 같이 교회 내 결정 과정이 목회자에게 일방적으로 의뢰되어 있다면, 그것과 제도적인 균형을 유지할 수 있는 조치들이 필요하다고 생각한다. 가능하면 기윤실과 같은 단체가 이런 교회를 세우고 그것을 보호하여 몇 년간의 성장 과정을 자세히 보고 그 추후를 통해 새로운 교회 개혁의 가능성을 찾을 수 있을 것이다.

(4) 선교적인 대책

 교회 존재의 궁극적이고 이론적인 목표는 대내와 대외 선교이다. 물론 많은 단체와 교회들이 선교를 위해서 헌신하고 있다. 따라서 선교에 대한 소명을 확신하는 교회들과 단체들이 우월성과 이기주의로 인한 갈등을 방지하기 위해서라도 선교를 위한 지역과 사역별 협의회가 형성되어야 한다고 본다. 교회들이 각각 개교회로서 선교 사역을 선택하고 있지만 동시에 많은 선교단체들이 중복적인 사역을 위해서 일하고 있다. 그래서 교회와 선교단체가 지역적, 분야별의 사역을 통합할 수 있다면 현지에서의 효율도 나아질 수 있고, 선교 사역 재배치를 통해 지금보다 더욱 넓은 지역에 사역을 확대할 수도 있을 것이다. 나는 기윤실의 논리적 근거가 선교에 더욱 모아져야 한다고 본다.

− 송인범
(목사, 카츠피해선교회 대표)

3. 한국 교회 회계 재무의 문제점과 개선 방안

*이 원고에 혹시 부정확한 설명이 있으면 그것은 전적으로 필자의 책임이다. 여러 제언을 환영한다.
* '재정'이라는 용어는 정부 재무를 의미하는 것으로, 교회를 포함한 일반 조직은 '재무'라는 용어가 적합하다.

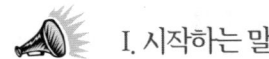 I. 시작하는 말

뉴 밀레니엄을 맞이하여 개혁의 바람이 사회의 전반에 걸쳐 불고 있는데, 유독 한인 교회만이 구태의 고착화로 인해 교회가 사회를 걱정하는 것이 아니라 도리어 사회가 교회를 걱정하는 기현상이 벌어지고 있다. 교회가 빛과 소금의 역할을 감당하지 못함으로 개혁이 절실히 요구되는 시점이다. 한인 교회는 특히 재무와 회계 영역의 개혁이 시급하다. 재무와 회계의 불투명성이 교회 분쟁을 일으키는 주요한 원인이 되어 왔고, 또한 사회에서 교회에 대한 부정적 인식을 확산시키는 계기를 만들었기 때문이다. 최근에도 한국의 대형 교회 중 하나가 교회 재산을 불투명하게 관리하여 사회에 물의를 일으킨 바 있다. 그러므로 필자는 이 글에서 한인 교회의 재무와 회계에 관한 문제점을 밝히고 그에 따른 대안을 제시하고자 한다.

성경(마 25:14-30)에 보면, 재무와 회계 그리고 감사에 관련된 좋은 예화가 있다. 주인이 먼 길을 떠나면서 세 명의 종에게 다섯 달란트, 두 달란트, 한 달란트씩을 맡겼다. 다섯 달란트와 두 달란트를 받은 종들은 열심히 일하여 배의 수익을 남겼고, 한 달란트를 받은 종은 그것을 땅에 묻어 두었다. 주인이 돌아왔을 때 종들에게 어떤 조치를 취하였는가? 우리는 모두 그 결과를 잘 안다. 주인은 달란트를 종들에게 맡기면 종들이 당연히 재무와 회계 처리를 잘 할 것이라 믿었을 것이다. 그래서 돌아오자마자 즉시 감사를 실시하였다. 수익을 남긴 종들은 크게 칭찬받았고, 땅에 달란트를 묻어 둔 종은 쫓겨나서 슬피 울도록 만들었다. 이 예화에서 주목하여야 할 사실은, 한 달란트를 받은 종은 최소 주인의 재산에 손해를 입히지 않았는데도 주인에게서 큰 질책을 받았다는 점이다. 이 예화가 우리 교인들에게 주는 교훈은 무엇인가? 교회의 재산을 투명하게 효율적으로 잘 관리하여 하나님의 사업에 쓰라는 것을 말하고 있는 것이다. 여러 언론 매체를 통하여 보아 왔듯이, 어떤 교회들은 불투명한 회계 처리로 교회의 헌금을 유용하는 죄를 저지르고 있다. 그들의 죄 값이 얼마나 크겠는가? 심히 우려하지 않을 수 없다. 그런 면에서 기독윤리실천운동의 바른교회운동은 적절하고도 시급한 운동이 아닐 수 없다.

II. 교회 재무와 회계

교회의 재무와 회계의 투명성은 왜 중요한가? 투명성이 없을 때 재무와 회계에 관한 권한은 특정 개인이나 특정 집단의 조정 하에 있게 되고, 권한을 확보한 특정 집단의 다음 목표는 그러한 기득권을 오래 유지하기 위한 방법을 강구하게 된다. 그것이 장기 집권이나 세습이라는 형태로 나타나는 것이다. 현재 한국 교회의 재무와 회계 처리의 불투명성이 세습 문제에 상당한 기여를 하였다고 본다. 그 다음 단계는 분쟁의 단계로 가게 될 것이다. 이러한 과정을 통하여 대부분의 고통을 교인들이 짊어지게 된다. 사회 정의의 관점에서도 이러한 불공정한 일은 하루빨리 시정되어야 한다.

1. 재무제표 – 대차대조표, 운영비용표, 현금운영표

현재 미국의 교회들은 세제에 관한한 상당한 특혜를 누리고 있고, 정부도 정교 분리에 입각하여 심각한 문제가 아니면 종교 기관의 업무에 개입하지 않으려는 경향이 있다. 이런 느슨한 규제 때문인지 대부분의 교회들은 수익비용표만 준비하는 것 같다. 그러나 미국공인회계사협회(AICPA)는 교회를 포함한 대부분의 비영리 기관이 다음과 같은 세 가지의 재무에 관한 보고서를 준비할 것을 요구하고 있다.

① 대차대조표(Balance Sheet or Statement of Financial Position) 어느 특정한 시점에서의 교회 자산, 부채, 순 지분의 금액을 보여 준다.
② 수익비용표(Activity or Operation Statement)
특정 기간 동안의 수익과 비용을 나타낸다.
③ 현금운용표(Statement of Cash Flow)
특정 기간 동안의 현금에 관한 수입과 지출에 대한 금액을 나타낸다. 대부분의 교회는 현금 기반(cash basis)에 근거하여 재무제표를 준비하므로, 현금운용표는 큰 의미가 없기 때문에 이곳에서는 설명을 생략하기로 한다.

규모가 그렇게 크지 않은 대부분의 교회들은 단식부기(single entry bookkeeping system)를 사용한다. 단식부기를 사용하더라도 수익비용표와 대차대조표를 작성하는 데 큰 어려움은 없다. 그러나 많은 요소를 추정치로 나타내어야 하므로 회계정보로서의 질은 떨어지게 된다. 규모가 큰 교회들은 복식부기(double entry bookkeeping system)를 사용함으로써 재무제표 작성이 훨씬 쉬워지고 당연히 정보 가치의 효용성도 높아진다.

대부분의 한인 교인들도 연초의 공동회의에서 수익비용표는 받아 보았으리라고 믿는다. 수익비용표도 교회의 운영에 관한 수익과 비용에 대하여 많은 정보를 제공하지만, 균형 있는 정보 제공을 위해 대차대조표도 같이 작성하는 것이 바람직하다. 대차대조표를 통하여 현재 교회의 자산이 얼마인지, 또한 부채나 순지분이 얼마나 되는지에 대하여 일반 교인들도 알게 된다. 그러한 정보는 교인이 당연히 알아야 할 권리이자 의무이다. 예를 들어 어떤 항목의 지출이 작년보다 왜 그렇게 증가하였는지, 부채는 작년에 비하여 어떻게 감소하였는지 등의 질문들을 통하여 한 점의 의혹도 없도록 노력하여야 한다. 그러한 면에서 교회는 한해의 재무제표만 배포하지 말고 여러 해의 재무제표(비교 재무제표)를 같이 배포하면 훨씬 많은 정보를 제공할 수 있다.

어떤 분들은 이렇게 주장할지 모른다. "그런 질문을 일일이 다 들어주었다가는 언제 회의를 끝낼 수 있나? 교회에서는 항상 은혜스럽게, 순종하는 마음으로 그저 아멘으로 받아들이는 것이 옳다." 김동호 목사(높은뜻숭의교회)가 최근 교회 재정에 관한 글에서 지적하였듯이, 교회에서 회의 시 "은혜스럽게 합시다." 하는 말이 "적당히 합시다."의 뜻으로 왜곡되었다. '순종'과 '은혜'라는 말을 그런 식으로 사용하는 것은 교인으로서 부끄러운 일이고 게다가 반 성경적이다. 만약 많은 질문을 답하기에 시간이 부족하면 서면 등으로 하든지 하여 교인들의 질문에 답하는 것이 바람직하다.

수익비용표와 관련하여 특히 개선하여야 할 점은 목회자(담임목사, 부목사, 전도사 등)의 사례비를 불분명하게 작성하여 혼란을 초래하고 있다는 것이다. 예를 들어 필자가 감사로 시무하였던 교회에서는 사택 보조비는 교회 운영비의 한 항목에 넣었고 목회자 도서비는 교회 도서관 활동비에 넣고 하여 여러 군데로 분산시켜 놓아서 교인들이 성직자의 사례비가 어느 정도인지 추정하기 어렵게 만들어 놓았다. 그래서 재무 담당 장로에게 왜 이렇게 작성하였는지 물었더니, "목회자들이 세금을 적게 내도록 그렇게 하였다."고 대답하여 실망스럽기도 하고 한심스럽기도 하였다. 교회에서 목회자가 세금을 납부할 일이 있으면 당연히 납부하여 도덕적으로 모범을 보여야 한다. 또 절세와 세금 회피를 구별할 줄 아는 상식이 있어야 한다. 이 문제는 교회 감사에 대한 항목에서 다시 설명하고자 한다.

❧

필자가 인터넷상에서 'church management'라는 제목에 관련되는 웹사이트를 찾아보았더니, 수십 가지 이상의 교회 관리 소프트웨어에 관한 정보를 볼 수 있었다. 한국은 어떤가 하여 야후코리아(yahoo.co.kr)로 들어가서 '교회 관리' 제목으로 조사를 하여 보니 몇 가지의 웹사이트(하늘곳간 1.0, 열린문 교회 관리, 스데반 정보, 에스라 데이터 시스템 등)를 찾을 수 있었고, 어떤 웹사이트는 다운로드도 그냥 할 수 있게끔 되어 있었다. 그러한 소프트웨어를 사용하면 재무제표도 쉽게 작성할 수 있고, 헌금 관리도 용이할 것이다.

2. 목회자 사례비와 관련된 제반 문제

많은 한인 교회가 목회자의 사례비 결정, 특히 인상 과정에서 진통을 격곤 한다. 어떤 장로의 이야기를 들어 보자. "사실 올해에는 경제도 어렵고 하여 목회자의 사례비를 5%만 인상하려 하였는데, 목회자를 하나님처럼 섬겨야 한다고 평소에 주장하는 한 장로가 당회에서 최소 20%는 인상하여야 한다고 막무가내로 주장을 하니, 5%만 인상하자고 제안하였다간 저는 완전히 찍히게 되고 그렇게 주장하기도 힘듭니다." 그래서 필자는 이렇게 대답하였다. "장로는 기업의 입장으로 보면 최고 경영자인데, 사람들이 싫어할까봐 말 못 하고 듣기 좋은 소리만 하면 그런 기업은 다 망하게 됩니다."

많은 교인들은 교회에서 멋있는(?) 말만 해야지 은혜스럽고 교인답다고 생각한다. 물론 교인들이 할 수만 있으면 아름다운 소리를 해야겠지만, 잘못된 일이 있을 때는 그러한 것을 당연히 고치면서 사랑과 은혜를 이야기하는 것이 교인의 도리일 것이다. 예수님도 세상의 잘못에 대하여 끊임없이 호루라기를 불었다는 것을 기억하여야 한다. 하여튼 단시간 안에 고칠 수는 없겠지만, 우리가 필요한 제도를 개발하여 비합리적인 일을 점진적으로 개선해 나가야 한다. 필자가 다니던 한인 교회에서는 목회자 사례비 인상 문제로 매년 불미스러운 일이 일어났다. 이러한 분쟁으로 시간을 낭비해서야, 언제 땅 끝까지 하나님 말씀을 전할 수 있겠는가?

(1) 사례비(Compensation) 책정

이러한 문제점을 해결하기 위하여, 목회자의 사례비는 당회에서 결정하지 말고 이사회나 재무위원회에서 결정하도록 하자. 당회원은 이사회나 재무위원회를 겸직하지 못하도록 내규에 명시하여, 가능한 한 공정성과 독립성을 유지하여야 한다. 재무위원은 전문성을 겸비하고 있는 평신도에서 선출하고 원로장로나 권사 직에 있는 분도 재무위원회에 참여하는 것이 바람직하다. 사례비를 객관적으로 결정하기 위하여, 목회자 사례비에 관한 조사 자료를 참고하는 것이 큰 도움이 된다. 아래의 기관은 그러한 자료를 매년 발행한다.

- Salary Survey, Church Management Association
- Church Staff Compensation Survey
- National Association of Church Business Administration

이러한 객관적 자료를 평가한 후에 구체적 방침을 정하는 것이 좋다. 예를 들어 소비자 물가지수(consumer price index)와 연계한 사례비 인상도 한 방편이다. 지난 몇 년간 소비자 물가지수는 다음과 같다.

1991: 3.1%　　1992: 2.9%　　1993: 2.7%　　1994: 2.7%　　1995: 2.5%
1996: 3.3%　　1997: 1.7%　　1998: 2.0%　　1999: 2.5%*　　2000: 3.0%*

*필자의 임의 추정치

만약 인상을 하여야 한다면 소비자 물가지수에 2%를 더하여 인상하는 것도 한 방안이다. 그렇지만 교인들의 전반적인 경제 사정을 고려하여 결정하는 것이 바람직하다. 예를 들어 교인들은 불경기에 시달리고 있는데도 목회자의 사례비는 해마다 인상되어야만 한다는 논리는 재고되어야 한다. 또 여러 모로 비슷한 교회들의 사례비를 참고하는 것도 사례비 결정을 위한 좋은 정보를 제공할 것이다.

(2) 사택 보조비(Housing Allowance)

사택 보조비가 목회자의 소득에서 연방 세금 면제를 받으려면 교회의 최고 의결 기구(한국 교회에서는 공동의회가 될 것이다)의 공식적 결의가 가장 바람직하다(첨부된 결의문 참조-부록 2). 그 결의서에는 사택 보조비의 금액이 명시되어야 한다. 그러한 문서가 없는 경우에는, 예산에 사택 보조비가 포함되어 있고, 그 예산이 공동의회에서 인준되는 경우도 세금 면제를 받을 수 있다. 대다수의 한인 교회는 이러한 법적 절차를 알지 못하고 있다. 위에서 언급한 공식 문서가 없다면, 사택 보조비는 세금 공제 대상이 아니므로 세금 공제를 하면 불법적인 일이 된다.

필자가 감사로 시무하였던 교회에서는 사택비는 예산에 책정되었으나, 사택 유지비(전화, 전기, 물값 등)는 목회자가 청구서를 재무 담당자에게 보내면, 금액에 상관없이 교회에서 지불하고 있었다. 이러한 경우 사택 유지비는 세금 공제 대상이 되지 않는다. 세금 공제를 받으려던, 사택 유지비도 사택 보조비의 한 부분에 포함시켜 명시된 금액의 인준을 받아야만 한다. 게다가 사택 유지비의 한계가 책정되어 있지 않았으므로, 필자가 예상했던 바대로 과다한 비용이 지출되고 있었다. 이런 면에서도 교회 감사는 효율적 교회 관리를 위하여 반드시 필요한 제도이다.

(3) 교회 자동차 사용

만일 목회자가 연간 2만 마일을 사용하고 그 중에서 5천 마일은 개인적 용도로 사용하였다면 그에 대한 비용은 교회에 반납하여야 한다. 현재 세금 공제시 1마일 당 39센트 공제받으므로 그 금액을 곱하면 반환 금액이 산출된다. 어떤 분은 어떻게 목회자에게 그렇게 인색하게 할 수 있느냐고 화를 낼지 모른다. 그러나 그것은 연방 세법이다. 필자가 임의로 제시하는 것이 아니다. 법을 따르는 것이 성경적이고 또한 윤리적이다.

필자가 얼마 전 가족들과 휴가차 한국에 들렀을 때, 상당히 큰 교회에서 담임목사로 시무하고 있는 친구를 방문하였다. 그 친구는 미국에서 온 오랜만에 만나는 필자를 대접하기 위하여 교회에서 목회자에게 배당된 차를 사용하라고 친절을 베풀었다. 공용으로 사용되는 교회차를 사용하기가 부담스러워 머뭇거렸더니, 그 친구의 대답이 걸작이다. "한국에서는 다 그러는 것"이라고 충고까지 하여 어리둥절하였던 기억이 난다. 교회는 어느 세상 기관보다 깨끗하여야 한다. 그렇지 않으면 어떻게 세상을 향하여 회개하라고 외칠 수 있겠는가?

(4) 기타 사례비

목회자가 결혼식이나 장례식의 집례를 하면서 받는 사례비 또는 타 교회의 부흥회 인도로 받는 사례비는 당연히 목회자의 소득에 합산되어 연말 정산시 소득세를 납부하여야 한다.

(5) 사회보장세

양심의 자유 또한 종교와 정치의 분리에 입각하여 목회자는 사회보장세를 내지 않아도 된다. 그러나 사회보장세를 내지 않으면 원칙적으로 은퇴 후 사회보장 혜택을 받을 수 없다는 점을 알아야 한다.

(6) 원천소득세의 W-2 form 포함 면제

봉급을 받는 대부분의 사람들은 1월 말에 'W-2 form'을 받게 된다. 그 보고서에는 원천징수된 세금이 나타난다. 다른 직종의 봉급생활자와는 달리, 목회자는 원하면 원천징수를 면제 받을 수 있다. 세금 자체가 면제되는 것이 아니고, 목회자가 자발적으로 세금을 낼 수 있다는 말이다. 이와 같이 미국 정부는 목회자들의 양심을 존중하여, 그들에게 많은 혜택을 제공하고 있다. 우리 한인 교회도 이러한 혜택을 적법하게 사용하여야겠다.

어느 미국 교회의 회계 담당자가 한 말이 가슴에 와 닿았다. 교역자들이 비용에 관계된 필요한 영수증을 제출하지 않으면 그 달 사례비에서 그만큼 감한다는 것이다. 왜? 교회는 어느 조직보다도 규정을 지키는 데 타의 모범이 되어야 하기 때문이다. 한국 교회에서 회계 담당자가 그렇게 했다면 아마 사탄이라는 소리를 들었을 것이다. 우리도 언젠가는 그렇게 하는 것이 당연한 환경을 만들어야 한다.

3. 헌금 문제

교회의 헌금은 세상 금전과 달리 더욱 신중히 다루어야 한다는 것을 교인들이 잘 알면서도 한인 교회의 헌금 관리는 상당히 허술한 면이 많다. 그러므로 헌금과 관련된 몇 가지 중요한 문제점을 살펴보고 개선점을 제시하고자 한다.

필자가 다니던 한인 교회에서는 재무장로직을 맡고 있는 분이 교회에서 자신과 친분이 있는 분을 만날 때마다 헌금 계수위원으로 봉사하여 달라고 부탁하고는 하였다. 많은 교인들이 금전 계수하는 것을 싫어하므로, 그분이 그렇게 하는 것이 이해는 된다. 그러나 모양새도 좋지 않고, 그런 식으로 계수위원을 임명하는 것은 나중에 헌금과 관련하여 불미스러운 문제를 일으킬 소지를 만들 수 있다. 그러므로 제직회가 신실한 교인을 추천하고 당회가 임명하는 것도 개선된 한 방법이라 하겠다. 그리고 재무나 회계를 담당하는 분은 계수위원들에게 지켜야 할 덕목(?)을 알려 주어서, 헌금과 관련된 은혜스럽지 않은 소문이 나지 않도록 하는 것이 바람직하다. 예를 들어서 개인의 헌금 액수가 알려져서 교인들의 이야깃거리가 되는 것은 헌금 관리의 허술한 점을 보여 주는 일례이다. 헌금 계수는 안전한 방에서 두 명 이상의 계수위원이 문을 잠그고 계수하도록 한다. 계수가 끝난 뒤, 최소한 두 명의 계수위원이 총 헌금액 난에 서명하고, 안전한 금고에 신속히 보관하도록 한다. 여러 가지 세세한 관리 문제는 지면상 다 다룰 수는 없으나, 각 교회의 재무위원회 등에서 헌금 관리에 대한 규정을 만드는 것은 추천할 만한 방법일 수 있겠다.

한국 교회에 있는 수많은 종류의 헌금은, 대다수가 성경에 근거한 것이 아니고, 세속적으로 교인들로 하여금 헌금을 많이 내게 하기 위한 방편으로 만들어졌다고 생각한다. 예를 들어 어떤 한인 교회는 특별 절기(새해 또는 크리스마스)시, 주일헌금을 먼저 거두고, 다시 특별헌금을 거두곤 한다. 왜 그렇게 하는가? 한번에 거두면 교인들이 적게 낸다는 세상적 논리로 그렇게 하는 것이다. 이것은 간접적으로 헌금을 강요하는 행위와 같으므로 개선하여야 할 점이다.

필자가 현재 다니고 있는 교회에서, 지난 4년간 헌금을 많이 하여야 축복 받는다는 설교를 결코 들은 적이 없고, 주보에도 헌금 액수가 나온 적이 없다. 도리어 새로 나온 분들은 헌금에 전혀 부담을 갖지 말 것을 주보에서 권고하고 있다. 헌금도 한 종류의 헌금이 있을 뿐이고 단지 일반헌금인지 특별 헌금인지를 표시하는 난이 있을 뿐이다. 또 매 분기마다, 개인의 헌금이 날짜 별로 기록된 통지서가 우편으로 배달되고, 헌금 액수에 차이가 있으면 즉시 교회 사무실로 연락하여 줄 것을 부탁하고 있다. 지난 연말에는, 교회 예산이 10만 불 부족하므로 8퍼센트 이자의 채권 발행을 하니 관심 있는 교인은 사무실로 연락하라는 광고가 나왔다. 그것은 신선한 충격이었다. 그런데도 지난 5년간 교인들의 수는 천 명 이상이 더 늘어나고 헌금 액수도 당연히 크게 증가하였다. 우리의 경우는 어떠한 가? 예산이 조금만 부족하여도 주일날 단상에서 기도를 하는 분이 얼마나 처절하게 기도하는가? "주실 줄 믿습니다." 하고 소리칠 때마다 교인들이 큰 심적 부담을 갖게 된다. 어떤 한인 교회는 헌금 기도시 누가 어떤 헌금을 하였는지 발표하고 또한 헌금자의 이름과 헌금 액수를 주보에 발표한다. 어떤 교인은 내가 얼마를 헌금하였는데 왜 주보에 발표하지 않느냐고 항의하는 코미디도 벌어진다.

필자가 다니는 교회는 전혀 교인들에게 심적 부담을 주지 않는데도, 교인들이 즐거이 헌금을 하는 이유는 무엇인지 생각하여 보자. 교인들은 현 교회의 확립된 감사 제도로 인하여, 헌금의 사용에 대하여 확실한 신뢰감을 갖고 있다. 그와 마찬가지로, 일반 사회의 기업은 감사를 받도록 되어 있고 감사를 성공적으로 받은 기업은 "우리는 투자한 금액을 효율적으로 잘 관리한다."는 메시지를 보여 주기 때문에 많은 사람들이 안심하고 투자를 하는 것과 같은 것이다.

4. 제반 양식

규모가 비교적 큰 교회에서는 재무나 회계에 관한 전문적 지식을 가진 교인들이 어느 정도 있기 때문에, 그런 교인들이 재무위원회나 관련 부서에서 봉사할 시에는 연방 세무와 관련된 업무를 적절히 처리할 수 있다. 그러나 규모가 작은 교회에서는 그렇지 못하다. 그러므로 교회에서 필요한 여러 가지 연방 국세청 양식의 소개가 도움이 될 수 있다.

- IRS Form 8274: 교회 고용인에 대한 사회보장세(social security tax)를 다룬다.

- IRS Form 4361: 목회자를 위한 사회보장세(social security tax) 를 다룬다.
- IRS Form 941 또는 941SS: 시, 주 또는 연방 원천징수세에 관한 양식이다. 만약 교회가 사회보장세 를 면제받았다면, 941SS 양식을 제 출하면 된다.
- IRS Form W-4: 교회의 모든 고용인이나 관련되는 목회자들에 대한 보고서
- IRS Form W-2: 소득에 관한 양식
- IRS Form 8283: 5백 달러와 5천 달러 사이의 현금이 아닌 물건 의 기여시 IRS에 제출하여야 하는 양식.
- IRS Form 8282: 위의 물건을 교회에서 팔았을 때 보고하는 양식
- IRS Form 8300: 교회에서 헌금이 아닌 비즈니스 거래(예: 건물이 나 주차장 임대)로 만 달러 이상의 수익을 올린 경우 보고하는 양식.
- IRS Form 990T: 교회와 관련되지 않은 거래(예: 은행저금 이자 또 는 주식 투자 수익)로 천 달러 이상의 수익을 올 린 경우 보고하는 양식

더 자세한 사항은 교회 회계 분야에 전문적인 식견을 가진 공인회계사 와 상의하는 것이 바람직하다. 미국의 교회들은 세계의 어느 나라 교회들 보다 정부로부터 여러 면에서 특혜를 받고 있으므로, 교회도 당연히 정부 가 정한 규칙에 따라야 한다. 성경에서 말씀한 바와 같이, 가이사의 것은 가이사에게, 하나님의 것은 하나님에게 바쳐야 한다(막 22:21). 그러나 어떤 교회(소수이기를 바란다)들은 정부의 여러 가지 특혜를 이용하여 세상적 이익을 추구하고 있다. 이러한 잘못된 일은 하루 빨리 시정되어야 겠다.

Ⅲ. 예산

예산은 자원의 효율적 배분을 위한 계획 기법으로서, 교회뿐만 아니라 대부분의 조직이 예산을 정기적으로 준비한다. 일반 기업은 여러 종류의 예산을 준비하지만 대부분의 교회는 수익과 비용에 대한 예산에 중점을 둔다. 보통 실질 연도의 6개월 전에 예산위원회가 구성되어서 충분한 준비 시간을 갖도록 한다. 예산위원들은 당회에서 일방적으로 임명하기보다는 제직회에서 선출하여, 권한을 부여하고 책임감을 갖도록 하여야 한다.

한인 교회의 문제점은 순종이라는 이상한 논리로 소수의 핵심(?) 인사들이 만든 예산안을 공동의회에서 형식적으로 인준받는 점이다. 이것은 전형적인 하향식(top down) 예산이다. 이러한 예산은 교회 내의 조직 간에 마찰을 불러일으키고 교인들의 분쟁 조장에 일조하게 된다. 교인들의 여론이 반영되도록 참여적 예산(participative budgeting)이 되어야 한다. 물론 참여적 예산은 하향적 예산보다 시간이 더 소요되는 단점이 있으나, 준비 과정에서 교회 내부 조직이나 교인들 간에 의견 교환과 이견 조정을 할 수 있으므로 훨씬 바람직한 예산이라 하겠다. 일차적 예산이 준비되면 관련된 부서에 발송하여 의견을 수렴하고 중요한 건에 대하여는 조정을 하도록 한다.

Ⅳ. 감사

공정한 감사가 이루어져야 한다. 많은 교회의 분규가 재무 문제와 관련이 있다는 것을 부인할 수 없다. 현재 대부분의 한인 교회는 감사라는 직분을 두고 있으나, 사실 유명무실한 실정이다. 대부분의 교인들은 매년 초에 실시되는 공동의회라는 집회를 기억할 것이다. 거기서 감사가 어떠한 보고를 하였는지 기억하여 보자. 대충 이런 식의 형식적 보고를 들었을 것이다. "하나님께서 축복하여 주셔서 감사도 은혜스럽게 끝났다." 그러면 사회자가 다음과 같이 말한다. "여러분 감사보고를 받기로 동의하시면 '예' 하십시오. 아니면 '아니오' 하십시오." 많은 교인들은 그저 은혜스럽게(?) "예" 하고 대답하고 감사보고는 끝나게 된다. 감사에 대한 의문점이 있더라도 감히 질문할 분위기도 아니고, 설령 용기를 내어서 질문하여 보라. 아마 수많은 교인들의 따가운 눈총을 받게 될 것이다. 왜냐하면 질문은 순종에 대한 반항으로 생각하기 때문이다. 이러한 형식적인 감사 제도가 아직 개선되고 있지 않다는 것은 우리 모두가 심각하게 고려해 보아야 할 문제이다.

한국에서는 아직도 IMF와 관련된 경제 한파로 서민들이 엄청난 고통을 겪고 있다. 왜 이러한 일이 일어났는가? 물론 여러가지 이유가 있겠지만, 감사원이 감사를 제대로만 수행하였어도 충분히 방지할 수 있는 문제였다. 대통령 아들이니까 봐주고, 그저 권력자들의 눈치만 보니 제대로 감사가 되겠는가? 교회에서도 마찬가지이다. 목회자나 장로 또는 교인이 규정에 벗어나는 일을 하였을 때는 지적하여 바른 길로 가게 하여야 하는데, 서로가 듣기에 불편하지 않은 이야기만 하고 싶어하고, 바른 이야기는 하기 싫어하니 분규를 미연에 방지할 기회를 잃어버린다. 감사라는 제도를 지혜롭고 공정하게 사용하여 분규의 소지를 미연에 방지하여야 한다. 필자가 조사한 바로는, 많은 미국 교회는 자기 교회의 교인이 아닌 외부 공인회계사를 고용하여 감사를 받고 있다. 왜 그런가? 독립적이고 공정한 감사를 위하여서이다. 우리 한인 교회도 본받아야 할 점이다. 공정한 감사로 교회 자체를 정화한 후에야, 교회는 당당하게 세상의 빛과 소금의 역할을 감당할 수 있을 것이다.

1. 목적

감사의 목적은 어떤 개인이나 조직의 잘못을 찾아내어 벌을 주자는 것이 아니다. 조그마한 문제점이 심각해지기 전에, 그 문제점을 분석하여 고치고 다음 단계로 발전하여 나가자는 것이다. 또 확고한 감사 제도가 존재한다는 사실 자체만으로도 개인이나 조직이 죄의 유혹에 빠져들지 않게 된다. 왜냐하면 감사가 실시되면 잘못된 일이 곧 드러난다는 것을 알고서는 비리를 저지르지 않게 하기 때문이다.

2. 감사의 종류

어떤 교인들은 감사가 영수증의 유무나 정확성을 조사하는 것으로 잘못 알고 있다. 영수증 검토는 감사의 극히 일부분일 뿐이다. 감사는 다음과 같은 세 종류가 있다.

(1) 재무제표 감사(financial statement audit)
재무제표가 회계 원칙에 입각하여 작성되었는지를 살펴본다. 그러므로 회계 자료와 그에 수반되는 내부 통제(internal control)를 중점적으로 검토한다.

(2) 운영 감사(operational audit)
조직 운영의 효율성을 검토하고 평가한다.

(3) 규정 준수 감사(compliance audit)

교회에서 확정된 여러 규정이 준수되고 있는지를 평가한다.

거의 대부분의 한인 교회는 감사의 범위를 명확히 정한 규정도 없거니와 세세한 부분까지 그러한 규정을 만드는 것도 어려우므로, 어떤 부분까지 감사할 것인지 교회 내의 책임적 위치에 있는 기관들은 충분한 검토를 하고, 명확치 않은 부분에는 감사위원의 전문 지식이나 상식에 근거하여 판단하는 것이 타당할 것이다. 예를 들어, 어떤 한인 교회는 모든 교인의 간부화를 목표로 하는 것인지 직책을 남발하는 경향이 있다. 만약 교인의 50% 이상이 장로와 집사의 직을 갖고 있다면 그것은 과도한 것이다. 그런 경우에는 감사가 그런 면을 지적하고, 개선점을 제시하는 것도 운영 감사의 영역에 속하는 것이다. 또 감사보고서에는 작년 감사보고서의 지적 사항과 권고 사항이 어떻게 실행되었는지에 대한 평가가 따라야 한다. 더 자세한 내용은 필자가 작성한 감사보고서(부록 1)를 참조하기 바란다.

3. 감사위원회

감사위원은 공동의회에서 직접 선거로 선출하여 가능한 한 독립성을 유지하는 것이 필수적이다. 목회자나 당회가 감사를 임의로 임명한다면, 감사는 공정하게 감사 업무를 수행할 수가 없다. 위원은 세명 정도가 적합하고 평신도 중에서 어느 정도의 전문 식견을 갖춘 교인을 선출한다. 내부 감사는 필연적으로 독립성에 한계가 있으므로 2년에 한 번씩은 외부 감사를 받는 것이 바람직하다. 필자가 조사한 바로는 많은 미국 교회들은 외부 감사를 받고 있다. 그러한 결과 미국 교회에서 재무와 관련된 분쟁은 한인 교회보다 월등히 적다. 준비된 감사보고서는 당회로 제출하여서는 안 되고, 공동의회시 교인들에게 직접 배부하도록 하여야 한다.

그렇지 않고 당회나 제직회 등으로 제출하면 이해 당사자들의 거센 로비로 왜곡된 감사보고서가 교인들에게 전달될 수 있기 때문이다. 그렇게 되면 잘못된 것을 시정할 기회를 놓쳐 버리고 감사 제도는 오히려 잘못된 것을 정당화시켜 주는 기구로 전락하고 만다. 또 교인들은 감사의 권한과 책임이 훼손되지 않도록 관심을 가지고 감사가 공정히 수행되도록 도와야 한다.

교역자(장로와 목사)에 대한 업무 평가도 적절한 형태로 행하여져야 한다. 이에 대한 평가가 감사위원회의 업무가 될지, 교회 내 다른 기관의 업무가 될지는 좀더 연구하여야 할 과제이다. 물론 교회는 일반 기업과는 다르므로 일반 사회에서의 평가 절차를 그대로 적용하자는 것이 아니다. 그러나 최소한 분기별로 교인들에게 적절히 작성된 질문서를 배부하여 설교와 예배 또는 교회 전반적 행정에 대한 교인들의 입장을 들어야 한다. 한인 교회의 조직적 취약점은 공식적 커뮤니케이션 채널이 미비하다는 것이다. 설교라는 채널이 있기는 하지만 완전히 일방적이다. 목회자는 설교를 통하여 성경말씀을 전하기도 하지만, 때로는 교인들은 이렇게 행동하여야 한다는 지시를 일방적으로 전달하는 경우가 많다. 커뮤니케이션은 상호 간에 이루어져야 한다. 커뮤니케이션이 일방적이 될 때 오해와 불신의 소지가 생긴다. 이러한 평가 제도가 분규를 미연에 방지하고 교회 발전에 큰 기여를 할 수 있을 것이다.

4. 실질적 사례

필자가 600명 정도의 교인이 출석하는 한인 교회의 감사직을 수행하였을 때, 그에 필요한 여러 보고서를 작성하였다. 이러한 문서가 앞으로 다른 교회의 감사에 도움이 되기를 바란다(첨부된 감사보고서 참조-부록 1).

Ⅳ. 결론

김동호 목사(한국, 높은뜻숭의교회)가 교회 재정의 문제에 관한 글에서 제안하였듯이, 당회가 재정에 관한 권한을 제직회에 일임하고, 그 감독권을 갖는 것도 진일보한 제도이다. 한인 교회의 조직상 심각한 문제점은, 당회가 모든 권한을 거의 독점하고 있다는 점이다. 권한의 배분이 이루어지면서 교회 내의 조직 사이에 건설적 긴장(constructive tension) 관계가 이루어질 때 바람직한 제도가 정착되게 될 것이다. 한국 동안교회의 개혁은 상당히 바람직한 것이지만, 아쉬운 점은 그 개혁이 권한을 가진 개인이나 집단이 스스로 깨닫고 권한을 이양한 아주 드문 경우이다. 더 바람직한 개혁은 평신도들이 자각하여 이루어진 수평적, 상향적 개혁이다. 그러한 개혁이야말로 수많은 교회에 개혁의 바람을 일으키는 원동력이 될 것이다.

교회 개혁에서 가장 시급한 일은 교인들의 자각이다. 대부분의 교인들은 교회 재무와 회계에 대하여 관심을 나타내는 것 자체가 신에 대한 불경스러운 일로 세뇌(?)되어 있다. 실로 개탄스러운 일이다. 왜 이렇게 되었는가? 많은 목회자들과 부흥사들이 성경을 자의적으로 인용하여, 무분별한 설교를 하고 또한 순종이라는 억지 논리로 교인들의 '알 권리'를 박탈한 결과이다. 그러므로 기독교윤리실천운동도 교인들을 자각시키는 데 많은 노력을 기울여야 할 것이다.

아무리 좋은 제도와 법이 만들어져도 그것을 지키지 않으면 소용이 없다. 사실 한국의 법이 그 자체로는 미국의 법보다도 못하지 않다고 본다. 그러나 문제는 만들어진 법을 지키지 않는 데 있다. 그러므로 교인들은 하나님께서 알아서 잘 해 주실 것이라는 회피적인 이야기는 그만 하고, 자발적으로 참여하여 제도가 잘 지켜지는지 관심을 가지고 살펴보아야 하고, 지켜지지 않을 때는 호루라기를 불어서 제도를 정착되게 만들어야 한다. 즉, 교회에서 시민 운동이 일어나야 한다. 그리고 교역자들도 교인들이 능동적으로 참여할 수 있는 분위기를 조성하도록 노력해야 한다.

필자는 이 글에서 한인 교회의 발전과 분쟁의 소지를 없애기 위한 한 방편으로 한인 교회의 재무와 회계에 관한 문제점을 밝히고 대안을 제시하려 노력하였지만, 여러 곳에 미비한 점이 많이 있을 줄로 믿는다. 많은 충고와 제언을 부탁하며 이 글을 맺는다.

— 허성규
(캘리포니아주립대학 샌버나디노 회계학 교수,
LA 기독교윤리실천운동 실행위원)

참고 문헌(References)

1. Busby, Dan. *Church and Nonprofit Organization: Tax and Financial Guide*. Zondevan Publishing House, 2000.
2. Hay, Leon and John Engstron. *Essentials of Accounting for Governmental and Not-for-Profit Organization* (3rd ed.). Irwin, 1993.
3. Henry, Jack A. *Basic Accounting for Churches*. Broadman & Holman Publishers, 1994.
4. (허성규). "한인 이민 교회의 끊임없는 분규: 그 문제점과 해결 방안을 위한 제언", 계간 《LA 기독교윤리실천 소식》, 27호, 2001.
5. (김동호). "정직한 교회 재정 운영", 계간 《LA 기독교윤리실천 소식》, 27호, 2001.
6. (임진혁). "자유로운 헌금 문화", 계간 《L.A. 기독교윤리실천 소식》, 26호, 2001.
7. (이성희). 『교회 행정학』. 한국장로교출판사, 1994.
8. Pappas, Alceste T. *Reengineering Your Nonprofit Organization*. Wiley, 1996.
9. Powers, Bruce P. *Church Administration Hand-Book*. Broadman & Holman Publishers, 1997.
10. Pollock, David R. *Business Management in the Local Church*. Chicago: Moody Press, 1995.
11. Ziebell, Mary T. and Don T, Decoster. *Management Control Systems in Nonprofit Organizations*. HBJ, 1999.

부록 1

바른교회
감사보고(○○년도)
수신: 공동의회
발신: 감사위원회
날짜: 주후 ○○년 ○월 ○일

먼저 바쁘신 중에도 여러 자료를 준비하여 주신 교회 제직 여러분에게 깊은 감사를 드립니다. 저희 감사위원은 이번 감사보고가 미약하나마 교회 발전의 초석이 되어 말로써만이 아닌 실천적인 이민 교회의 모델이 되어야 한다는 자세로, 하나님께서 주신 소명으로 생각하고 감사에 임하였습니다. 할 수 있는 한 미국공인회계사협회에서 발행한 비영리 기관 감사 원칙에 준하여 감사를 하려고 노력하였지만, 부족한 점이 많을 줄로 믿습니다. 넓은 아량으로 이해하여 주시고, 혹시 부정확한 점이 있다면 즉시 알려 주시면 시정하도록 하겠습니다.

현 감사는, 세 가지 분류의 감사 (1. 재무제표(Financial Statements) 감사, 2. 운영(Operation) 감사, 3. 규정 준수(Compliance) 감사)를 필요하다고 판단되는 부분에 적용하였습니다. 즉, 교회에서 책정된 예산이 그 목적에 부합하게 지출되었는지, 또한 회계보고서에 관련된 증빙 서류의 유무를 중점적으로 감사하였습니다. 참고한 서류들은 다음과 같습니다.

1. 월별 회계보고 철(1/1/01 - 12/31/01)
   (1) 월별 재정보고서
   (2) Bank Reconciliations
   (3) Bank Statements

2. 월별 지출결의서(영수증 포함)
3. 회부된 수표(Returned Checks)

4. 헌금 수입 명세서

위의 서류에 근거하여 감사한 결과, 다음 장에서 열거된 특기할 만한 사항을 제외하고는 별 문제점이 없는 것으로 결론지었습니다. 관련된 기관은 특기할 만한 사항에 대한 평가와 조치에 관한 결과를 빠른 시간 내에 감사위원회로 보고하여 주십시오. 또 내년도 감사시 올해에 지적된 사항에 대한 총체적 평가보고를 바랍니다. 감사합니다.

(1) 지출결의서와 함께 부착되어야 할 영수증이 많은 곳에서 발견되지 않고 있습니다(예: #4128: $259.88, #4141: $499.00, #4153:$150.00, #4213: $1,500.00, #4214: $800.00, #4215: $1,600.00, #4250: $499.00, #4274: $1,400.00, #4312: $340.00, #4389: $336.90, #4484: $1,000.00, #4523: $900.00, #4557: $75.00, #4721: $3,169.98, #1238: $700.00, #1239: $4,200.00). 영수증을 제출할 수 없는 특별한 경우, 서명(signature)이 들어 있는 설명서를 부착하여 주십시오.

(2) 지출결의서 금액과 부착된 영수증 금액에 상당한 차이가 있는 경우가 있습니다(예: #4104, #4105, #4195, #1089). 이에 대한 해명이 필요합니다.

(3) 지출결의서의 봉사 친교부장 서명란에 부장이 아닌 다른 사람의 서명으로 다음과 같은 금액이 지출되었습니다(예: #4102: $179.00, #4112: $339.29, #4250: $499.00, #4312: $340.00, #4360: $360.00). 이에 대한 서명 검증이 필요합니다.

(4) 교회 행사시(예: 바나바사역 수료식 또는 마두라 입양 2주년 기념예배 등) 단 한 번 사용하고 버리는 현수막에 과도한 금액($ 70)이 지출되고 있습니다. 이에 대한 시정이 필요합니다.

(5) 쌀 구입을 위한 기간이 2달에(8/15 - 10/7) 걸쳐서, 다른 날짜의 영수증 세 장이 첨부되어 있습니다(지출결의서 #1220: $ 368.30). 납득하기 어려운 면이 있으므로 해명이 필요합니다.

(6) 같은 수표 번호(#4300)로 두 가지 금액 $410과 $402이 각각 지출되었습니다. 또 지출(#4627)에 대한 설명이 없이 점심식사의 명목으로 $360이 xxx 뷔페로 지출되었습니다. 설명을 요합니다.

(7) 현 지출보고서에서 보고된 바와 같이, 많은 비용이 지출도지 않고 있습니다. 특히 선교부 예산 중에서 약 $23,000(예산의 32%)이 집행되지 않았습니다. 미 집행 예산에 대한 논의와 처리 지침이 필요합니다.

(8) 현 재정보고서에서는 교역자의 사례비가 부분별로 분산되어 있습니다. 다음과 같이 총체적으로 표시하는 것이 바람직합니다(별지 1-1 참조).

(9) 연간 약 $4,020이 소요되는 사택 유지비(전화, 전기, 가스, 물, 휴대 전화)가 교회의 공공요금으로 처리되고 있습니다. 이러한 회계 처리가 교인들의 동의를 받은 것인지에 대한 해명이 필요합니다. 만일 교회 비용으로 지출되어야 한다면, 비용 상한선(예: $3,000)을 정하여 담임목사에게 직접 지불하는 것이 바람직합니다.

(10) 교회 공공요금 중 장거리 전화 비용이 과다합니다(월 평균 교회 전화비: $403, 월 평균 사택 전화비 $83, 연간 총 전화비: $5,832). 특히 한국의 특정 번호에 8월과 9월 중 수많은 통화(약 $530)가 있었습니다. 사적인 전화 통화라면 그 비용은 반환되어야 하고, 이에 대한 적극적인 해명이 빠른 시간 내에 필요합니다.

(11) 헌금의 예금 경로에 안전상의 문제점이 있습니다. 사고를 미연에 방지하기 위하여 빠른 시간 내에 적절한 조치가 필요합니다.

(12) 현재의 회계 처리는 여러 사람에게 분산되어 있고, 특히 헌금에 대한 자료가 교회가 아닌 외부 장소에 저장되어 있어서 불편한 점이 많습니다. 또 현 교회의 재정 규모에 비추어 볼 때, 일관성 있는 회계 처리를 위한 파트타임 사무원이 필요합니다.

⒀ 작년 감사 보고시, 금액이 큰 수리 공사의 경우(예를 들어 $1,000 이상 경우)에는 두 곳 이상 경쟁 입찰을 받아서 가장 적합한 입찰을 선택하도록 권고하였습니다만, 실행되지 않고 있습니다.

⒁ 교회 명의로 지출되는 경조비, 전별금, 퇴직금 등에는 근거 규정(예: 내규 ㅂ조 ㅅ항, 또는 1월 30일 당회 결의 등)을 밝히는 것이 바람직합니다. 다음과 같은 경조금이 공식적인 교회의 이름으로 지출되었습니다.

#4416($100): ○○○ 목사 아들 결혼식(○○○ 증경 노회장)
#4294($162.38): ○○○ 목사 취임 축하
#4318($100): ○○○ 목사 아들 조의
#4201($43.10): 부흥 강사 숙소 꽃

⒂ 외부 강사(부흥 강사 제외)에 대한 사례비에 있어서, 금액의 일관성이 전혀 없습니다($4180: $200, #4364: $150, #4673: $150, #4674: $150, #4675: $150, #1043: $300, #1093: $500). 그러므로 그에 대한 지침이 필요합니다 (예: 헌신 예배 초빙 강사료 $100로 책정 등).

⒃ 월 렌트비가 $1,350인 현 교회 사택 시세는 약 $14만 불로 평가되었습니다(부동산 전문가로 일하는 ○○○ 집사의 평가입니다). 이러한 경우, 사택을 구입하는 것이 비용 절감과 교회 재산의 증식을 위하여 바람직합니다. 다음과 같은 분석 결과를 참조하십시오.

1) 10% 다운페이먼트 하는 경우(30년 양도에 현 7% 이자율 적용)
월 payment: $838
월 재산세: $120
월 보험료: $40
소계 $998

2) 0% 다운페이먼트 하는 경우(30년 양도에 현 7% 이자율 적용)
월 payment: $931
월 재산세: $120

월 보험료: $40
소계 $1,091

⒄ 현재 교역자(부목사 2, 전도사 1, 사찰 1)에 대한 의료보험은 개인별로 지급되고 있고, 그에 대한 영수증이 보관되어 있지 않습니다. 그룹 보험으로 전환하여 보험회사로 직접 지불하는 것이 바람직합니다(단, 다른 보험이 있는 경우는 예외).

⒅ 현재 감사 일정에 대한 지침이 마련되어 있지 않아 감사에 어려움이 있습니다. 다음과 같은 감사 일정을 제시하니 참조하기 바랍니다(별지 1-2를 보십시오).

⒆ 회계와 재무 처리의 투명성을 위하여 상설 감사위원회 설치가 필요합니다. 위원회(예: 원로장로 1인, 회계전문가 1인, 남 평신도 1인, 여 평신도 1인)는 감사 업무의 독립성과 공정성을 위하여 가능한 한 교회 제직회원은 배제되는 것이 바람직합니다.

⒇ 일요일 점심 애찬을 돕고 있는 히스패닉들에게 수고비가 현금으로 지급되고 있어서 문제 발생의 소지가 있고, 사고 발생시 대책이 전혀 없습니다. 이에 대한 조치가 필요합니다.

감사위원

　○○○ ＿＿＿＿＿＿＿＿＿＿＿

　○○○ ＿＿＿＿＿＿＿＿＿＿＿

4. 한국 교회의 회계 처리와 개선 방안: 재무제표 작성과 내부 감사

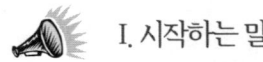 I. 시작하는 말

최근 미국에서 여러 대형 회사들이 분식회계, 즉 회계 숫자의 조작으로 미국 경제를 혼란스럽게 만들고, 회계보고서에 대한 일반 대중의 불신을 조장한 것을 언론 매체를 통하여 보아 왔다. 회계 정보가 그 신뢰성을 잃어버리면 정보로서의 가치 기여를 하기보다는 사회에 해악을 끼치는 부정적 도구로 전락하게 되는 것이다. 자원의 효율적인 배분은 회계 정보를 이용함으로써 가능하기 때문에, 정확한 회계 정보를 제공하는 것은 필수적인 일이다. 그런 면에서 종교 기관이 다른 사회 조직보다도 먼저 정확한 회계보고서를 작성하여 사회에 모범을 보여야 할 것이다.

교회도 일반 사회 조직과 마찬가지로 회계 정보를 필요로 한다. 교회

수입의 근간을 이루는 교인들의 헌금을 어떻게 효율적으로 관리하고 사용할 것인가 하는 질문은 모든 교회가 갖고 있는 중요한 문제이다.

❦

회계와 관련된 거래들을 숫자만 나열하여 보여 주면 정브로서의 가치가 떨어지므로, 회계 정보를 일정하게 규격화한 형태로 만들어서 보여 주어야 한다. 그러기 위해서는 일반 회계 규칙(Generally Accepted Accounting Principle)에 따라 재무제표를 작성하여야 한다. 현재 미국공인회계사협회는 교회를 포함한 비영리 기관이 세 가지의 회계와 재무에 관한 보고서를 준비할 것을 요구하고 있다. 그러므로 필자는 이글에서 한인교회가 준비해야 할 회계와 감사에 관련된 여러 문제를 다루어서 교인과 성직자의 교회 회계에 대한 이해를 돕고, 한인 교회 회계 시스템의 발전에 도움을 주고자 한다. 먼저 이러한 보고서를 이해하기 위하여 최소한의회계적 용어의 이해가 필요하므로 이를 아래에서 설명한다.

II. 기본 회계 용어

1. 단식부기와 복식부기

규모가 그렇게 크지 않은 대부분의 교회들은 단식부기를 사용한다. 즉, 단순히 일기를 쓰는 것처럼 기록하는 것이다. 단식부기를 사용하더라도 운영비용표와 대차대조표를 작성하는 데 큰 어려움은 없다. 그러나 많은 요소를 추정치로 나타내야 하므로 회계 정보로서의 질은 덜어지게 된다.

규모가 큰 교회들은 복식부기를 사용함으로써 재무제표 작성을 쉽게 할 수 있고, 당연히 정보 가치로서의 효용성도 높일 수 있다. 14세기경 이탈리아의 가톨릭 성직자인 파치올리(Pachioli)가 복식부기를 개발했다는 사실은 주목할 만한 일이다. 그만큼 종교 기관이 회계 발전에 선구자적 역할을 하였다는 것을 보여 주는 것이다. 복식부기는 개발된 지 거의 600년이 지난 지금까지도 사용되고 있다.

2. 현금 기반과 발생 기반

회계상에서 수입과 비용을 산출하기 위하여, 현금 기반(cash basis)으로 할 것인지 발생 기반(accrual basis)으로 할 것인지를 정하여야 한다. 기반을 달리하면 금액도 달라지기 때문이다. 소규모 교회는 현금 기반이나 발생 기반 중에서 어느 것을 사용하여도 큰 차이는 없다. 그러나 연간 교회 수입이 3십만 달러 이상이면 발생 기준을 사용하는 것이 바람직하다. 사실 많은 한인 교회가 회계보고서 작성을 위하여 현금 기반을 사용하나, 발생 기반을 사용하는 것이 회계 정보의 질을 높일 수가 있다. 예를 들면, 교회에서 결혼식을 하기 위해 교회 측에 계약서를 제출하고, 결혼식을 12월에 하고 그 비용은 다음 해에 지불하였다고 하자. 발생 기반으로 회계 처리를 하는 교회 측에서는 12월에 결혼 비용을 받지 않았더라도, 올해의 수입으로 처리하여야 한다. 왜냐하면 현금을 올해 받지 않았더라도 수입은 올해 발생하였기 때문이다. 그러나 현금 기반으로 회계 처리를 하는 교회는 결혼 비용의 현금을 받기까지는 교회의 수입으로 계상하지 않는다. 그러므로 현금 기반을 사용하면 올해의 비용이 내년의 수입과 계상되므로 회계 정보의 질이 떨어진다. 같은 기간에 일어난 수입과 비용이 같은 기간에 계상되어야지 회계 정보가 훨씬 유용할 수 있기 때문이다.

Ⅲ. 재무제표(한국 교회 vs 미국 교회)

1. 운영수익비용서(Statement of Activity) - 부록 1 참조

특정 기간 동안의 수입과 비용을 나타낸다. 거의 모든 한인 교회들은 이러한 보고서는 준비하고 있다. 한국에 있는 숭의교회 회계보고서가 인터넷상에 공개되어 있으므로 이를 복사하여 수록하였다.

2. 대차대조표(Statement of Financial Position) - 부록 2 참조

어느 특정한 시점에서의 교회 자산, 부채, 순 지분의 금액을 보여 준다.

3. 현금 흐름표(Statement of Cash Flows) - 부록 2 참조

특정 시점에서 현금액을 보여 주고, 현금이 어떻게 발생되고 사용되었는지를 자세히 보여 준다. 또 연초의 현금액과 연말의 현금액의 변화를 자세히 설명해 준다. 소규모 교회는 현금 기반에 의하여 재무제표를 준비하므로 현금흐름표는 큰 의미가 없으나, 중대규모의 교회는 발생 기반에 준하여 재무제표를 준비하므로 현금흐름표는 현금의 흐름에 대하여 유용한 정보를 제공할 수 있다.

⚜

대부분의 한인 교회들은 운영수익비용서만 작성한다. 그러나 필자가 조사한 바로는 미국 교회들은 대차대조표, 운영수익비용서, 현금흐름표와 감사보고서를 작성한다(부록 3 참조). 교인들에게 배부되는 보고서는 한인 교회와 마찬가지로 운영수익비용서이고, 다른 재무제표는 교회 건물의 차입금을 빌린 해당 은행의 요구로 준비하고 있다. 이사회나 당회가 재무보고서를 평가하고 감사 결과에 대한 조치를 행한다.

IV. 감사

감사 업무에 대하여는 작년 세미나에서 다루었으나 미비하였던 점을 이곳에서 보충하고자 한다. 작년 세미나의 감사 부분을 참고하려면 LA 기독교윤리실천운동 웹사이트(www.cemkla.org)에 있으므로 참고하기 바란다.

감사는 어떤 분야를 감사할 것인지에 따라 (1)재무제표 감사(financial statement audit), (2)운영 감사(operational audit), (3)규정준수 감사(compliance audit)로 분류된다. 이러한 감사에 대하여는 전번 세미나에서 언급하였으므로 생략하고, 이번에는 내부감사에 대하여 다루려 한다. 감사는 감사자가 내부인인지 외부인인지에 따라 내부감사(internal audit)와 외부감사(external audit)로 분류된다.

많은 한인 교회는 내부감사 위원회와 같은 조직을 교회 내에 두고 있다. 문제는 조직은 있는데, 그 조직이 맡은 임무를 수행하지 못하는 데 있다. 감사의 직을 위임받은 교인은 그 직무를 심각히 받아들여야 하는데, 어떤 감사들은 감사보고에서 목회자의 교회 운영이나 회계 실무자의 일 처리를 칭찬하는 것으로 보고를 대신하곤 한다. 직무를 맡은 감사는 가능한 한 원칙에 충실하여 잘못된 점을 지적하고, 그러한 잘못이 다시 발생하지 않도록 조치를 취함으로써 교회의 회계 처리의 투명성에 기여해야 할 것이다. 다음과 같은 교회 내부감사 지침이 감사를 실시하는 데 유용하리라고 본다.

1. 재무제표(Financial Statements)

- 기간별 재무제표가 적시에 준비되고, 관련위원회에 전달되었는가?
- 재무제표는 모든 기금(fund)을 포함하였는가?
- 여러 기금의 잔액은 재무제표의 잔액과 일치하는가?

2. 현금 수납(Cash Receipts)

- 현금 관리 규정이 있는가?
- 헌금은 적당히 기록되고 안전한 곳에서 계수되는가?
- 헌금을 계수할 때 최소 두 명 이상의 계수위원이 있는가?
- 헌금 계수위원은 헌금 액수가 봉투에 쓰인 금액과 일치하는지 대조하는가?
- 모든 개인 수표에 교회의 배서 스탬프를 찍는가?
- 기부자가 특별한 목적으로 한 기부금은 적절히 기록되고, 기부자의 의도대로 사용되고 있는가?
- 계수된 헌금은 신속히 금고에 보관되는가?
- 헌금액과 은행의 영수증에 있는 저금액을 비교하는가?
- 모든 영수증은 잘 보관되어 있는가?

3. 현금 지불(Cash Disbursements)

- 소액 비용을 제외한 모든 지출은 수표로 지급되는가?

- 모든 지출을 증명할 양식을 사용하는가?
- 소액 지급을 위해 소액 지급 기금이 사용되고 적당한 기록이 만들어
  져있는가?

4. 은행보고서 조정(Bank Statement Reconciliation)

- 정기적으로 은행잔고 계정의 조정이 이루어지고 있는가?
- 3개월 이상 미결제된 수표가 있는가?
- 은행보고서에 비정상적 거래가 있는가?

5. 토지, 건물, 기기(Land, Building, & Equipment)

- 취득된 날짜, 금액 등의 기록이 있는가?
- 재산 기록은 보험 적용 범위와 일치하는가?

여러 검사 조항을 일일이 이곳에서 열거할 수는 없지만, 개교회의 필요에 따라 내부감사 지침을 개발하는 것이 바람직 할 것이다.

VI. 결론

우리가 미국에 생활 터전을 갖고 있는 이상 미국의 회계 규정을 따라야 하는 것은 교회 회계 분야도 예외가 아닐 것이다. 그러므로 한인 교회도 이곳 회계 규정에 맞는 회계보고서를 작성하여, 확실한 회계 정보를 교인들에게 신속히 제공하여야 할 책임이 있다.

교인들도 소속된 교회의 회계, 재무보고에 대하여 적극적 관심을 보여서, 교회가 올바른 회계 시스템을 준비하도록 도와야 할 것이다. 그러한 시스템은 앞으로 미국에서 교육받은 우리의 2세들이 한인 교회를 순조롭게 운영하는 데도 큰 도움을 줄 것이다.

－ 허성규
(캘리포니아주립대학 샌버나디느 회계학 교수,
LA 기독교윤리실천운동 실행위원)

2002년 10월 회계보고서(높은뜻숭의교회)

수입부

항목	예산: 천 원	10월	누계(1~10월)	예산대비	비고
1. 십일조헌금	500,000	131,463,890	1,092,231,414	218.5%	
2. 주일헌금	200,000	29,289,499	248,540,337	124.3%	
3. 감사헌금	300,000	15,799,000	105,905,350	35.3%	
4. 이삭줍기헌금	27,000	5,424,870	55,730,427	206.4%	
5. 부활절헌금	30,000		37,650,600	125.5%	
6. 추수감사헌금	50,000				
7. 성탄헌금	40,000				
8. 교회학교헌금	3,000	968,950	9,131,543	304.4%	
9. 기타 헌금 및 수입	50,000	2,626,000	66,475,830	133.0%	
10. 동안교회 지원금	105,000	35,000,000	227,000,000	216.2%	
기드온협회 헌금			6,853,760		
수재헌금		650,000	56,026,721		
수입합계	1,305,000	221,222,209	1,905,545,982	146.0%	
전월에서 이월액		76,201,431			
합　계	1,305,000	297,423,640	1,905,545,982		

지출부

항목	예산: 천 원	10월	누계(1~10월)	예산대비	비고
1. 예배비	134,000	9,776,400	177,318,740	132.3%	
2. 선교비	450,000	94,051,930	471,579,297	104.8%	
3. 교육비	60,000	5,115,160	44,267,810	73.8%	
4. 봉사비	22,000	5,566,670	18,460,790	83.9%	
5. 관리비	128,560	11,516,800	116,595,550	90.7%	
6. 서무비 및 경비	85,300	10,863,010	66,947,855	78.5%	
7. 제급여	280,400	23,666,000	224,360,000	80.0%	
8. 목회비	24,000	2,000,000	20,000,000	83.3%	
9. 사택임차보증금	80,000		80,000,000	100%	
10. 예비비	40,740				
전교인 수련회비			59,077,520		
고병호 목사 관련경비		4,672,170	227,889,160		
사택보조금			130,000,000		
지출합계	1,305,000	167,228,140	1,636,496,722	125.4%	

항목	예산: 천 원	10월	누계(1-10월)	예산-대비	비고
기드온협회 헌금지급			6,853,760		
특별회계로 이체금액			132,000,000		
지출합계(특별회계포함)			1,775,350,482		
다음 달로 이월액		130,195,500	130,195,500		
합　　계		297,423,640	1,905,545,982		

부록 2

바른교회 대차대조표(Statement of Financial Position)

− 12/31/2003

자산			부채		
유동자산			유동부채		
현금	$194,500		외상매입금	123,500	
선불보험료	6,000		세금미지급금	59,500	
총 유동자산		200,500	총 유동부채		183,000
고정자산			장기부채		
토지와 건물	650,000		건물저당금	230,000	
기기와 가구	55,000		총 장기부채		230,000
자동차	175,000		순자산		767,000
총 고정자산		880,000	총 부채와 순자산		1,080,000
총 자산		1,080,000			

현금흐름표(Statement of Cash Flow)

−12/31/2003

항　　목		금액: US$
영업활동으로 인한 현금 흐름		238,830
현금의 유출이 없는 비용 등의 가산		
현금의 유입이 없는 수익 등의 차감		
영업 활동으로 인한 자산 부채 변동		
투자활동으로 인한 현금 흐름		(173,156)
재무활동으로 인한 현금 흐름		7,306
현금의 증가		72,980
연초 현금액		121,520
연말 현금액		194,500

5. 교회 헌금의 바람직한 사용 방안

 Ⅰ. 시작하는 말

교회가 비록 영리적이고 세속적인 일에 목적을 두지 않는 조직체라 할 지라도 그 운영과 사업에는 가장 세상적 수단인 재화(財貨)를 절대적으로 필요로 한다. 한국 교회가 범한 실수 중 하나가 바로 이러한 엄연한 사실 을 그대로 밝히지 않고, (1) 한국 국민성의 의식 구조를 이루고 있는 유교 적 사상에 호소하여 돈을 금기시하거나 초연하도록 만드는 방법, (2) 많 이 바칠수록 그만큼 축복을 더 받는다는 샤머니즘적 방법, (3) 바치지 않 으면 저주와 벌을 받는다는 위협적 방법, (4) 교인들의 자존심과 체면을 부추기는 심리적 방법 등으로 헌금을 유도하여 왔음을 부인할 수 없다. 이러한 비종교적, 계산적 방법으로 교인들은 헌금을 교회 운영과 사업 추 진을 위해 꼭 필요한 재정수입으로 이해하지 못하고 맹목적인 신앙관으 로 접근, 해결하려는 성향을 취하고 있다. 그 결과 헌금의 사용방법 역시 경제적이고 합리적인 논리보다는 형식과 명분에 길들여져 왔다. 로스엔젤레스 기독교윤리실천운동(이하 LA기윤실)은 이민 100주년을 맞아 최초로 미주 내에 있는 한인 교회가 실제 헌금을 어떻게 사용하고 있는지를 조사하고 그 미흡한 점을 살펴봄으로써 바람직한 교회상, 건강한 교회상을 제시해 보고자 시도하였다.

II. 자료의 분석

미주에 소재한 135개의 교회에 2002년도 회계보고서를 제출토록 의뢰하였으나 그 답신은 불과 15개로 극히 부진하였고, 자료 역시 요청한 2002년도 결산보고서를 제출한 교회가 있는가 하면 2003년도 예산안만 제출한 교회도 있었다. 무엇보다도 기초 자료의 절대 수 부족으로 본 분석이 미주 내에 있는 전체 한인 교회의 헌금 사용 내역을 제대로 반영했다고 볼 수는 없을 것이다. 그러나 하나의 표본조사로 나름의 가치를 가지고 있다고 하겠다. 그리고 실적과 예산, 연도의 차이 등은 자료 분석에 일관성을 주지 못하고는 있지만, 특별한 경우를 제외하고는 매해 예산과 집행이 비슷한 수준임을 감안할 때 그 결과에 큰 영향을 주지는 않을 것이다.

또 한 가지 전제는 각 교회마다 비용항목의 명칭과 분류가 상이하여 상호 비교하는 데 어려움이 있었으나, 객관적으로 크게 잘못된 사항을 제외하고는 해당 교회의 의견을 존중하였다.

III. 예산 항목의 특징

접수된 자료를 검토한 결과 거의 대부분의 교회가 공통적으로 보인 특징은, 인건비는 여러 항목에 분산시킴으로써 가급적 적게 지급하는 것으로 보이려 하였고, 선교비와 전도비는 유사한 항목을 포함시켜 가능한 많은 액수를 나타내려 노력하였다. 이를 볼 때 교회는 이 두 가지 사항의 외부 노출에 가장 민감하였고 좋게 보이려는 속내를 드러내고 있었다. 바로 이 점 때문에 자료수집이 저조하지 않았나 추측된다.

IV. 분석 기준과 명세표

교회를 예산금액에 따라 편의상 30만 달러 미만의 소형 교회(3개), 30만 달러 이상 80만 달러 미만의 중형 교회(6개), 80만 불 이상의 대형 교회(6개)로 3등분 하였으며 총예산 항목을 인건비, 선교전도비, 교육훈련비, 기관지원과 행사비, 관리행정비, 구휼구제비, 부채상환 및 예비비, 기타 비용 8개로 분류하여 분석하였다.

규모별, 항목별 헌금지출 명세표

(단위: 천 달러)

구 분	전체(15)		소형 교회(3)		중형 교회(6)		대형 교회(6)	
	금 액	백분비(%)	금 액	백분비(%)	금 액	백분비(%)	금 액	백분비(%)
인건비	7,834	27.6	168	35.4	929	29.9	6,737	27.2
선교전도	5,642	19.9	721	5.1	500	16.1	5,070	20.4
교육훈련	2,495	8.8	9	1.9	197	6.3	2,289	9.2
기관/행사	2,898	10.2	24	5.1	151	4.9	2,723	11.0
관리행정	4,816	16.9	140	29.5	639	20.5	4,037	16.3
구휼구제	315	1.1	3	0.6	58	1.9	254	1.0
상환/예비	3,682	12.9	59	12.4	233	7.5	3,390	13.7
기타	692	2.6	–	–	402	12.9	290	1.2
합계	28,389	100	478	100	3,115	100	24,790	100

V. 분석 내용

① 비용의 3대 항목은 교회의 규모에 상관없이 인건비, 선교전도비, 관리행정비이다. 그러나 규모가 작을수록 인건비와 관리행정비 비율이 높아져 교회의 기능은 교역자 생활해결과 교회당 유지라는 초보적인 생존 문제에 매달리고 있다. 이는 교회가 작을수록 교회의 존립 의미를 스스로 상실하고 있기 때문에 해당 교역자에게 큰 심적 부담을 주고 있다.

② 각 교회는 예수님의 복음전파에 순종하여 선교에는 매우 열성적이다. 그러나 그 내용을 살펴보면 전시적(展示的)이거나 분식적(粉飾的)인 면이 많으며 주로 개교회별로 이루어지기 때문에 전체적으로 볼 때 중복되거나 효율적인 힘이 약화되는 점이 있다.

③ 소형 및 중형 교회는 2세들의 교육을 충분히 지원할 수 없기 때문에 자녀를 가진 교인들에게 교회 선택에 중요한 변수로 작용하고 있다.

④ 모든 교회가 규모에 관계없이 구휼과 커뮤니티 참여에는 등한시하고 있다. 초대 교회에서는 교인의 구제가 교회사업의 중요 덕목이었는데 언제부터인지 "교회는 영혼을 구하는 곳이지 구제기관이 아니다."라는 애매모호한 말로 다른 종교에 비하여 교인과 이웃 그리고 사회에 있는 어렵고 불쌍한 사람을 도와주는 데 인색해졌다. 이 세상에서 육신의 생명 없이 영혼의 생명만을 구할 수 있는지 묻고 싶다.

⑤ 교회가 클수록 관리행정비와 부채상환도 늘어나고 있는데, 이는 교계에도 부익부 빈익빈 현상이 일어나 큰 교회는 계속해서 자신 몸집을 부풀리고 있음을 반영하고 있다.

VI. 헌금의 바람직한 사용 방안

교회 헌금을 어떻게 사용할 것인지는 전적으로 각 교회가 처한 사정과 형편에 좌우되겠지만 크게 볼 때 인간의 용도가 아니라 하나님 사업을 위해서, 환언하면 하나님 뜻에 따라 적용해야 올바른 방법이라고 할 수 있을 것이다.

첫째, 교회는 이 세상에서 자신을 위하지 않는 유일한 기관이므로 교회를 위한 지출이나 투자는 가급적 억제해야 한다. 〈예〉 과도한 건축비, 고급 오디오 설치

둘째, 교인들은 지출 결정에 있어서 자신의 돈이 아니라고 매우 관대하거나 인심을 쓰려는 성향이 많은데, 이에 대한 심사숙고와 안전판 마련 (사후관리)이 필요하다. 〈예〉 예산의 낭비

셋째, 모든 지출은 합목적적이어야 하며, 전체 항목에 형평성과 균형을 이루어 집행되도록 해야 한다. 지나치거나 구색 갖추기가 되어서는 안 된다. 〈예〉 선교비, 행사비

넷째, 헌금의 사용은 '가까운 곳', '보이는 곳'부터 시작해서 점차 먼 곳, 보이지 않는 곳으로 확대해 나가도록 해야 한다. 내 형제와 이웃을 사랑하는 일이 1차적 순서일 것이다. 〈예〉 구제비, 커뮤니티 활동 참여

VII. 회계보고의 문제점

회계보고는 전문적인 사항이므로 이에 관한 지식이 없는 교인에게는 용어, 적법성의 검토 빛 가부결정에 자주권을 행사하기가 거의 불가능하다. 실제로 일부 대형 교회의 예산서나 결산서는 전문가인 본인도 이해하기 어려울 정도로 작성되어 있으며, 그 분량 또한 방대하여 대부분의 교회가

제한된 시간 내에 즉결 처리하는 관례로 볼 때, 제직회에서 행하는 회계보고는 고의든 그렇지 않든 수박 겉핥기 식 요식 행위에 지나지 않고 있다.

따라서 교회는 구조적으로 회계담당자(집행자 측)가 마음먹은 대로 얼마든지 교회 헌금을 책정하고 집행할 수 있게 되어 있다. 또 회계보고 역시 교회마다 임의로 채택하여 회계원칙이 지켜지지 않고 있으며 통일성과 지속성이 매우 결여되어 있다.

Ⅷ. 맺음말

대부분의 교회는 예산을 편성할 때 먼저 사업계획을 수립하고 헌금 규모 등을 검토하여 이에 맞게 예산을 세우는 것이 아니라, 종전의 항목에 적당히 금액을 붙여 예산을 짜는 모순을 답습함으로써 시즈부터 지출과 사업계획이 유리(遊離)된 명목뿐인 예산이 되고 있다. 그 결과 예산이라는 의미가 퇴색되고 있을 뿐 아니라 헌금의 사용에 누구도 책임을 지지 않으며, 질 수도 없게 되어 있다. 따라서 오랜 기간 회계보고를 하고 있어도 전혀 개선되지 않고 있는 실정이다.

이번 자료의 분석을 통해 한국 교회의 예산과 그 집행은 스량적인 면에서는 크게 성장했을지 모르나, 질적인 면에서는 아직도 초브적인 수준에 머물러 있음을 발견하였다. 큰 소득이라면 밴나이스복음연합감리교회(담임: 정용치 목사)가 회계상으로는 거의 완벽에 가까운 결산보고서를 제출하여 작성자를 기쁘게 하였다는 점이다. 만약 미주 내에 있는 교회들이 이를 본받는다면 지금 우리가 겪고 있는 교회 재정상의 문제는 크게 향상되리라 사료된다.

– 조만연
(회계사, 수필가, LA 기독교윤리실천운동 실행위원)

6. 고통 받는 이웃을 위한 교회

 교회의 사회를 향한 사역은 통합예배에서 시작된다.

1. 교회의 정의에 따라 교회의 하는 일(목표)이 달라진다

교회를 건물로 보고 건물을 성전으로 생각하여 그 성전을 신성시 했던 때가 있었다. 바로 구약시절 성전이다. 그런데 문제는 아직도 이 패러다임에 머무는 교회관을 갖고 있는 교회와 성도가 많다는 사실이다.

예수 그리스도께서 땅의 성전을 허무시고 삼 일 만에 새로운 개념의 성전을 다시 일으키셨으니, 그것은 바로 예수 그리스도의 몸이요 그의 피로 만들어진 주의 백성의 몸이다. 그래서 지금의 조직신학과 성경신학에서는 교회를 주 예수 그리스도를 믿는 무리들의 모임이라고 규정한다. 그렇다면 주님은 당신을 믿는 지체들이 모여서 무엇을 하길 원하시는가?

❧

교회의 제일 되는 목적이 예배라고 하는 데 이의를 달 크리스천은 아무도 없을 것이다. 그런데 문제는 오늘날 교회의 지도자들이 자꾸 구약시대 교회의 개념을 끌어들여서 교회 건물 안에서 예배 보는 것만을 예배라고 생각하게 만든다는 사실이다. 오늘날 많은 교회의 지도자들이 성경을 가르칠 때는 분명히 교회는 예수 그리스도를 믿는 사람들의 므임이라고 가르쳐 놓고는, 예배는 반드시 자기 교회 건물에 나와서 드려야만 하나님이 받으신다고 가르치는 이율배반에 빠지고 있다. 심지어는 브산으로 출장 간 성도들도 주일예배는 반드시 서울 본 교회에 와서 드려야 한다고 가르치고, 그렇게 하는 성도를 일등성도로 자랑하고 있는 실정이다. 언뜻 보면 아무것도 아닌 문제 같으나 근본적으로 따져 보면 교회론적으로 심각한 비성경적 오류를 범하고 있는 것이다. 이것이 한국 교회 성도들을 종이호랑이로 만든 주범이다.

주님을 믿는 사람들의 무리가 교회라면 그 무리들이 모여 예배를 드리는 곳이라면 어디나 성전이어야 한다.

또 『소교리문답』 제1조에 인생의 목적은 주님을 영화롭게 하고 영원토록 그를 즐거워하는 것이라 했다. 주를 믿는 무리들의 인성의 목적이 주님을 영화롭게 하고 영원토록 그를 즐거워하는 일이라면, 과연 같이 모여 말씀 듣고 찬양하고 기도하는 그 시간만이 주님을 영화톱게 하는 것일까? 한국 교회는 아직도 예배를 교회 건물 안에 국한시켜 이해하고 있다는 데 문제의 심각성이 크다.

2. 예배의 개념에 따라 사회를 향한 사역의 범위도 달라진다

교회의 제일 되는 목적이 예배라는 사실은 분명하지만 교회를 교회 건물로, 예배를 교회 건물 안에서의 예식으로만 이해하는 데서 오늘날 성도들의 삶에 지대한 문제를 발생시키고 있다. 소위 예배의 성공을 말하는 사람들의 가치관을 들어 보면 철저히 인본주의 적이다. 예를 들면, 예배에 참여한 예배자들이 찬양에 감동하고 말씀에 은혜받고 시원한 기도응답이 있는 예배를 성공한 예배라고 한다. 잘 생각해 보라. 찬양에 감동을 받는 자도, 말씀에 은혜를 받는 자도, 기도의 능력을 받는 자도 예배를 드리는 사람이지 예배를 받으시는 하나님이 아니다. 철저히 예배자가 예배의 중심이니 하나님이 설자리가 없다. 죽어 있어야 할 예배의 제물인 예배자들이 예배의 점수를 매기며 은혜를 받았느니 은혜가 없느니 말하며 예배의 채점자가 되었다. 이것이 오늘날의 예배라면 주님이 가르치는 예배와는 거리가 멀다. 형제와 다투고 예배하러 나왔거든 먼저 화해하고 나올 것을 말씀하신 주님의 예배 정신을 다시 한번 상기하여야 할 것이다. 예배 때 받은 감동과 가르침을 그대로 행동에 옮기고 실천하고 사는 예배의 삶이 그리스도인의 예배의 목적이요 바로 삶의 목적이라는 것이다.

그런데 오늘날 목사들과 성도들의 최대의 목표를 중세시대 때 유행했던 영성으로 보는 관점들이 너무 강하게 대두되고 있는 것 같아서 안타까운 마음이 든다. 영성을 거룩한 정도에 다다르는 것으로 이해하며, 수도원에서 씨름하던 영성을 그대로 다시 재현하자며 공동체 운운하고, 중세로 돌아가는 것이 고상한 믿음쯤으로 설파하는 영성 있는(?) 지도자들이 오늘날 교인들의 삶을 무력화시키고 있다. 성도의 목표는 그런 관념적인 영성이나 교회 안에서 드려지는 헌신이 아니다. 성도의 목표는 영성 있는 삶이 되어야 한다.

마태복음 25장에 말씀하신 대로 지극히 작은 자에게 한 것이 바로 나에게 한 것이라고 주님은 말씀하셨는데, 그게 바로 성도에게 있어서 가장 중요한 예배이며 구원이며 심판이라는 것이다. 여기서 성경은 분명히 행위구원을 말하고 있지 않다. 다만 하나님의 은혜로 구원받은 자라면 입으로 구원을 확신하는 자가 아니고 가난한 자들과 병든 자들과 장애인들과 함께 삶을 나누는 예수님의 근본 사역에 동참하는 사람들이라는 것이다.

그러므로 예배의 삶과 결실이 없는 사람은 불신자라는 것이다. 그래서 마태복음 25장 심판장에서, 주님은 지극히 작은 자에게 하지 않은 자는 모두 불신자로 지옥 불에 던진다고 단호하게 말씀하셨다. 왜 천국의 심판을 말한다는 심판장에서 굳이 은혜니 구원의 확신이니 절대 주권이니 하는 잣대로 심판을 말씀하지 않으시고, 행위처럼 보이는 비유들만 말씀하셨을까? 슬기로운 다섯 처녀 비유, 달란트 비유, 양과 염소 비유를 말씀하시고, 결론적으로 지극히 작은 자에게 하지 아니한 자를 영원한 형벌에 처넣는 것으로 결론을 내리신 이유는 무엇일까?

❖

그것은 은혜로 구원받은 자는 반드시(예외 없이) 지극히 작은 자들과 삶을 나눈다는 것이고, 만일 그런 삶이 없다면 그것은 가짜 신자라는 뜻이다. 지극히 작은 자들과 함께 삶을 나누는 것이 예배의 삶이요, 성도가 하나님을 영화롭게 하는 삶인 것이다.

3. 고통 받는 이웃을 대하는 교회의 태도가 달라져야 한다

장애인 교회가 따로 존재하는 것이 보편화된 나라는 우리나라밖에 없다. 이는 장애인들을 위한 특별한 배려 때문에 생긴 것이 아니고 기성 교회에서 장애인들을 품지 못하니까 따로 모일 수밖에 없는 것이다. 장애인들은 교회의 핍박(?)을 받아 왔다. 예배드리러 예배당을 찾아간 장애인들을 병신 취급하여 동전 몇 개 주고 쫓아내고, 예로부터 장애인 옆에는 서로 앉지 않으려는 일반 성도들의 냉정한 태도가 전형적인 교회의 태도였다. 게다가 '죄 때문에 벌 받은 사람들'이라고 쯧쯧 거리는 성도들과 "죽은 나사로도 살리시는 하나님께서 그까짓 장애를 못 고치겠어, 기도해!"하고 쉽게 선언하는 교역자들 때문에 교회에서 머리를 들 수 없는 장애인과 그 가족들. 기도를 해도 낫지 않아서 풀죽어 있는 장애가족들에게 '아직도 해결되지 않은 죄가 있어서' '헌신이 덜 되어서' '목숨 걸고 기도하지 않아서'라고 너무도 쉽게 신앙판단을 하는 성도들과 교역자들 때문에 장애인들은 교회에서 편하게 예배를 드릴수가 없다. 한국 국민의 25%가 크리스천이라고 한다는데, 장애인의 신자율은 5%가 채 되지 않는다. 전도가 덜 되어서 그렇다기보다는 교회에서 쫓겨난 장애인과 가족들이 더 많다고 본다.

4. 교회는 고통 받는 이웃을 어떻게 품어야 하는가?

교회의 사회를 향한 사역은 서두에서 설명한 대로 예배와 사회 사역으로 이분화 될 수 없다. 성도의 예배는 교회 건물 안에서의 예배가 끝나는 시점부터 시작하여 어떻게 예배가 구체화 되느냐로 그 성패를 판단할 수 있기 때문이다. 그러므로 지극히 작은 자와 나누는 삶은 결코 선행이 아니다. 우리의 예배 행위요 구원행위이다. 따라서 고통 받는 이웃의 문제를 다루는 데 있어서 교회의 출발점도 목표도 통합예배이어야 한다. 예수님이 바로 통합예배 정신을 선포하신 분이시다. 선택받은 유대인이 외면한 천국잔치에 주님은 고통 받는 이웃들로 대신 채우셨다(눅 14:15~24). 이들은 이방인 선교의 문을 여는 상징적 존재였다. 이런 예수님의 예배 통합 정신을 바울은 구체화시켰다. 즉, 유대인이나 헬라인이나 자유자나 종이나 남자나 여자나 모두 예배에 함께 참여해야 한다고 선언함으로써, 철저히 지배자와 피지배자의 형태로 이분화 된 사회 구조에 혁명적인 선포를 한 셈이다.

지금 다행히도 한국 교회가 사회를 향하여 뭔가를 해야 한다고 생각하기 시작했다. 그러나 그 첫출발이 통합예배에서 시작하지 않으면 여전히 교회는 밥을 나누어 주는 시혜자로서 우쭐거릴 뿐이다. 장애인을 위해서, 노숙자를 위해서, 그들을 따로 모아 예배를 드리고 뭔가를 나누어 주는 형태의 사회봉사는 예수님이 가르치신 예배모형이 아니다. 장애인들과 노숙자들과 병든 자들이 일반 성도들과 함께 나란히 앉아 예배를 드리고 은혜를 서로 나누는 모습이어야 한다. 그런 예배가 된다면 성도들은 자연히 삶 속에서 그들과 함께 사는 법을 배울 것이다. 교회가 1년에 몇 번씩, 절기가 되면 특별행사로 소외된 자들을 돌본다고 생색내는 행사를 하니까 성도들도 가끔 생각나면 도와야지 하는 생각을 하게 된다. 고통받는 이웃을 돕는다는 생각부터 버려야 한다. 그들에게서 얻을 것이 많다고 생각하고 함께 삶을 나누어야 한다. 그것이 바로 가족 정신이다. 고통받는 우리 이웃은 우리의 선행의 대상이 아니다. 그들도 예배 공동체의 한 가족이다.

- 김홍덕
(목사, 조이장애인선교센터 대표)

7. 남가주 한인 신학교의 문제점과
개선 방안

 1. 갈 데도 없고 오라는 곳도 없다!

한국에서 신학대학 학부를 졸업할 때, 신학과 교수님들을 모시고 사은회를 열었었다. 사은회가 시작되면서 학과장이 인사말을 하게 되었다. 그 서두를 "신학교를 졸업해도 갈 데도 없고 오라는 곳도 없는 졸업생 여러분"으로 시작해 사은회에 참석한 사람들이 모두 박장대소를 터뜨렸다.

신학교를 졸업해도 전임전도사로 갈 곳이 없는 상황이 한국 교회가 당면한 현 주소이다. 최근 통계[1]에 따르면, 한국에서 교단장협의회에 가입된 21개 교단의 신대원 졸업생 수만 하더라도 3,788명에 달한다. 이 수치는 교육인적자원부 인가 4년제 대학교 혹은 대학원만을 포함한 수치이기에 인가를 받지 않은 신학교 졸업생 수까지 합칠 경우 거의 7천여 명에

---

1) "21개 교단 올해 예비 목사 3,788명 배출" 《뉴스앤조이》 2004년 3월.

달하고 있다[2]. 그런데 문제는 한국 주요 교단의 교세는 늘어나지 않는데[3], 목회자 수만 점점 증가하고 있다는 점이다. 한국 교회 성장·둔화에 비해 목회자(전도사 포함) 수가 증가하는 일종의 기현상은 신학교와 교단이 구체적인 장단기 계획 없이, 즉 목회자 수급 대책 없이 목사 후보생들을 무조건적으로 받아들이고 있기 때문이라는 견해가 지배적이다. 게다가 무인가 신학교의 증가에 따른 신학생의 증가는 궁극적으로 '신학교 정원 조정'이라는 극단적 처방 없이는 해결될 수 없게 되었다. 곡회자 수요에 비해 공급이 넘치다 보니 저마다 개척을 서두르게 되고 이는 곧바로 '미자립 교회' 문제로 연결된다.

✤

이제 남가주 이민사회로 초점을 맞추어 보자. 한인 신학교의 존재는 일단 한인 1세들의 신학 교육을 위해서는 필요하다. 한인 신학교를 통해 배출된 목회자들이 남가주 교계의 일각을 형성하고도 있다. 그런데 언어적인 문제나 경제적인 제반 형편이, 소명을 받아 목회자가 도 겠다는 한인 1세들을 한인 신학교로 향하게 한다. 낮에는 직장에서 일하면서, 수년간에 걸쳐 야간 수업을 통해 목회자로서의 기본교육을 이수하게 된다. 그러나 학문적인 수준에서의 신학 교육보다는 목회자 양성을 위한 기본 과정으로서 그동안 한인 신학교의 교육환경이 진행되어 왔고, 적절한 수급 대

---

2) 《기독신문》은 2년 전(2002년 2월 2일자) "한국 신대원 졸업생 진로 문제"에 대한 특집기사에서 신학생 수를 7천 명으로 보도했다: "우리 나라의 신학교는 교육부 인준 대학교가 약 50여개, 무인가 신학교가 270여 개이며, 해마다 배출되는 신학생의 수가 무려 7,000여명이 된다."
3) 이 같은 현상은 특정한 어느 교단에 한정된 것이 아니라 한국 교회 전체으 현상이다. 실례로, 대한예수교장로회 통합 측의 2000년 교회 증가율은 98년(3.6%), 99년(3.4%)에 비해 2%로 뚝 떨어졌다.

책 없이 목회자 지망생들을 받아 배출했다는 점에서는 문제의 여지가 많다. 일반적으로 말해서, 신학교 문제는 한국이나 여기나 상황은 마찬가지이다. 아니 그 상황이 더욱 열악한 형편이다. 일단 한국처럼, 신학교와 졸업생들의 정확한 수를 산출할 수 있는 제도적 장치들이 미미하다. 즉, 대부분의 신학교들이 주정부 사립고등직업교육국(Bureau For Private Postsecondary & Vocational Education, BPPVE)에 종교적 면제(Religious Exempt)에 따른 신학 교육 기관으로 등록이 되어 있지만, 재학생이나 졸업생 현황을 조사할 수 있는 통계적 자료를 획득하기가 용이하지 않다. 또 남가주교회협의회가 매년 1월 총회를 통해서 교단별 교회수를 수집하기는 하지만, 각 교단 교세만을 식별할 수 있는 기본 자료[4]에 불과한 경우가 많다. 결국 각 교단 총회에서 보고 되는 신학정책위원회나 교단 신학교보고서 아니면, 각 신학교 졸업식장에서 순서지를 통해 졸업생 수를 헤아릴 수밖에 없다.

같은 맥락에서, LA와 오렌지 카운티에 소재하고 있는 한인 신학교들의 정확한 수만을 파악하는 것도 객관성을 보장받기가 어려운 작업이다. 왜냐하면 BPPVE에 등록된 한인 신학교들 중에서도 동일한 학교가 예전 이름으로 이중 등록되어 있고, 이미 문 닫은 신학교도 등재되어 있기 때문이다. 교단적인 차원에서도 상황은 여전하다. 교단에 속한 신학교인가를 따지기 전에 교단 자체에 문제가 있기 때문이다. 다시 말해서, 어느 특정 신학교는 졸업생들이 모여서 '교단'을 결성하기도 했고, 다른 신학교는 전혀 들어 보지도 못한 '미국장로교회'[5]에서 안수를 받을 수 있다고 주장하는 경우도 있었다. 따라서 교계 신문사에서 발간하는 교회 주소록

---

4) 주로 교단 교세에 따른 대의원수 확보에만 목적을 두고 보고한다.
5) PCUSA, CRC 그리고 PCA도 아닌 LRPC

들과 재미한인기독선교재단(KCMUSA.org)에 등재된 신학교들을 먼저 조사했다.

2. 교단에도, BPPVE에서도 찾아 볼 수 없는 유령(?) 신학교

미주 《크리스천신문》과 《크리스챤투데이》에서 발간한 『2004년판 교회주소록』을 통해 중복되는 이름을 피하고, 일차적으로 LA와 오렌지 카운티에 소재하고 있는 신학교 수를 파악했다. 이 가운데 풀러나 클레몬트와 같은 미국 유명 신학교와 미국인 이름으로 운영되는 신학교들[6]은 배제시켰다. 여기에 재미한인기독선교재단 웹사이트[7]의 게시판 항목에 수록되어 있는 '신학교 정보' 란에 등재된 남가주 내 한인 신학교들과 비교해 보았다. 그 결과, 47개의 한인 신학교들을 최종적으로 파악할 수 있었다.

다음 작업으로, BPPVE 웹사이트[8]를 통하여 먼저 'Theology' 란 항목으로 'Program Keyword' 를 입력했다. 2004년 9월 8일 현재, 19개의 한인 신학교들이 등록되어 있었고, 이를 좀더 정확하게 세분화 할 필요성이 있어 '종교 면제 사유에 따른 신학기관' 항목을 참조했다. 종교 면제 사유에 따른 한인 신학교는 LA 카운티에 14개, 오렌지 카운티에 3개가 등재되어 있었다.[9]

BPPVE에 등재되어 있는 대부분의 한인 신학교들은 교단에 소속되어

---

6) 미국계 신학교에서 한인 목사들이 관련을 맺어 부조리한 학위 수여나 학위를 남발하는 현상은 일단 이번 조사에서 제외시켰다.

7) www.kcmusa.org

8) www.bppve.ca.gov

9) BPPVE에 등록된 한인 신학교들은 두 가지 범주에서 중복 등록되어 있다. 즉, 종교적 면제 사유에 따른 신학 교육 기관과 학위 수여와 동시에 비학위(자격증이나 수료증)를 줄 수 있는 일반적 직업교육 기관에 등재된다. 그런데 월드미션대학이나 미주 한인장로회신학대학, 국

있다. 그 이유는 소위 '종교적 면제 사유'에 따른 신학 교육 기관이 되기 위해서는 한 교단에 소속되어 조절, 운영, 지속되어야 하기 때문이다.[10]

그런데 앞서 제기한 교단 자체에 문제가 있는 교단들에서 신학교들을 일부 운영하고 있기에, 신학교 졸업 후 진로와 가장 중요한 목사 안수에 대한 충분한 검증과 요건들이 제공되고 있는가는 의문의 여지가 많다.

이처럼 BPPVE와 교단과의 연결성을 재고한 뒤, 다시 47개 한인 신학교에 전화를 걸어 학위 인가와 교단 배경을 물었다.

먼저 전화를 통해서 소위 '평신도 · 전문인 선교사 양성 기관'들도 교계 주소록에 같이 등재되어 있다는 사실을 확인했다. 그런데 이러한 양성 기관들은 교단에서만 통용되는 학위[11]나 공인된 학위(Accredited Degree)[12]를 수여하는 한인 신학교들과는 구별되는 것이 바람직하다.[13]

또 평균 3회에 걸쳐 전화를 시도해 보았지만 전혀 연락이 되지 않는 신

제신학대학원(ITS) 등의 학위 인가(accreditation) 예비 신학교들은 종교적 면제 사유에 따른 신학 교육 기관에서 배제되어 있다. 이는 주정부 교육인가보다는 미 전국적으로 통용되는 인가단체(The Approved Accrediting Agencies), 즉 성서대학인가협회(Accrediting Association of Bible Colleges, AABC)나 신학교협의회(Association of Theological Schools in the United States and Canada, ATS)의 규정을 따르기 때문이다.

10) 종교적 면제 사유에 따른 신학 교육 기관 신청 자격 기준에서 그 이유를 분명하게 하고 있다.

11) BPPVE 종교적 면제 사유에 따른 학위

12) 공인된 학위를 수여할 수 있는 남가주 내 한인 신학교는 불과 소수에 불과하다. 베데스다대학만이 'AABC(The Association for Biblical Higher Education, ABHE로 변경)'에서 인정받는 학사 학위를 2001년부터 수여하고 있다. 이외 월드미션대학과 KPCA 장로회신학대학이 인가신청(Applicant status) 중이다. 또 베데스다대학은 TRACS(Transnational Association of Christian Colleges and Schools)에 인가 후보학교(Candidate Institution)이고, ITS는 ATS 인가 후보학교로 2~3년 내에 정식 인가 학교가 될 전망이다. 따라서 공인된 학위는 아직까지는 베데스다대학만이 학사 학위를 수여하고 있다.

13) 평신도 · 전문인 선교사 양성기관 관계자들은 "학교가 아니라 평신도 양성기관이다."라고 분명하게 언급을 하면서도 미국 교단과 협력관계로 신학 교육이 가능하고 한국 예장합동 측과 관련을 맺고 있다는 등 이중적인 태도로 학교를 소개했다.

학교들도 있어, 학위 인가와 교단 배경을 확인할 수가 없었다. 그런데 대부분의 연락이 되지 않는 신학교들은 BPPVE에도 등록이 되어 있지 않고, 특정 교단에도 속하지 않은 도저히 종잡을 수 없는 유령(?)과도 같은 학교들이라는 점에서, 남가주 이민 사회에서 신학교 문제를 일으키는 주범(?)이라 해도 과언은 아닐 것이다.[14] 한인 신학교 관계자들은 이러한 지적에 대부분 동의를 표시했다. 즉, 강의에는 5~6명 정도 참석하지만 졸업식장에는 30~40명의 졸업생들이 갑자기 등장하게 되는 경우[15]가 그러한 학교에 빈번했다고 공감을 표명하고 있다. 따라서 일차적으로 교단적 배경도 없고 BPPVE에도 등록되어 있지 않은 신학교들이 남가주 한인 이민 사회에서 물의를 일으키는 대상이라고 규정할 수 있다.[16]

3. 한인 신학교에 산재한 문제점들
(교육 환경, 교수와 학생 비율, 재정 확보, 영성 훈련 취약 등)

남가주 한인 신학교 문제점을 정확하게 파악하기 위해서 신학교에 관련을 맺고 있는 목회자들을 중심으로 의견을 들어 보았다. 어떤 목회자는 "현실로 이해해야지 긁어 부스럼"이 된다고 경고를 하기도 했다. 또 다른 목회자는 "교회 수에 비해 신학교가 너무 많고, 과대 광고로 학생들을 모집하여 질이 안 좋은 목회자들을 남발한다."며 열변을 토하기도 했다. 또

---

14) 교단 배경이 없거나 BPPVE에 등재되지 않은 신학교들을 밝히지 않는 이유는, 불필요한 소모적인 논쟁에 말려들고 싶지 않기 때문이다.

15) 통신교육이나 인터넷을 통한 교육을 감안해, 한국 교회 목회자들에게 명예신학박사 학위를 수여하고 있다. 더욱더 흥미로운 사실은 남가주 교계 대표장이나 목회자들이 갑자기 교수가 되어 졸업사진을 같이 찍는다는 점이다.

16) 공인된 인가를 수여하는 또 다른 인가 기관인 WASC(Western Association of Schools and College)에 관련을 맺고 있는 한인 신학교가 두 곳이 있다고 조사 과정에서 정보를 얻었지만 확인할 수는 없었다.

'신학교를 세우는 것은 교단을 형성하려는 의도'가 있다며 그 의도의 순수성에 제동을 거는 목회자들도 있었고, 한인 1세들의 신학 교육을 위해 필요한 기관인 것은 틀림없으나 '신학 교육의 질'을 높여야 한다고 상당수의 목회자들이 비판적인 의견을 제시했다. 풀러신학교 이정석 교수는 LA 일간지에 이민 교회 신학 교육의 문제는 바로 '교단주의'에 있다고 밝힌 바 있다.[17] 이 교수는 신학교의 난립과 저질화는 구조적인 문제인 '교단주의'가 저변에 도사리고 있다고 진단했다. 특히 이민 교회의 '교단들의 백화점' 현상을 개탄하고 있다.

> "그런데 이민 교회에는 너무 많은 교단들이 있다. 한국의 거의 모든 교단이 있을 뿐 아니라, 미국에서 새로 만든 교단, 그리고 미국 교단까지 합하여 그야말로 교단들의 백화점을 이루고 있다. 그러니 얼마나 많은 신학교가 필요하겠는가. 이미 신학교를 만든 교단도 많지만, 지금 신학교를 만들려고 준비하는 교단들도 적지 않다. 이민 교회가 적은데 그중에서 각 교단으로 나누어지면 그 수가 더 적어지며, 그렇게 되면 신학생수는 얼마 안 되기 때문에, 재정적으로 열악하고 따라서 좋은 교수나 좋은 시설을 갖출 수도 없을 것은 당연한 귀결이다. 그러면 그런 신학교에서 배출된 목회자가 저질교육을 받았기 때문에 지적으로 부족한 목회자가 되고, 그 결과 이민 교회가 저질화 되는 악순환이 계속될 수밖에 없다. 물론 이런 신학교에서도 훌륭한 목회자가 배출되기도 하지만, 그것은 단지 소수의 예외적 현상일 뿐이다. 또 교단주의적 신학 교육은 교단신학 이데올로기를 강화하여 교회의 연합과 일치를 저해하고 분열을 영속화하는 악순환을 초래하기도 한다."[18]

---

17) 이정석, "교단주의와 신학 교육", 《한국일보》 2003년 12월 9일자.
18) 이정석, Ibid.

이 교수의 예리한 지적에 전적으로 동의한다. 여기에 한 가지 사실을 부연한다면, 교단에 속한 지역 교회 차원에서도 한인 신학교에 대한 지원 및 평가는 인색한 형편이라는 점이다. 좀더 구체적으로 말하자면, 지역 교회들은 한인 신학교 출신 목회후보생보다는 미국 유명 신학교 졸업자에게 '우선순위'를 두고 있다. 즉, 주일학교나 중·고·대학부 사역자로 영어권 목회학 석사(M.Div) 학위 소지자 유치에 총력전을 벌이고 있다.[19]

결국 한인 신학교를 졸업해도 탁월한 실력과 언어 능력이 겸비되지 않으면, 전담 사역자는 물론이고 파트타임 사역자로도 교회에서 청빙되지 않는 것이 현실이다. 아니면 한어권을 대상으로 부교역자나 개척을 할 수밖에 없고, 이는 또 다시 미자립 교회 양산이라는 악순환을 낳게 된다.

따라서 교단, 지역 교회 그리고 신학교가 서로 유기적으로 연계되어 한인 신학교를 운영하지 않으면 교단 신학교라 할지라도 수요가 없어 공급이 중단되는 '폐교'까지도 감수해야 하는 상황으로 치닫게 될 수도 있다.

이제 한인 신학교 교육 현장에서 실제로 종사하는 관계자들과 대화를 통해 얻게 된 문제점들을 살펴보자. 한인 신학교가 재정적으로 어려움을 겪지 않고 운영되려면, 재학생이 30~50명은 되어야 한다고 말한다. 그러나 일부 신학교들을 제외하면 10명 미만으로 운영되는 경우가 대부분이다. 따라서 전임 교수진(full-time faculties)이 총장과 학감 두 명으로 제한되고 교무행정을 보는 사무직을 제외하면, 시간강사들로만 학교가 운영되기 십상이다.[20]

---

19) 교계 신문이나 일간지에 게재되는 교회 구인 광고를 주의 깊게 보면, ① 미국 신학교 M.Div 학위 소지자, ② 이중 언어 가능자로 전도사나 교육목사 채용 규정을 못 박아 두고 있다. 이러한 현상은 이제 담임목사 청빙에까지 확대되고 있다.

20) 여기에 학교지원금 명목으로 돈을 받아 명예신학박사나 석사 학위를 수여할 수 있는 유혹에

게다가 학부생들과 신대원 학생들이 한 강의실에서 같은 수업을 받게 되기도 한다.[21] 그나마 이렇게라도 수업은 이루어지지만, 지역 교회에서 목회자 후보생으로 반드시 봉사해야 하는 '인턴 과정'은 전임 담당자가 없어 신학생의 신앙 양심에 맡길 수밖에 없게 된다. 결국 교육 환경적인 면에서 한인 신학교는 교수와 학생 비율, 재정 확보, 영성훈련과 인턴 과정에 부실하게 되고, 이는 당연히 교회의 지도력 저하를 가져오게 된다.

4. 그렇다면 대안은 있는가?

열악한 상황에서도 한인 1세들의 신학교를 운영해야 하는 교직원이나 목회자가 되겠다고 서원한 신학생들의 염원을 저버리지 않기 위해서는 대안이나 개선책이 반드시 제기되어야 한다. 교단주의에 따른 신학교 난립은 교세 확장에만 주력한 나머지 목회자 수급과 이민 사회에서 도덕적으로나 인격적으로 인정을 받을 수 있는 훌륭한 목회자를 양성하는 데 실패하게 한다.[22]

따라서 교단은 먼저 신학교를 '정치의 장'이나 '교권정치'의 연장선

빠지게 된다. 재정 확보 차원에서 또 하나 문제를 제기한다면, 신분 유지(I-20)를 위해 신학교에 등록한 한인들도 있다는 점이다. 9·11 사태 이후, 강화된 유학생 감시 규정에 따라 최저 학점에 등록하지 않으면 곧바로 보고해야 하지만, 재정 확보를 위해서 등록만 하고 강의에 참석하지 않는 학생들을 봐주게 되는 유혹에 빠질 수도 있다.

21) 신대원생들에게 학부생에 비해 독서 과제물을 더 많이 배정하거나 텀 페이퍼(Term paper) 의 분량을 늘려 융통성 있게 강의를 진행할 수도 있지만, 교육 환경은 상대적으로 열악하다.

22) 이민 사회에서 목회자들에 대한 인식은 과거에 비해 월등하게 떨어졌다. 잇따른 교회 소유권 분쟁과 교협의 권위 실추, 그리고 한국과 이곳에서 신학교를 졸업한 수많은 무임 목사들은 이민 사회로 하여금 목회자를 사회 지도급 인사로 존경과 선망의 대상으로 보지 못하게 한다.

상에서 운영하는 오류를 근절해야 한다. 교단은 무엇보다도 신학교 교육 제도 개선을 위해 지역 교회의 긴밀한 협조를 얻어 재정적인 지원을 받아내야만 한다. 이사회 조직을 교단 인물 배정이 아닌 학교에 실질적인 도움을 주는 지역 교회 담임목사들로 구성하는 융통성을 꾀하는 것도 바람직한 방법이 될 수 있다. 즉, 양보다는 질적인 성장을 도모해야만 한인 신학교가 경쟁력을 보유할 수 있기 때문이다. 한인 신학교 졸업생이 경쟁력을 갖추게 되면 교단과 지역 교회 그리고 신학교가 공생할 수 있게 된다.

그리고 어느 정도 경쟁력을 갖춘 선발 주자격인 한인 신학교들은 기득권을 포기하고 교단을 초월한 연합체(consortium)를 조직해야 할 필요성도 있다.[23] 즉, 신학 교육 연합체를 통해 합동 강의나 공동 학·점제로 운영하고, 교단별로 보충교육을 하여 교단의 헌법이나 역사, 교리적 특징들을 이수하게 하면 된다. 또 교단은 한인 신학교를 졸업한 독회자 후보생들이 전도사 시취에서 안수 받을 때까지 감독하고 점검 과정을 엄격하게 적용하여, 더욱 선별된 옥석과 같은 목회자가 나올 수 있도록 안전장치를 전면 가동시켜야 한다.[24]

❖

마지막으로, 교단 연합체인 교회협의회가 부조리하고 물의를 일으키는 신학교에 대한 감시 기능을 강화해야 한다. 특히 신학교를 운영하고 있는

---

23) 보스턴 지역의 하버드, 앤도버대학 등의 연합체나 SF의 GTU 경우처럼 연합체가 구성되면 양질의 신학 교육이 제공될 수 있다.

24) 각 교단 신학교의 졸업생 수급 현황은 조사할 수 없었다. 아울러 한인 신학교들이 BPPVE 규정이나 공인된 인가 단체인 ABHE, ATS 규정에 따라 학사가 진행되는지도 조사할 수가 없었다. 따라서 이에 따른 조사나 연구가 후속적으로 진행되어야만 온전한 한인 신학교 문제점이 노출되고 그 개선책이 제기될 수 있다는 점을 밝힌다.

교단의 적법성 점검은 교회협의회만이 공인 기관으로 수행할 수 있는 일이다. 나아가서 신학교가 바르고 질적으로 훈련된 목회자 교육은 하지 않고 편법과 부당한 부의 취득을 위해 운영된다면, 성명을 통해 교계의 자정 능력을 최대한 발현시켜나가야 한다.[25]

— 송하중
(목사)

---

25) 애틀랜타교회협의회는 지난 5월 21일, 성명을 통해 대규모 불법종교비자 관련 문제로 물의를 일으킨 애틀랜타신학대학과 그 배경 교단인 선교중앙교단에 대해 엄중하게 경고했다. 동 협의회는 "선교중앙교단은 개신교 및 애틀랜타교회협의회에 아무런 관련이 없다."며 애틀랜타신학대학과 선교중앙교단에 관련을 맺고 있는 개신교 목회자들에게 그 관계를 정리할 것을 요망했다. 그러나 교회나 교역자들이 계속 관련을 맺고 있으면, 동 교협에서 제명 조치도 불사하겠다는 강경한 입장을 천명했다.

제3장

한국 교회의 구조와 문제

1. 한인 교회의 분규와 해결 방향

방송이나 일간지를 통하여 많은 한인 교회들이 분규에 휩싸여서 믿지 않는 사람들보다도 못한 행동을 하는 것을 볼 때 걱정과 분노를 느끼는 것은 다만 필자 혼자만의 생각이라고는 믿지 않는다. 게다가 바로 얼마 전, LA에서 대표적인 교회 하나가 또 큰 분규로 인하여 연일 언론 매체에 오르내리고, 그에 따라 신문에 몇몇 사람들이 교회 분규에 관한 기고를 하여 필자도 유심히 그 글들을 읽어 왔으나, 대부분의 제시가 화해와 사랑이라는 원론적 입장만 되풀이함으로 분규 방지에 실질적 도움이 되지 않는 것 같다.

✤

한인 교회는 필자의 유치부 시절이나 지금이나 제도적인 면에서 달라진 것이 거의 없다고 하여도 과언이 아니다. 사회 조직, 특히 경영 조직은 끊임없는 자기혁신을 위하여 변신하기를 주저하지 않는다. 그렇게 하지 않으면 그러한 조직은 격렬한 경쟁에서 탈락하기 때문이다. 그런데 우리 한인 교회는 어떠한가? 자기계발에 노력을 기울이지 않는다는 말이다. 이렇게 이야기를 하면 어떤 분들은 분명히 이렇게 대답할 것이다. 교회라는 조직은 사회 조직과는 다르다고, 즉 무한한 능력의 하나님께서 모든 일을 은혜롭게 해결하여 주시니 그저 교인들은 믿고 순종함으로 아멘 하며 교회 생활을 하는 것이 도리라고 할 것이다. 그들의 말이 실증적으로 옳다면 교회라는 조직은 분규는커녕 항상 은혜가 넘쳐흘러야만 하는데, 왜 한인 교회에서는 사회 조직보다 분쟁이 더 자주 일어나는가? 예수님도 눈이 멀어 보지 못하는 사람들에게 먼저 베데스다의 못에 가서 눈을 씻으라고 말씀하시지 않았는가? 그것은 인간이 해야 할 일들을 먼저 하라는 의미일 것이다. 그러므로 그저 순종하고 따르라는 이야기는 분명히 성경적이 아니며, 병이 나면 의사를 보지 말고 기도만 하라는 말과 같은 무책임한 말이 아닐 수 없다. 그러면 분규(conflict)는 왜 일어나는가? 인간 개체는 불완전하므로, 그러한 인간들이 모인 조직은 필연적으로 분규가 일어나기 마련이다. 교회도 예외는 아니다. 문제는 분규가 일어나지 않도록 미리 방지하는 것이고, 그 다음 일은 일어난 분규를 어떻게 좋은 방법으로 해결하느냐는 것이다. 그러므로 필자는 그 방안을 제시하고자 한다.

첫째, 한인 교회는 조직의 균형성을 이루어야 한다. 한인 교회의 구조를 보면 당회라는 조직에 권한이 집중되어 있으므로 분규의 소지를 일으킨다는 것을 알 수 있다. 정치에서 여야가 존재하는 것은 서로 대립하라는 것이 아니라 한쪽의 독주를 막고 서로 견제하며 발전하라는 것이다. 교회의 이사회라는 조직도 당회로 권한이 집중되는 것을 막고 서로 견제하여 분규의 소지를 미리 없애고, 당회에서 분규가 발생하면 중재 역할을 할 수 있도록 만든 제도적 장치가 아니겠는가? 그러나 대부분의 한인 교회를 보라. 이사회라는 조직을 아예 두지 않거나, 있다 하더라도 유명무실하게 만들어 놓거나, 당회원이 자동적으로 이사회 회원이 되도록 하여 조직적 균형을 이루지 못하고 있다. 사실 당회라는 조직이 사법, 행정, 입법의 전권을 행사한다고 해도 과언이 아니다. 그러므로 각각 기관이 조직적 균형을 이루기 위해서는 각 기관에 대한 권한과 책임을 명시하여 권한의 집중을 막아야 한다.

❀

둘째, 교회의 성직자(목회자, 장로)들을 바르게 선출할 수 있는 제도적 정비가 시급하다. 우리의 주위에서 보듯이 장로나 목사 직을 너무 쉽게 생각하고, 또한 쉽게 되는 것을 볼 수 있다. 한인 교회에서 목회자나 장로 등의 직책은 엄청난 비중을 차지한다. 이들은 일반적인 기업 관점에서 보면 최고 경영자들이다. 기업 조직은 최고 경영자를 선택할 때 엄청난 시간과 자원을 투자한다. 왜냐하면 그들의 잘못된 의사결정으로 기업이 망할 수도 있고 크게 발전할 수도 있기 때문이다. 교회도 마찬가지이다.

그런데 교인들의 영혼 구원과 나아가서는 한인 사회의 장래에 엄청난 영향을 미치는 한인 교회의 목회자 초빙과 장로 선출은 허술하기 짝이 없다. 한인 교회의 상당수 분규가 애초 목회자와 장로들을 신중하게 선출하지 못함으로 발생된다는 사실을 간과해서는 안 된다. 성직자들을 신중하게 선출하는 것은 교회 분규 방지에 필수적이다. 또 우후죽순과 같이 생겨나는 신학교들도 역시 이러한 교회의 분규에 한몫 한다는 사실을 간과할 수 없다. 최근 필자 주변에서 일어난 일—목회자가 학벌을 속이고, 여성도와 불미스러운 일을 벌였으며, 자격 미달의 장로들로 인하여 일어난

일—로 인한 몇몇 교회들의 분규는 선출 전 검증 절차가 철저하지 못하다는 사실을 단적으로 보여 주고 있다. 이민 사회의 특이한 점은 많은 사람들이 교회에 와서 출세(?)를 하고 싶어한다는 것이다. 장로 직은 엄청난 책임이 따른다는 사실을 모르고 세속적 명예욕으로 장로가 되고 싶어하고, 또 희한한 일은 그러한 사람들 중 많은 사람들이 어떻게 해서든지 장로가 된다는 사실이다. 그러니 한인 교회가 시끄러울 수밖에 없다. 그러므로 책임감과 능력을 겸비한 청빙(인사)위원을 선출하여 목회자나 장로들을 선출하기 전 객관적 평가와 철저한 검증 절차를 밟도록 해야 한다. 또 할 수 있는 한 관계되는 서류와 절차 등은 교인들에게 공개하여 일반 교인들의 알 권리를 충족시키고 분규를 방지하여야 한다.

셋째, 공정한 회계감사가 이루어져야 한다. 많은 교회의 분규가 재정적인 문제와 관련이 있다는 것을 부인할 수 없다. 현재 대부분의 한인 교회는 회계감사라는 직분을 두고 있으나 사실 유명무실한 실정이다. 대부분의 교인들은 매년 초 실시되는 공동의회라는 집회를 기억할 것이다. 거기서 회계감사가 어떠한 보고를 하였는지 기억하여 보자. 대충 이런 식의 형식적 보고를 들었을 것이다. "하나님이 축복해 주셔서 감사도 은혜스럽게 끝났다." 그러면 사회자인 당회장이 "여러분 감사보고를 받기로 동의하시면 "예" 하십시고 아니면 '아니요' 하십시오." 하고 말한다. 많은 교인은 그저 은혜스럽게(?) '예' 하고 대답하고 감사보고는 끝나게 된다. 감사에 대한 의문점이 있더라도 감히 질문할 분위기도 아니고, 설령 질문을 하면 아마 수많은 교인들의 따가운 눈총을 받게 될 것이다. 왜냐하면 질문은 순종에 대한 반항으로 생각하기 때문이다. 이상할 정도이다. 최근 한국에서는 IMF 상황으로 애매한 서민들이 엄청난 고통을 겪고 있다.

왜 이러한 일이 일어났는가? 물론 여러 이유가 있겠지만, 감사원이 회계 감사를 제대로만 수행하였어도 충분히 방지할 수 있는 문제였다. 대통령 아들이니까 봐주고 그저 권력자들의 눈치만 보니 제대로 감사가 되겠는가? 교회에서도 마찬가지이다. 목회자나 장로 또는 교인이 규정에 벗어나는 일을 하였을 때는 지적하여 바른 길로 가게 하여야 하는데, 대부분의 교인들은 아름답고 은혜스러운(?) 이야기만 하고 싶어하고 바른 이야기는 하기 싫어하니 분규를 미연에 방지할 기회를 잃어버리게 된다. 회계 감사라는 제도를 지혜롭고 공정하게 사용하여 분규의 소지를 미연에 방지하여야 한다. 필자가 조사한 바에 따르면, 많은 미국 교회는 자기 교회의 교인이 아닌 외부 공인회계사를 고용하여 회계감사를 받고 있다. 왜 그런가? 독립적이고 공정한 감사를 위하여서이다. 우리 한인 교회도 본받아야 할 점이다. 공정한 회계감사로 교회 자체를 정화한 후에야 교회가 진정한 빛과 소금의 역할을 감당할 수 있을 것이다.

❦

넷째, 성직자(목회자, 장로, 전도사 등)에 대한 정기적 업무평가가 적절한 형태로 행해져야 한다. 교회는 일반 기업 조직과는 다르므로 일반 사회에서의 평가절차를 그대로 적용하자는 것은 아니다. 그러나 최소한 분기별로 교인들에게 적절히 작성된 질문서를 배부하여 설교와 예배에 또는 교회 전반적 행정에 대한 교인들의 입장을 들어야 한다. 한인 교회의 조직적 취약점은 공식적인 커뮤니케이션 채널(communication channel)이 미비하다는 것이다. 설교라는 공식적 커뮤니케이션 채널이 있기는 하지만 완전 일방적이다. 목회자는 설교를 통하여 성경말씀을 전하기도 하지만, 한편으로는 자신의 이익을 위하여 교인들이 이렇게 행동하여야 한다는 지시를 일방적으로 전달하는 경우가 많다. 커뮤니케이션이 일방적이 될 때 오해와 불신의 소지가 생긴다. 이러한 평가제도가 분규를 미연에 방지하는 데 큰 기여를 할 수 있을 것이다.

✤

다섯째, 교인들 스스로 미신적 신앙에서 탈피하여 바른 교회를 만들기 위한 관심과 노력을 기울여야 한다. 한인 교회 발전의 큰 암적 요소는 기복신앙에 있다. 또 육안으로 하나님을 보지 못하니까 목회자를 신격화하여 대리만족을 얻으려 한다. 이러한 경우 목회자가 분별력이 있으면 스스로 자제하여 문제가 되지 않겠지만 그렇지 않을 때 분규가 발생할 가능성이 커진다. 게다가 상당수의 교인들은 목회자의 잘못은 하나님만이 치리할 수 있다는 엉뚱한 믿음을 갖고 있다. 그 이면에는 목회자의 잘못을 지적하면 벌을 받을지 모른다는 미신적 두려움을 갖고 있다는 말이다. 왜 이렇게 되었는가? 기독교가 한국에 전파되었을때 한국의 토속 신앙과 결부되어서 그렇게 되었다는 설도 있다. 게다가 소위 말하는 세속화 된 부흥사들의 분별없는 설교로 인한 공적(?)도 크다. 목회자에게 잘하여야 축복받는다는 설교를 필자도 무수히 들어 왔고 어느 정도 세뇌가 되었다고 고백한다. 그러므로 필자가 앞에서 지적한 바와 같이 이러한 잘못된 신앙을 바로 잡자고 외칠 수 있는 교회 내의 조직이 필요하다. 이러한 외침은 교회가 조직적 균형을 이루고 있을 때 나오게 된다. 그렇지 않은 경우 바른 소리를 외쳐 보라. 외친 사람은 아마 교회를 시끄럽게 하는 사탄이라는 소리를 듣게 될 것이다.

✤

마지막으로, 분규 해결을 위하여 범 커뮤니티 차원의 중재위원회를 구성하자. 한인 커뮤니티 내에서 객관적 인사들로서 평신도 대표, 목회자

대표, 장로 대표, 교회 조직과 관계가 없는 외부인사로 구성될 수 있다. 중재가 쉽게 이루어지지는 않겠지만 노력해야 되지 않겠는가? 혹자는 교회의 상급 기관인 노회가 중재 역할을 할 수 있다고 반론을 제기할지도 모른다. 유감스럽게도 노회라는 조직은 교인들의 신임을 잃은 지 오래이다. 필자는 분규가 일어난 교회가 노회에 가서 해결되었다는 이야기를 결코 듣지 못하였다. 여러 이유가 있겠지만, 노회가 분규 해결에 객관성과 공정성을 가지고 임하지 않는다는 사실이다.

— 허성규
(캘리포니아주립대학 샌버나디노 회계학 교수,
LA 기독교윤리실천운동 실행위원)

2. 한국 교회는 하나가 되어야 한다

유례없는 급성장으로 세계 교회의 칭찬을 받던 한국 교회가 1990년대에 접어들면서 성장 중지라는 위기 상황에 직면하였으며, 이를 계기로 스스로 돌아보는 좋은 기회가 되고 있다. 새해를 맞아 한목협이 조사한 바에 따르면 88%가 교회 정체의 가장 큰 원인으로 교회 분열을 꼽았다.

1. 보수와 진보의 양극화

한국 교회는 선교사들이 주도하던 선교 반세기 동안 교파별로 하나의 교회를 유지해 왔으나, 민족의 해방과 함께 정치적 분단을 본받기라도 하듯이 교회에도 분단이 일어나 보수와 진보라는 양대 구도가 출현하여 서로 정죄하고 비난하였으며, 이렇게 나누어진 두 그룹에서는 더 선명하고 강력한 보수성과 진보성이 환영을 받으면서 서로 극단으로 치닫는 양극화가 심화되었다. 이 두 진영을 화해시키고 구심화하려는 중도적 입장은 양측 모두에게 소외되어 결국 사라지고 말았다. 이것은 좌로나 우로나 치우치지 말라는 성경적 가르침을 거스르는 것이고 교회가 하나라는 전통적 교회관에도 배치된다. 이단은 물론 제외되어야 하지만, 천성에서 만나 교제할 형제들을 지상에서 정죄하며 교제하지 않는다는 것은 수치스러운 일이며 내세관이 의심스러운 일이다. 그런데도 이러한 사탄적 구조는 교회의 하나 됨을 무력화시키고, 정치적 남북분단에 대해서는 통일을 외치지만 교회 자체의 분단은 진지하게 해결하려 하지 않는 모순된 모습을 세속 사회에 보여 주고 있다. 1980년대 말 사회적 비난과 정부의 요구에 이끌려 연합단체들이 출현하였으나, 교권의 장악과 분배에만 관심을 가질 뿐 진실하고 성실한 하나 됨을 향해 노력하지 않고, 실제적으로는 분리를 정당하게 생각하면서 입술로는 연합을 기도하는 의식을 연출하고 있을 뿐이다. 이러한 양극화 구조는 한국 교회 안에 경쟁과 불신, 비난과 자만을 일으켜 하나 되도록 권고하는 성령의 인도를 거부함으로써 인간들의 종교집단으로 전락시킨다. 또 교회 밖으로 분출해야 할 엄청난 영적 에너지를 안에서 낭비하게 할 뿐 아니라, 사회의 지탄 대상이 됨으로써 복음화를 가로막는 장애물이 되며, 하나 되지 못함으로써 대사회적 영향력을 약화시켜 세상으로부터 무시와 소외를 당하게 된다. 복음적인 교회들은 독선적인 근본주의와 자유주의의 양극단을 배제하고 다양성을 인정하면서 대동단결하여 대화합을 이루어 하나 된 모습으로 주님을 맞아야 할 것이다.

2. 교단주의

한국에서는 외국 교회, 특히 미국 교회 분파들의 어리석은 하수인들이 교회를 분열시켜 수많은 교단을 만들었으며, 특정한 인물이나 지역 또는 신학 이데올로기를 중심으로 한 분리주의적 교단들이 많이 발생하였다. 이는 매우 불행한 일로, 예수 그리스도가 교회의 주인됨을 부정하고 하나님을 두려워하지 않는 행위가 아닐 수 없다. 실로 교회 분열에는 아무 정당성도 없다. 따라서 순간적인 오해나 분쟁으로 분리되었다 할지라도 될수 있는 한 빠른 시일 내에 분리 사유를 해소함으로써 회개하는 마음으로 재결합해야 한다. 특히 군소교단들은 불필요한 수고와 저질화를 중단하고 겸손히 통합해야 하며, 대교단들은 교단의 담을 높이 쌓고 가입을 거부하거나 어렵게 하지 말고, 넓은 마음으로 절차를 간소화하여 복귀나 통합을 격려함으로써 교단 분열을 영속화하지 말고 하나 됨의 명령에 순종해야 한다. 교단의 수는 적을수록 좋다. 교단은 임시적인 것이지 영원하지 않다. 교회의 하나됨을 희생하면서 교단의 영광을 도모하는 구조적 죄악은 소수의 교권 정치가들에 의해 자행되는 것이며, 거기에 아부하는 일부 어용 신학자들에 의해 정당화되고 있다. 한국 교회는 그러한 분리주의자들을 용인하지 말고 교단주의라는 파당적 구조를 과감히 청산하여야 한다.

3. 개교회주의

한국 교회가 급성장하는 동안 이루어진 교회들 간의 무한경쟁은, 과거 지역 공동체 중심의 안정적 구조를 깨고 약육강식의 패권주의가 새로운 구조로 정착되기에 이르렀다. 실로 개교회주의는 현대의 개인주의 풍조가 경쟁적인 자유경제 체제 아래서 교회에 정착된 비성경적이고 반교회론적 구조임이 틀림없다. 그리스도의 우주적 교회보다 자기 교회에 더 강력한 소속감을 느끼고 자랑스러워하는 허위의식과, 다른 교회들을 백안

시하는 자기중심성은 분명히 기독교 신앙에 역행하는 현대적 나르시즘
이다. 개교회주의는 자기 교회만의 독자적인 우월성을 강조하며 허영심
과 경쟁심을 자극한다. 또 치열한 교회 간 경쟁은 크기에 따라서 급수가
결정되는 세태를 연출하였고, 그 결과 큰 교회 목회자나 교인들은 우월감
에 넘치는 한편, 작은 교회의 목회자나 교인들은 열등감에 빠진다. 교회
의 평가는 교인의 수와 재정적 능력에 따라 판정되며, 목회자의 대우는
그에 비례한다. 교회의 질과 양은 실제에 있어서 구별되지 않는다. 이단
이라고 정죄했다가도 대형 교회가 되면 슬그머니 그 교회를 부러워하고,
부담금을 많이 내면 연합단체도 환영하고 우대한다. 소수의 대형 교회와
목회자들은 절대 다수를 차지하고 있는 소형 교회와 헌신된 목회자들을
희생시켜 우월감과 특권을 누리며 산다. 마치 세속 사회의 부자와 가난한
자, 출세한 자와 힘없는 서심, 대기업과 영세기업 같은 관계와 평가가 오
늘날의 한국 교회에 나타나고 있다. 이것은 교회의 하나 됨과 지체 됨을
인식하지 못하는 반교회론적 비극이 아닐 수 없다. 모든 교회는 형제이
며, 더욱이 어려운 상황에서 교회를 섬기는 목회자가 더 존경받아야 하는
데도, 교회들 간에 세속적이고 물질적인 기준을 가지고 차별하고 우열의
식을 가지는 현실은 분명히 타파되어야 한다. 그런데도 대형 교회들은 위
성중계 장치를 설치하여 주변 도시를 잠식하고 문어발식으로 지교회를
확장해 나가는가 하면, 대교회 교인이라는 긍지에 빠져 있던 교인들은 멀
리 다른 지역이나 심지어 외국에 가도 자기들끼리 모여 같은 이름의 지점
교회들을 세운다. 모든 교회는 한 몸으로서 이러한 세속적 우열의식을 극
복하고 일체감을 회복해야 하며, 재정적으로도 헌금이 그 개교회의 소유
가 아니라 교회의 머리이신 그리스도의 소유임을 인정하고, 가진 자가 없
는 자를 돕는다는 생각이 아니라 한 몸이 섭취한 영양분을 모든 지체가
골고루 분배하듯이 나누는 마음이 필요하다.

한국 교회가 21세기에 부상할 아시아의 선교본부로서, 그리고 7천만 동포의 복음화를 완성하며 나아가 삶의 모든 영역에 그리스도의 주권을 임하게 하기 위해서는 하나가 되어야 한다. 우리의 내부 갈등을 해소하지 못하는 한 교회의 발전은 기대할 수 없기 때문이다.

– 이정석
(목사, 풀러신학대학원 조직신학 교수)

3. 세 가지 바람: 예배, 믿음, 교회

이 글은 한국 교회가 고쳤으면 하는 필자의 바람을 담은 것이다. 따라서 선이나 밝은 면은 이 글에서 제외하였다.

1. 지나치게 인위적인 요소를 강조하는 예배

교회는 그 어떤 조직이나 프로그램보다도 우선해야 하는 것이 예배이기에 한마디로 예배 공동체이다. 그 예배의 본질적 요소는 두말할 나위 없이 "신령과 진정"(요 4: 20-24)이다. 그 신령과 진정이란 두 요소는 말할 것도 없이 예배드리는 우리가 제조하거나 창작해 낼 수 있는 것이 아니다. 예배는 하나님 자신이 죄인된 인생들을 위해 베푸시는 'Divine Service'이다. 즉, 예배는 우리가 하나님께 드리는 내용이기 보다는, 하나님께서 우리를 위해 "서비스 또는 섬겨 주시는" 내용이 훨씬 강조되어야 한다. 우리가 하나님을 향하여, 하나님을 위하여 무엇무엇을 해야 한다는 우리 편에서의 프로그램화가 너무 강한 것 같다. 그같은 의욕이 반영되면서 '예배에 성공해야 한다' '예배를 회복해야 한다' '예배에 뜨거운 감격이 넘쳐야 한다' 고 말한다.

이같은 의욕과 표현들이 틀린 것은 아닐 것이다. 그러나 '성공, 회복, 감격' 등의 단어들에 의미를 주기 위해 예배가 감정적인 도취나 분위기상 발생하도록 '제작·편성' 되는 것이 되어선 안된다는 것이다. 예배가 '신령과 진정' 이란 두가지 모두 하나님께서 베푸시는 서비스가 아니고, 우리 편에서 잘해보자고 이것저것 제작해서 '드린다' 고 하다보면, 점점 누구누구의 '창작품' 이나 누가 어떻게 하니 '성공했더라' 하는 모방이나 흉내내기가 될 소지가 높다.

예배에서 '신령과 진정' 이 인위적이고 감정 유발적인 형식으로 대체되어지기 시작하면, 그 예배는 예배가 아니라 예배를 흉내낸 종교 의식이나 '공연 행사화' 될 위험이 높아진다. 신령은 영이신 하나님의 임재며, 진정은 말씀이 육신이 되셨고 진리 그 자체이신 예수 그리스도이기에 예배는 이 삼위 하나님의 임재에 대한 인간의 당연한 반응이어야 한다. 따라서 예배는 하나님과 예배자와의 만남이다. 이 둘 중 어느 한편이 결석해서는 안된다.

그러나 많은 경우 하나님이 결석하신 상태를 예민하게 감지치 못하고 있으며, 하나님 편에서의 진리 선포 대신 우리 편에서의 자기 정당화가 더 많다. 마음과 뜻과 정성을 다한 경배 대신, 그 순간에 느끼는 감정의 고양 상태가 예배의 성공 지표가 되고 있다. 상한 심령을 드리며 죄에 대해 통회하며 그리스도의 수난과 부활의 은총이 다시 확인되어지는 하나님의 우리를 섬겨주시는 놀라운 은총에 감사하는 예배이기 보다는, '예배에 감격이 넘쳐야 한다' 고 우리들의 감격 지수 높이기에 주력하다 보면 점점 더 '감격 지수와 농도' 를 높이는 비법을 개발해내지 않으면 그 감격이 유지될 리가 만무하다. 그러다 보면 신령과 진정은 감격 농도나 감격 기준치로 측정되기 쉽다.

예배를 우리들 방식대로 치루려는 시도는 가인이나 나답과 아비후의 경우나 사울과 같이(창 4:3; 레 10:1-2; 삼상 13:9) 하나님을 만홀히 여기는 것이다. 또한 예배중 가장 큰 비중을 차지하는 설교는 만담류의 대사나 성공담이나 무용담 식의 인간 행위를 미화하는 내용에 강조를 두며, 그 사이사이에 성경 구절을 끼워 놓은 식의 짜집기가 많아 나중에 하나님의 말씀으로부터 오는 회개와 성찰의 삶을 촉발하기 보다는 무슨 재미난 예화나 유행하는 '가십거리' 가 설교의 핵심(?)이었는지 기억나도록 만들고 있다. 예배의 핵심은 말재간이 앞선 설교도, 성가대의 '튀는' 분위기도, 누구를 세워주기 위해 순서를 넣는 것도 아니고 오직 전심(신령과 진정)으로 하나님을 찾는 자를 찾고 계시는 하나님의 보살피심이 우선되어야 한다. 그 살피심이 신령과 진정이란 야긴과 보아스(대하 3:17) 같은 두 기둥 사이에 운행하고 있는 것이다. 예배자들은 오직 이 두 기둥 사이에 자신을 묶고 거룩하신 하나님으로부터 내려오는 각양 좋은 은사를 받는 예배가 되어야 하며 다른 것을 두리번거리며 관람하는 일이 예배가 되어선 곤란하다.

2. 믿음과 양심의 분리 수거

또 하나 함께 고쳐 나가고 싶은 바람은 믿음이란 이름으로 양심의 빛이 바래가고 있다는 아쉬움이다. 점점 믿음과 양심의 철저한 분리 수거 현상에 익숙해져 가고 있는 것은 아닌지? '교회 다닌다는 교인' 들의 양심은 이제 한국 사회에서 별로 신용을 못받고 있다. 왜냐하면 교인들은 신앙과 양심을 철저히 이원화함으로서 자신들의 '믿음' 에 대한 양심의 간섭을 배제하는데 성공하였기 때문이다. 양심은 마치 믿기 전에 가지고 있던 윤리 도덕의 썩은 잣대처럼 생각하고, 믿음은 이제 양심같은 저차원(?)의 세계에서 벗어난 듯이 나름대로 신앙의 나르시즘(narcissism)에 빠져있다. 그러므로 양심은 별로 문제가 되지도 않으며, 양심을 박제화시키고, 박탈시킨 신앙을 갖고 다닌다. 이같은 비정상적인 상태에서의 믿음을 '굉장히 좋은 믿음' 인양 믿고 있는데 이것은 나르시스적 자기 도취일 뿐이다.

그 마음에 간사함이 없었던 나다니엘의 양심은 예수님이 인정한 참 이스라엘인의 양심이었다(요 1:47). 양심은 무덤같이 썩어 있어도 신앙이란 겉만 번드르르한 대접(마 23:25-28)만 들고 있으면 된다고 착각하고 있다. 바울은 디모데 전후서를 통하여 '선한 양심,' '청결한 양심' 을 거듭 강조하고 있다. 신앙은 이같은 양심이란 바탕 위에서 '하나님의 성품에 참예하는' 것(벧후 1:4)인데 오히려 양심을 신앙의 걸림돌로 생각하며 양심이 화인맞아 외식함으로 거짓말을 아무 꺼리낌이 없이 하고도(딤전 4: 2) 믿음 만큼은 누구에게도 앞선다고 자부하고 있다.

그러므로 믿지 않는 이들로부터 조소를 받고 그들이 양심 박제화에 성공한 나 때문에 교회 오기 싫다고까지 할 정도로 심각한 지경에 이르렀고, 세상을 변화시키기 보다는 세상을 오히려 혼탁케 하고 있다. 차라리 '변화시키겠다' 고 나서지 않는 편이 일을 덜 만들 것이다. 일을 안하는 것도 문제이지만, '일만 만드는 자들' (살후 3:11)이 오히려 문제를 더 복잡하게 만든다.

믿음과 양심의 분리 수거를 오랜 동안 효과적으로 해내본 이들이 일만 만드는 이들이다. 이들에 의해 복음은 '값싼 복음' 처럼 저평가되고 있다. 분리 수거를 잘해온 나름대로의 '믿음의 역군' 들은 자신의 구멍나고 열등한 삶을 메워주는 기능성 한도내에서만 믿음이 유효하다고 보며, 자신의 그 믿음을 이용하여 누리고 있는 생활에 침해나 손실이 발생하는 경우 즉각 그 믿음을 반납해 버리고 말 위험이 있다.

3. '비즈니스 상' 다니는 교회

한국 교회에서 점차 번지는 현상 중의 하나가 교회를 점점 장사터나 이권의 장터처럼 만들어 가고 있는 현상이다. 교회를 비즈니스 상 다니는 분들이 늘고 있다. 이제는 많은 분들이 아주 공개적으로 솔직하게 "먹고 살기 위해서 비즈니스를 해야 하며, 비즈니스를 위해서라도 큰 교회, 즉 가상 손님이 많은 곳을 가야 한다"고 말한다. 물론 '큰 교회' 다니시는 분들이 다 그런 것도 아니고, 그런 목적으로 다니시는 분들이 일부분이다. 그렇다고 하여 '작은 교회' 에 다니는 분들은 '비즈니스' 를 전혀 개의치 않는 분들인가? 그렇지도 않다. '큰 교회' 란 '큰 물' 에 계산도 없이 뛰어들어 기존의 탄탄한 분들로부터 눈총을 받기 보다는, 오히려 작은 교회에 들어가서 '한 식구' 처럼 지내며 알차게 비즈니스를 하는 것이 유리하다고 판단하여 가끔씩 '시장조사' 하러 오시는 분들도 있다.

여기서 '비즈니스' 라는 말은 반드시 장사하시는 분들만 해당되는 것이 아니다. '영주권 따기 위해 교회를 설립' 하신 분들도 해당된다. 또 어떤 분들은 미국 생활이나 이민 정보나 자녀 교육에 유리한 정보 등을 얻기 위해 사람 많이 모이는 곳에 가야 '덕을 본다' 고 솔직한 동기를 말한다. 물론 교회는 이러나 저러나 복음이 전파되기 위해서는 이런 일, 저런 일도 있을 수 있다. 교회로부터 이런 저런 도움을 받은 분들이 그런 일들로 주님 영접하고 신앙 생활 잘 하면 더 말해 무엇하겠는가?

그러나 가끔씩 목적과 수단이 혼동을 일으키거나 아예 교회를 수단화 하는 경향이 늘어가고 있다는 사실이다. 저마다 '하나님께 영광을 돌리기 위해' 사업도 하고 이것저것 한다고 말한다. 그러나 점점 알다가도 모를 일은 어디까지가 순수 비즈니스이며, 어디까지가 믿음의 영역인지?

비즈니스는 최소의 비용으로 최대의 이윤을 내려는 경제 활동이다. 이 것은 지극히 당연한 경제 활동이며 비즈니스는 그런 원칙 아래 움직여야 한다. 그러나 교회는 그렇지 않으며, 그렇게 되어서도 안된다. 교회는 최대의 비용(예수 그리스도의 십자가)을 들여 천하보다 귀한 한 영혼을 건지고자 하는 하나님의 구원 프로젝트가 이루어지는 주님의 몸이다. 이러한 하나님의 프로젝트와 인간의 이기적이고 비즈니스를 주목적으로 하는 프로젝트가 경쟁 관계가 되거나 갈등 관계를 빚게되면 그 교회는 썩게 마련이다.

그러므로 교회를 다니는 솔직한 목적이 구원과는 아무 상관이 없이 나의 이기적인 욕심이 앞설 때는 교회는 더 이상 교회라기 보다는 나의 거래처 중 하나처럼 될 수 있다. 교회를 두려운 마음 없이 거래처로 여기기 시작하면 믿음이란 장부는 점점 밀쳐두고, 이익과 내 이기적 목적을 위한 장부 기입란만 늘어가는 이중 장부를 두게 된다. 물론 그런 이중 장부나 이중 목적이 전혀 없는 사람은 거의 드물 것이다. 그러나 중요한 기준은 이중 장부의 기록이 줄어들기는 커녕, 교묘하게 늘어간다는 사실에 있다. 비즈니스도 건전하려면 이중 장부가 없어야 하듯이 교회다니는 목적도 이중 장부를 줄여나가야 건전해진다.

물론 이기적 욕심 없이 교회를 다니는 사람이 있을 수 있느냐는 질문도 맞는 질문이다. 목사도 얼마든지 나의 유리한 목적을 위해 수단을 얼마든지 정당화 할 수 있는 자임을 인정하지 않을 수 없다. 그러기에 율법이 아니라 복음이 필요한 것이다. '나는 떳떳하고 내 비즈니스로 남들을 도와주며 교회 다닌다'는 자랑과 자부심이 한번도 솔직한 점검 없이 진행된다면 우리는 복음으로부터 점점 멀어지며 회칠한 위선자가 된다. 하나님의 말씀을 제 식대로 인용하고 자신의 비즈니스를 정당화 시키는 계산에 밝은 율법사처럼 되고 말 위험이 있다.

✤

예수님은 율법상의 의인이었던 유대인들의 이중 장부를 파헤치셨다. 요한복음 2장에는 예수님께서 공생애 사역중 첫번으로 하신 일이 가나 혼인 잔치나 그 일은 "내 때가 아직 이르지 아니한"(4절)고토 "나와 무슨 상관이 있나이까"(4절)라고 말씀하시면서 어머니 마리아의 간청으로 "처음 표적"(11절)을 말씀으로 명령만 하시는 모습이 나온다. 그러나 바로 그 다음 사건은 예수님께서 직접 나서서 하신 일이 나온다. "하나님의 집을 장사하는 집"(16절)으로 만든 자들의 상을 직접 나서서 엎으신 것이다(15절). 교회를 시장 바닥처럼 만든 자들의 상을 말씀만으로도 엎으실 수 있는 예수님이셨으나 직접 나서서 그 상을 엎으신 것이다.

이제 우리 교회들도 시장 논리가 지나치게 들어와 있다는 사실을 직시할 필요가 있다. 주님은 얼마나 많은 일을 벌여 놓았는가에 관심하기 보다는 어떤 일에 열매를 맺었는가에 더 관심하실 줄 믿는다. 시장 논리와 이기적 경제성의 계산이 앞서다 보니 시장성 기능에 능숙한 '경제형 크리스천'들이 늘고 있다.

물론 믿음은 돈과 밀접하다. 마치 물고기가 바다에 살 듯 돈의 바다 위에 크리스찬들도 떠다니며 필요만큼의 바닷물을 마시며 살아야 한다. 그러나 물고기는 소금 바닷물을 마시며 살아도 결코 그 몸이 '간고등어' 나

'염장 갈치'가 되는 법은 없다. 마찬가지로 크리스찬들도 돈물이 든 염장 크리스찬들이 되어선 곤란하다. 교회는 세상의 썩음을 방지하는 소금으로 뿌려지기 위해 존재하는 것이야지, 세상의 썩은 물이 든 염장 처리되어 그럴듯하게 전시되어 있거나 잘 포장되어 팔려나가는 존재가 되어서는 곤란하다. 성도와 성도가, 목회자와 성도가 거래처로 보이면 그때는 교회이기 어렵다. 그러나 그런 거래를 하던 곳이 중세 말기의 로마 교회였고 그 거래를 중단시킨 운동이 종교 개혁이었다.

다시한번 우리 믿음의 현주소와 현재의 대차대조표를 면밀히 검토해 보자. 어떤 항목이 줄어들어야 하며, 어떤 항목이 늘어나야 하는지를 꼼꼼히 살펴보면서 오늘도 "주를 깨끗한 마음으로 부르는 자들과 함께 의와 믿음과 사랑과 화평"(딤후 2:22)을 추구하자. 그리스도의 보혈로 씻겨진 깨끗한 마음이 아니고는 그리스도의 거룩 앞으로 가까이 갈 수 없다.

결론으로 한국 교회의 개혁은 위에 적은 작다면 작고, 크다면 상당히 크다고 할 수 있는 몇가지 항목에서라도 개선이 이루어질 때 나아지리라 본다. 세 가지로만 간추려 본 아쉬움들에 의해 복음의 순도(純度)와 선도(鮮度)를 높일 수 있을 것이다.

– 최상준
(얼바인 한믿음교회 담임목사, LA 기독교윤리실천운동 실행위원)

4. 성직의 존엄, 성직의 타락 –
한국 교역자의 상업주의

 I. 시작하는 말

교회도 사회의 일부이므로 사회가 총체적으로 부패했을 때 교회만 부패하지 않기란 매우 힘들다. 그리고 부패가 사회 구성원 전체의 라이프스타일이 되었을 때, 교회가 오히려 부패한 자들을 죄의식에서 도피시켜 주는 심리적인 안식처의 역할까지 하게 된다. 그러나 그것이 교회의 올바른 모습은 절대 아니다. 교회의 부패를 당연한 것으로 받아들이기 힘든 것은, 교회는 세상의 가치와는 다른 성스러운 가치를 추구하는 집단이기 때문이다. 그래서 교회는 늘 타락한 세상과 싸움을 벌이고 있다고 스스로 규정함으로 스스로의 존재 의의를 정립해 나가는 집단이다. 교인들이 교회를 찾는다는 것은 성스러운 가치로 자기를 개방함으로 자신의 존엄성을 추구하고자 하는 행위인 것이다. 그래서 교회와 세상의 관계는 화해가 아닌 긴장의 관계일 수밖에 없는 것이다. 교회가 교회를 찾는 사람들에게 성스러운 가치를 가르치고 그 가치관대로 살아가고 세상의 가치를 버려야 함을 요구해야 하는 것은 당연한 일이다. 새로운 가치관을 가르쳐야 할 책임이 일차적으로 교회의 지도자들, 특히 가르치는 직분을 받았고 그것을 위해 훈련받은 교역자들에게 있음은 당연하다. 그래서 우리는 그 직분에 있는 자들을 성직자라고 부른다.

사회가 아무리 타락해도 성직자는 타락하지 않기를 바라는 것은 성직자가 담당해야 하는 특수한 기능 때문이다. 남북전쟁 이후 산업혁명을 겪으면서 미국 사회가 엄청나게 부패했을 때도 기독교 성직자들은 부패하지 않으면서, 그 후에 오는 이른바 개혁운동을 주도했던 것을 기억해야 한다. 사회가 부패했으니 종교지도자도 부패하는 것은 너무나 당연하지 않느냐는 식의 논리는 그래서 설득력이 덜하다. 사회가 머리끝부터 발끝까지 썩은 것 같더라도 성직자는 하나님이 남겨 놓으신 군사 같아야 할 것이다. 그러니 성직자가 전반적으로 타락했다는 지적이 나오는 것은 통곡할 만한 일이다.

교역자들의 타락을 전적으로 그들만의 책임으로만 돌리는 것은 좀 가혹할 일인지 모른다. 사실상 그들의 타락을 조장하는 것은 우선 교회의 물량적 성장에 대한 압력이다. 모든 것이 물량화 되어 있는 세상에서 목회자의 성공 여부는 절대적으로 교회의 성도 수, 예산의 크기, 교회 건물의 크기 등으로 평가되고, 거기에 따라 목회자의 교계에서의 지위가 결정된다. 교회의 양적 성장을 이루지 못한 목회자는 패잔병과 같은 대접을 받을 뿐 아니라 가족은 경제적으로 그 외의 여러 가지 면에서 고통을 받아야 한다.

그런데도 우리가 교회의 부패에 대해서 논할 때 성직자의 타락을 논의의 중심에 놓을 수밖에 없는 것은 성직자들은 첫째, 기독교적인 가치관으로 특별히 훈련된 자들이고, 둘째, 교인들을 기독교적인 가치관으로 가

르쳐야 하는 임무를 일차적으로 지닌 자들이며, 셋째, 한국 교회의 구조
에 있어서 가장 중심에 놓여 있는 자들이고, 그래서 그 존엄성이 가장 먼
저 지켜져야 하는 자들이기 때문이다.

이 글은 한국 교회나 이민 교회에서 기독교 성직자들이 세속적인 가치
에서 해방되지 못했음을 슬퍼하고, 존엄해야 할 성직자들에게 그 존엄성
을 찾아줄 수 있는 방법을 고민해 보고자 하는 의도에서 쓰였다. 먼저 한
국 사회의 물량주의적 모습을 지적하고, 다음에 성직의 부패된 현상을 구
체적으로 기술하고, 그 원인을 찾아보며 해결책을 모색해 보고자 하는 것
이 이 글의 목적이다.

II. 부패의존적 물량주의

우리는 오늘날 한국 사회의 지배적 가치를 물량주의적 혹은 상업주의적
가치라고 이해한다. 실상 이 상업주의적인 가치관은 한국 사회뿐만 아니
라 자본주의 사회 혹은 상품생산 사회의 모든 곳에서 필연적으로 나타나
는 가치관이다. 그러나 한국 경제 구조에서는 국가 부문이 민간 부문보다
압도적으로 강해 왔던 관계로, 국가 권력과 밀착한 자가 가장 큰 경제적
이익을 차지해 왔기 때문에, 자유 경쟁과 근면, 노력을 통한 성취가 존경
받는 경제 윤리 대신에 무슨 수를 써서라도 권력에 줄을 서야 한다는 현실
적인 당위와 통념이 사회를 지배하게 되었다. 그래서 한국 사회에서는 자
본주의적인 보편적 가치관마저 수립되지 못한 채 부패를 당연시하고 합리
화시키기까지 하는 윤리부재, 도덕부재의 사회가 성립되게 된 것이다.

이러한 윤리부재의 물량주의적 가치관은 1960년 이후 경제 성장기에
더욱 강화되었으며, 경제적 이득 혹은 물량적 팽창을 위해서는 무엇이든

지 해도 좋다는 식의 경제성장제일주의로 신앙화 되기까지 하였다. 한국의 경제성장 시기는 실상 민주주의도, 성도덕도, 공해 문제 혹은 정의나 분배의 문제 등도 모두 성장제일주의에 밀려 언급하는 것조차 억제되던 시기가 아니었던가? 사회학자 박영신은 이러한 갈등에 대하여 "오늘을 사는 우리는 어디로 갈 것인가 하는 번민과 갈등에 더 이상 휘말려들 필요도 없이, 경제주의적 목표가 앞서 확정되어 버렸고, 저만큼에서 우리를 기다리는 이정표로 꽂혀 있는 것이다."[1]하고 개탄하였다. 그렇기 때문에 한국 사회의 도덕적 문제는 단순한 물량주의가 아니라, 양적 성장을 위해서는 윤리적으로 타락하여도 되고 또 타락할 수밖에 없다는 일반적 인식이라는 것이다.

이러한 부패의존적 물량주의, 윤리부재의 성장주의는 한국 교회에 스며든 정도가 아니라 교회를 압도하고 있어서, 기독교 윤리가 교회 내에서도 설 자리를 잃어버리고 있다. 이러한 기막힌 현실은 교회로 흘러 들어오는 물량주의의 물결을 막아 줄 여과 장치가 교회 내에서 전혀 작동하지 않고 있음에서 교회 내적인 이유를 찾아 볼 수 있다. 구체적으로 말하면 여과 기능을 해 주어야 할 성직자들이 먼저 성장주의의 가장 선두에서 교회의 물량주의적 팽창을 지휘하고 있으며, 이 과정에서 비윤리적인 행동도 서슴지 않고 있다는 말이다.

2004년에 총회신학대학원생들을 대상으로 한 설문 조사를 보면, 응답자들의 94.4퍼센트가 한국 교회에 개혁이 필요하다고 답하였고, 한국 교회 구성원 중에서 가장 개혁되어야 할 부분이 누구냐는 설문에서 57퍼센트가 담임목사라고 답하였으며, 9.3퍼센트가 교회의 중직자라고 답하였다고 한다. 그리고 교회가 개혁되기 위하여 가장 필요한 것이 무엇이냐는

---

1) 박영신, "경제주의와 기독교", 이종윤 외 『한국 교회의 종교개혁』 1983. P. 125.

질문에 58.9퍼센트가 목회자와 교회 중직자의 의식변화라고 답하였다고 한다.[2]

Ⅲ. 성직자의 물량적 성장주의

이제 우리는 구체적으로 성직자의 어떠한 모습을 물량적 성장주의라고 말하는지를 기술하려고 한다. 교회의 양적 성장을 추구하는 것이 과연 비판의 대상이 될 수 있는지는 논란의 여지가 있다. 그리고 양적 성장론자들의 의견도 일고의 가치가 없는 것은 아니다. 이들 성장주의자들은 우선 사도행전의 초대 교회가 급속도의 양적 발전을 했고, 그 양적 발전이 수량화되어 예루살렘 교회에 그 성장 속도가 기록되어 있다고 말한다. 그들은 성령 충만한 교회는 양적 성장이 있기 마련이고, 그래서 양적 성장은 추구해야 할 목표이지 비판의 대상이 되어서는 안 된다는 것이다.

양적으로 성장하는 교회가 다 성령 충만한 교회인지 혹은 양적으로 성장하지 못하는 교회에는 그리스도가 임재하지 못한다고 브아야 하는지의 의문이 있지만, 교회의 양적 증가 자체를 비기독교적이라고 말할 수는 없을 것이다. 필자 역시 하나님께서는 대형 교회보다 중소 교회를 더 사랑하신다는 식의 근거 없는 주장을 펼치는 것은 절대로 아니다. 문제는 교회의 양적 성장이 교회가 추구하는 많은 본질적인 목표보다 절대 우선권을 갖고 있는 것이 대형 교회이건 소형 교회이건 오늘날 대부분의 교회의 모습이라는 것이고, 양적 성장을 위해 동원되고 있는 방법이 기독교적이라기보다는 너무나 세속적이고 상업적일 뿐 아니라 비도덕적이기까지

---

2) www.shurchr.org/web3ine/1156.htm

하다는 것이다.

상당히 많은 교회에서 교회의 양적 성장을 위하여 여러 가지 아이디어들이 나오고, 설교, 심방, 교회의 각종 행사, 부흥회, 교인교육 등 교회의 모든 프로그램이 교회의 양적 성장이라는 절대 절명의 목표에 초점이 맞추어진다. 교회 성장학이라는 것이 학문의 한 분야인 것처럼 인식되어 일종의 마케팅 세미나가 유행하게 되었고, 무엇보다도 교인 유치를 위한 교회들의 경쟁은 살벌하기까지하다. 마치 세일즈맨들의 판매경쟁을 방불케 한다. 극단적으로 표현하는 사람은 양을 먹이는 것이 아니라 양을 도적질하는 것이라고 말한다.[3] 이종윤 목사는 교회가 양 도적질을 위하여 공갈, 유혹, 회유 등의 다양한 방법을 사용하고 있다고도 말한다.[4] 이렇게 물량주의적 치열한 공세를 취했지만 한국 교회는 실제로 1990년 이후에 그 양적 성장을 멈추었고 지금은 급속도로 교인수가 줄어들고 있다고 한다. 성직자들이 지도하는 한국 교회는 물량적 성장주의만을 쫓다가 그 본질을 잃어버리기 시작했고, 그래서 사회의 존경과 신뢰를 상실했으며, 결과적으로 양적인 감소를 가져왔다고 보아야 할 것이다. 이제 구체적으로 성직자가 어떻게 물량주의적으로 교회를 운영하는지 살펴보기로 하자.

1. 짠 맛을 잃은 설교

교회의 성장을 위해서 우선 목회자가 인기 있어야 한다. 대중 사회에서 목회자는 스타가 되고 싶어한다. 실상 1970년대, 1980년대에 한국 교회는 상당수의 스타 목사들을 배출하였다. 그리고 지금도 많은 젊은 목회자

---

3) 고영근, "한국 교회 혁신과 사회정화 방안", 『한국 교회의 허와 실』 쿰란출판사 1992 P. 54.에서 재인용
4) 이종윤 외, 『한국 교회의 종교개혁』 엠마오, 1983. p. 114.

들과 목회 지망생들이 스타가 되고 싶어서 안간힘을 쓰고 있다. 예수교에서는 예수 그리스도 수퍼스타 한 분의 스타면 족한데도 말이다.

스타가 되기 위해서는 우선 설교를 잘 해야 한다. 설교를 잘하는 것은 목사의 덕목이지만, 교인을 만족시키는 설교가 항상 좋은 설교는 아니다. 설교는 때로는 듣는 자의 아픈 데를 건드려야 하고 교인들을 꾸짖어야 할 때도 있기 때문이다. 그러나 성장제일주의자인 설교가는 우선 듣는 사람을 만족시키는 설교를 하려고 애쓴다. 한국 교회의 설교가 죄의 문제 그리고 윤리의 문제를 건드리지 않는다는 지적을 많이 받는다.

이종윤 목사는, 교인들의 기복적 요구를 재빨리 간파한 교역자들이 필요한 낚시밥을 던져 줘야 고기를 잡을 수 있다는 공리주의적 사고와 행동원리를 강단을 통하여 실천함으로 많은 교인을 얻게 된다고 말한다.[5] 그러나 필자는 성경에 기복적 요소가 없다고 주장하는 것도, 대부분의 목사님들의 설교가 비성경적이라고 주장하는 것도 아니다. 단지 세속적 기복이 결코 기독교 신앙의 핵심이 될 수 없다는 것이고, 세속적 가치의 추구가 결코 예수님이 제시한 라이프스타일이 아닐진데, 기복적 설교가 설교의 중심을 이루고 있다면 교인의 신앙을 오도할 가능성이 아주 크다는 것이다.

중산층이나 지식층을 상대로 한 교회에서는 중산층, 지식층의 감수성과 지적 허영심을 만족시키는 설교가 인기 있다. 그래서 설교는 세련된 교양강좌가 되기도 한다. 서민층을 위한 설교의 경우, 기적이나 은사 체험을 직·간접적으로 자랑하고 듣는 자들의 감정을 짜내도록 유도한다. 김태복 목사는 이러한 현상을 보면서 예배가 쇼가 되어 가고, 예배당은 극장이 되어 가며, 설교가는 흥행사가 되어 가고, 교회는 관객들의 입장

---

5) Ibid. p 37

료로 연명하게 되어 간다고 개탄한다.[6]

설교가 교인들의 만족감이나 설교가의 대중적 인기만을 위한 것이 될 때, 설교는 판촉물이 되고, 스타가 되기를 원하는 설교가는 세일즈맨이 된다. 원래 대중 사회의 스타는 위대한 세일즈맨이 아닌가? 그렇다면 이제 설교는 세상을 지배하고 있는 상업주의의 한 부분이 되어 가고 있단 말인가? 설교가 상품이 될 때 고객인 신도들은 당연히 자기가 좋아하는 상품만을 고르게 된다. 상업주의 속에서 사는 고객들이 단 것만 좋아하고 짠 것은 싫어하는 것은 당연한 일일 것이다. 그래서 하나님의 말씀이라고 선포되는 설교가 소금의 짠 맛을 잃어버리게 된다. 설교가 상품이 될 때 그것은 이미 하나님의 말씀은 아니지 않는가?

2. 불평등 심방과 훈계 없는 상담

목회자가 성도에게 제공해야 하는 것은 단순히 설교만은 아니다. 목회자는 성도들의 가정과 개인 문제에 관심을 기울여야 하고, 상담을 통해 삶의 방향을 제시하여 주며 위로하고 축복해 주어야 한다. 이 목적을 위해 목회자가 흔히 쓰는 방법은 심방이라는 이름의 가정방문이다. 목회자가 심방을 통해 가정의 문제를 파악하고 가정을 축복하게 되면, 교인들은 위로를 받고 목사님의 축복 덕분에 모든 일이 만사형통되고 소원을 이루게 됨을 믿게 된다. 기복적인 냄새가 난다고 해도 비난할 만한 일은 아니다. 원시 종교 이래 지금까지 기복적인 요소가 절대적으로 배제되었던 종교는 거의 없다.

문제는 목회자가 성도들에게 하는 축복에 윤리적 훈계를 곁들이는 것

---

6) 김태복, 『한국 교회는 무엇을 하고 있는가?』 기독교문화사, 1999.

이 쉽지 않다는 것이다. 특히 세상에서의 특권층에 대해서는 더 그렇다. 교역자들의 성도들에 대한 관심이 모든 성도들에게 절대로 평등하지 않다는 것도 문제이다. 특히 부유층, 특권층에 대한 목회자의 관심이 각별한 것은 보통이고, 이들에 대한 심방의 빈도도 잦아진다. 왜냐하면 그런 성도들은 헌금의 액수도 많을 뿐 아니라 여러 모로 교회 운영에 도움이 되는 연줄을 맺어 주기 때문이다. 그리고 특권층, 부유층의 인사들과 사귀고 싶어서 그들이 나오는 교회를 찾는 사람도 많고 보면 이래저래 특권층 교인의 확보는 교회 성장의 중요한 요소가 된다. 세속적으로 말하면 이들 특권층은 목회자가 제공하는 서비스를 고가로 구입할 수 있는 사람들이고 보면, 고객관리 차원에서 특별한 배려를 하는 것은 너무나 당연한 일인지도 모른다. 이렇게 되면 목회적 관심이나 심방까지도 상업행위가 되어 버리는 것이다.

목회자가 특권층, 부유층을 특별관리하여야 하는 이유는 또 있다. 이들 특권층 교인들은 의식적이든 무의식적이든 간에 목회자에게서 특별대접을 받기 원하고, 그것을 즐기고 또 거기에 합당한 보상을 하는 것이 보통이다. 교회에 바치는 헌금 외에도 목사님이 심방할 때마다 감사를 나타내는 봉투를 건네고, 명절이나 이런저런 때마다 고급 물건을 선물하며, 좋은 식당에서 식사대접을 하곤 한다. 가정방문을 오는 선생님께 학부모가 돈 봉투를 건네는 풍습이나 명절 때면 상관 댁에 선물하는 관행, 그리고 관리들에게 업자가 향응을 베푸는 폐습이 신도들에게 묻어 성직자에게 전달되는 것이다. 이럴 때 목사가 이러한 일종의 뇌물 행위를 꾸짖지 않고 대접하기를 좋아하는 성도들의 선행으로 받아들일 때, 교인들은 목사 대접하기 경쟁을 하게 된다. 대형 교회의 부유한 성도들은 목사님 고급차 사드리기 경쟁까지 한다고 한다. 심지어는 많은 목사들이 목사들끼리의 오찬 장소에 비용을 대 줄 물주인 평신도를 데리고 가는 것이 허다하다.

이쯤 되면 신도는 목사에게 양으로가 아니라 돈으로 취급받게 된다고 말해야 할 것이다. 교인과 목사의 관계가 이렇게 물질적 관계로 맺어질 때 목사는 제대로 된 훈계나 꾸짖음을 해 줄 수 없다. 그래서 상담이 전혀 의미가 없어지게 된다. 도덕적으로 많은 문제를 일으킨 권력층과 부유층의 인사들이 크리스천이었고, 그들이 모두 담임목사와는 밀접한 관계를 맺을 수밖에 없는 직분자들이었음을 감안한다면, 이들에 대한 담임목사의 도덕적 영향력은 어디에 있었는지를 묻지 않을 수 없는 것이다.

다 그런 것은 아니겠지만 이런 식으로 목회자는 차츰 특권층의 삶의 스타일에 익숙해지고 특권층다운 취향을 갖게 되어 스스로 특권층의 일부가 되거나 혹은 일부가 되었다는 환상을 갖게 된다. 이렇게 특별히 중요한 교인들은 담임목사가 직접 관리하는 것이 보통이다. 부목사나 전도사는 심방조차 가는 것이 금지되는 것이다.

3. 교회의 고급화와 불평등의 심화

교회의 각종 설비가 고급화되고 교회마다 설비의 고급화를 위해 경쟁하는 것이 성직자들의 취향이 고급화 되기 때문이라는 주장은 그 원인의 일부만을 설명해 주는 것이다. 화려한 교회행사와 설비는 교회 성장을 위해서 필요하다는 인식은, 같은 값이라면 고급화 된 서비스를 바라는 현대 고객들의 요구에 대한 반응이라고 할 수 있다. 교회가 입장료를 받는 장소가 아니라면 성도들은 교회에서 만이라도 그 화려함과 고급스러움을 즐기기 원한다는 경제주의적 발상이라고 할 수 있다. 이렇게 되어 재정적 여유가 있는 대형 교회들은 예배당, 회의실, 기도원까지 호텔처럼 화려하게 꾸미고, 최고 수준의 파이프오르간으로 연주하며, 오케스트라를 동원하고, 성가대의 음악도 거의 프로에 가까운 수준으로 구색을 갖춘다.

그래서 성도들은 주일마다 좋은 장소에서 고급 음악회를 즐기며 예배를 드릴 수 있게 된다.

특권층이 다니는 교회, 화려한 교회는 다른 부유층, 특권층 인사들 또 그렇게 되고 싶어하는 중산층들의 집결지가 된다. 그런 교회에 가면 좋은 사람들을 만날 수 있고, 연줄도 생기게 되고 비즈니스를 위해서도 좋고 아이들도 좋은 친구들을 사귀게 되기 때문이다. 재벌과 검찰총장이 한 교회에서 만난 데서부터 신동아 로비사건은 시작되지 않았는가? 장관부인인 권사님, 집사님이 재벌총수와 검찰총장 사모님의 가교노릇을 한 것을 우리는 옷로비 청문회라는 한국 교회사의 가장 수치스러운 장면에서 보지 않았는가?

이렇게 되면 화려해지는 것은 교회의 설비뿐만이 아니라 교회의 모든 행사도 마찬가지이다. 교회의 선교회가 호텔에서 열린다든지 수익자 부담으로 열리는 주일학교 수양회가 리조트에서 열리는 것이 한국의 대형 교회에서는 그리 흔한 일도 아니게 되었다. 이렇게 되면 자기는 가난하지만 교회의 화려한 설비를 즐기겠다고 대형 교회를 찾아간 서민들은 교회 행사에 참여할 수가 없고 주눅이 들어 교회에서 점점 멀어지게 된다. 결국 교회는 최소한 중산층 이상을 중심으로 꾸며지게 된다. 세속적인 차원에서 보면 교회는 확보해 보았자 수익보다 지출이 많을 고객은 버리고, 지출보다 수익이 많은 고객만을 확보하게 되는 것이다. 밑질 것이 없는 장사가 아닌가? 이제 화려해질 대로 화려해진 교회들은 과소비의 온상이 되고 있고, 교회는 근면과 절약이라는 프로테스탄트의 경제윤리를 가르칠 수 있는 자격을 잃어버렸다.

물론 교회가 이렇게 화려해질 때 재정적인 여유를 가질 수 없는 중소 교회들은 신도를 빼앗기는 어려움을 겪게 된다. 대기업과 중소기업의 경쟁에서 중소기업이 패할 수밖에 없다는 자본주의의 경제원리가 그대로 교회에서도 일어나는 것이다. 1970년대와 1980년대의 한국 교회의 성장을 주도한 교회들이 모두 맨션아파트 단지에서 대성했고, 강북에 있던 교회들이 앞을 다투어 강남으로 이전했으며, 미주 교포 교회들도 최근에 이르러 중산층 이상의 거주 지역에서 급성장하고 있음을 주시해야 한다. 그리고 한국의 대형 교회 중의 일부는 큰 자금을 가지고 방방곡곡에 지교회를 세워서 근처의 교회들을 위협하기에 이르렀다. 그런 반면에 도시의 빈민가나 농촌의 도시들은 죽어가고 있음도 기억해야 한다.

4. 계급화된 직분의 세속적 배분

담임목사가 신도들에게 제공해 줄 수 있는 가치 중에 중요한 것은 장로, 권사, 안수집사, 서리집사 등 교회의 직분이다. 직분을 수여하는 데 절차가 있기는 하지만 가장 결정적인 역할을 하는 사람은 담임목사이다. 교회의 직분이 신분이 아니라 기능일 뿐이라고 아무리 외쳐 보았자 공허할 수밖에 없다. 그것은 사회에서 그리고 교인들에게 이미 계급이고 신분으로 이해되기 때문이다. 그리고 목사님도 교회의 통솔을 위해서 직분의 안배를 아주 잘 이용하고 있기 때문이다. 직분의 계급화, 신분화는 직분을 얻기를 원하는 신도들이 목회자에게 잘 보여야 하는 당위성을 만들어 주기 때문에 목회자가 마다할 일은 아니다. 그리고 그 계서제의 가장 꼭대기에 담임목사의 자리가 놓이게 된다. 사람 위에 사람 없다고 학교에서 배웠는데, 교회만 오면 집사 위에 장로 있고 장로 위에 목사가 있음을 교인들은 곧 발견한다. 물론 이 직분의 안배에 신앙경력도 중요하지만 사회적·경제적 배경, 헌금 액수 그리고 담임목사에 대한 충성심이 고려 대상이 됨은 물론이다. 장로, 안수집사, 권사 등의 직분이 주어지면 임직식에 맞추어 교회에 선물을 하는 것은 아예 내놓고 하는 통례가 되어 있으며,

심지어는 물밑 거래가 있다는 것도 종종 인구에 회자되고 있다.

5. 교회의 투자

교회는 이렇다 할 물질적인 보상을 안 해 주면서 돈을 바치라고 요구하는 몇 안 되는 기관 중의 하나이다. 물론 교인들의 영적 혹은 정신적 만족감을 준다는 것이 피 말리게 어려운 일이지만. 교인들은 자기가 바친 돈이 이윤을 창조해 그들에게 물질적으로 돌아오기를 바라는 것은 아니다. 그리고 교회는 소득의 10분의 1을 바치라는 가이드라인까지 제공해 주고 있다. 이렇다 할 물질적 혜택도 안 주면서 소득의 일할을 내놓으라고 당당히 요구할 수 있는 다른 기관이 있겠는가? 그래서 교회가 어느 정도 규모가 되면 여유 자금이 있기 마련이고, 그 자금을 쓸 창구를 찾아야 한다. 유휴 자금이 있으면 당연히 투자를 해야 하는 것이 세상의 경제 논리이다. 그리고 교회 역시 이 세상의 논리에 편승하고 있다.

부동산 투자가 세상에서 기승을 부리던 1970년대와 1980년대에 교회가 성전 건축 대지, 교회 장지 혹은 기도원 부지라는 명분으로 얼마나 많은 부동산 투자를 하였는가? 그리고 이런저런 이유에서 그 법적인 소유주가 교회뿐만 아니라 담임목사와 목사의 가족일 경우가 얼마나 많았는가? 그리고 그것은 교회뿐만 아니라 대형 패라처치들도 마찬가지였다. 한국의 어려운 부동산 관계 법령은 부동산 투자에 있어서 수많은 편법을 성행하게 만들었다. 그래서 기독교 지도자나 그들의 가족은 실질적으로 이사를 가지도 않았으면서 주민등록을 몇 번씩 바꾸기도 한다. 교회 부지나 묘지로 사둔 땅에 건축 허가를 따내기 위해 갖가지 비정상적인 방법들을 동원해야 한다.

어디 투자되어야 할 곳이 부동산뿐이겠는가? 이제 빌딩을 지어 그 빌

딩에서 백화점을 운영하는 교회까지 나왔고, 그 백화점의 사장이 담임목사의 아들이라는 소식까지 들린다. 어떤 교회는 일간신문을 창간했고, 그 신문사는 교인들의 헌금으로 설립되었다는 것이 다 알려진 사실인데도 신문사와 사옥의 법적 소유주는 총수 목사님과 그의 가족들이라고 한다. 그리고 이 총수의 아들이 운영하는 그 신문사에서 옐로우 페이퍼나 다름없는 스포츠신문을 발행한다고 하니 한국 교회의 상업화도 이제 갈 때까지 갔다는 느낌을 받는다.

6. 성직자의 이름 내기

교회에서의 위치를 확고하게 한 목사들은 자기 교회뿐만 아니라 교계에서 인정받고 싶어한다. 우선 교단에서 지도적인 위치를 따내기 위해서 경쟁한다. 교단 총회장 선거에서 돈이 뿌려지고 있다는 사실은 이제 쉬쉬할 비밀도 아니지 않는가? 교단 내에서의 직분은 단순한 신분만을 이야기 하는 것이 아니라 가치의 분배에 참여할 권력의 행사를 의미한다. 교단 예산의 집행, 교회 분규의 중재, 목사의 치리, 목사의 안수, 선교사의 파송, 각종 직분의 임명, 신학교의 운영 등에 영향력을 행사하게 된다. 그리고 교단의 지도자가 되면 그의 행동이 언론의 관심이 되고 대통령 등 고위층을 만날 수 있는 기회도 많아진다. 이른바 교단 정치가가 이렇게 탄생하는 것이다. 자리를 놓고 경쟁이 치열해지면 교단은 분열할 수밖에 없다. 자리는 한정되어 있는데 하고 싶은 사람은 많고, 감투에서 소외된 사람들은 나가서 딴 살림을 차리게 되는 것이다.

교회지도자가 교단 내에서만 감투를 원하는 것은 아니다. 교단 밖에서 갖가지 기독교 연합행사에, 그리고 사회활동에서 감투 쓰기를 좋아한다. 특히 언론의 관심을 끌 수 있는 자리일수록, 세상의 고위층을 만날 기회가 많은 자리일수록 매력적이다. 왼손이 하는 것을 오른 손이 모르게 하고, 잔치에서는 낮은 자리에 앉으라는 예수님의 가르침은 이미 잊어버린 지 오래이다. 오죽하면 행사마다 공동 대회장이 수십 명씩 되겠는가?

목회자들이 좋아하는 것은 감투만이 아니다. 그들은 학위를, 그것도 박사 학위를 갖고 싶어한다. 그중에서도 외국 박사가 더욱 매력적이다. 그러나 그들의 지적 성실성, 언어실력, 신학적 바탕 그리고 가용한 시간을 생각할 때 정상적인 방법으로는 그 학위의 취득이 불가능한 경우가 많다. 불가능한 것을 가능하게 해 주는 학원 브로커들이 교계를 헤집고 다닌다. 신학박사, 목회학박사 학위논문 대필업이 버젓한 직업이 되어 나오고, 무허가 외국 대학 분교라는 불법 기관들이 나타나게 되었다. 물론 그 고객은 목사님들이다. 신학박사 중에 가짜 박사가 가장 많은 것은 이미 잘 알려진 사실이다. 이제는 버젓한 외국 신학교가 재정난에 쪼들리다 못해 한국어로 가르치는 박사학위 계절학교 프로그램도 나왔다고 한다. 1년에 몇 주만 그 학교에 가서 한국어로, 혹은 한국어 통역을 통해 강의를 받고 본국에 와서 한국어로 논문을 써내면 박사학위를 주는 프로그램이다. 바야흐로 신학박사, 목회학박사 홍수 시대를 만난 것이다. 장시간의 시간과 엄청난 노력 그리고 가족의 희생을 감수하고 학위를 위해 정진하는 학도들이 보면 가슴을 칠 일이다. 그러나 그것이 지금 일어나고 있는 사실이다.

목회자들은 또 책 내는 것을 엄청 좋아한다. 그러나 그들은 대부분 진지한 집필을 해낼 탐구정신도, 지적 성실성도, 또 가용한 시간도 없다. 그래서 자신의 설교 테이프 혹은 성경강해 테이프를 기초로 원고를 써 줄 것을 남에게 부탁하곤 한다. 1년에 책을 대여섯 권씩 출판하는 목회자도 있다. 기독교 서적 중에서 설교집 혹은 성경강해집이 가장 많은 것이 그런 연유에서이다. 심한 경우에는 테이프도 없이 집필을 그냥 의뢰하는 경우도 있다. 그리고 나서 자기 책을 베스트셀러가 되게 하기 위해 갖은 방법을 다 사용한다. 신음도 고뇌도 연구도 없이 쉽게 쓰인 책들이 기독교 서점을 채우고 있다. 실상 저자들은 독자들에게 책의 내용을 전달해야겠다는 것보다 그저 저자이고 싶다는 욕망에서 책을 출판하고 있는 것이다. 그들은 이름을 팔려고 하는 것이다. 스타이기를 원하기 때문이다.

이미 권력과 신분과 명성을 확보한 이른바 기득권자들의 기득권에 대한 집착은 당대에서 끝나지 않는다. 그들은 그 영향력이 은퇴 후에도 지속되기를 원하고, 특히 아들이나 사위가 교역자가 된 경우에는 그들에게 물려주기를 원한다. 아들이 교역자가 되지 못한 경우에는 교회의 투자자로서의 위치를 최대로 사용해 교회 투자 기관을 아들이나 사위에게 물려주려고 하고 있다. 이제 교회는 목회자의 사유물처럼 취급되고 대형 교회의 담임목사는 재벌의 총수와 다를 바 없는 행태를 보이게 되었다.

7. 교인 유치 경쟁

교회의 상업주의적인 요소가 가장 치열하게 나타나는 것은 교인 유치 경쟁에서이다. 교회마다 이른바 전도상을 만들어, 상품으로 텔레비전 수상기도 주고 비디오 카메라도 주고 있는데, 그 심사 기준은 몇 사람을 교회로 데려와 등록시켰는가 하는 것이지 믿지 않는 사람을 몇 명 개종시켰는가 하는 것이 아니다. 특히 요즘처럼 기독교인 수가 전반적으로 감소하고 있는 상황에서 교회 성장은 실제로 다른 교회에서 이적해 오는 사람으로 이루어진다. 물론 교회를 옮겨 오는 사람들에게도 옮기는 이유가 있고, 교회는 마땅히 그런 사람들도 반가이 맞아서 돌보아야 하겠지만, 그들로 하여금 교회를 옮기도록 권고하는 것은 그리 윤리적이지 못하고 그런 행위는 결코 전도가 아니다. 그래서 오늘날 교회에서 주는 전도상은 전도상이 아니라 교인유치상이다.

상당히 많은 교회들이 아직도 실시하고 있는 총동원주일이라는 것도 마찬가지이다. 몇 명씩 데려 올 것이냐고 교인들에게 다짐을 하니까 그들은 멀쩡히 남의 교회에 다니는 사람들에게 하루만 우리 교회에 와달라고 사정을 한다. 어떤 대학 교수는 버스를 동원해 자기 강의 듣는 학생들을 모두 데려왔다고 한다. 이 총동원주일에 교회를 방문하는 사람들에게 선물을 하는데 심한 경우에는 백화점 상품권이 등장하기까지 한다고 한다. 이쯤 되면 교인들은 세일즈맨이고, 선물은 판촉물이고, 전도상은 세일즈 보너스가 되어 버린다.

그리고 교회는 인원 동원을 위해서 많은 사례비를 주고 서상의 스타 혹은 유명 인사들을 그들의 신앙이나 삶의 모습을 점검하는 것 없이 강단에 세운다. 한때 신학교를 다닌다고 하던 유행가수가 교회를 휩쓸고 다니더니, 이제는 교회도 안 나가고 밤무대에서 활약한다는 이야기는 우리를 슬프게 한다. 꿩 잡는 것이 매라고 무조건 사람만 모을 수 있다고 신앙강사가 될 수 있는가?

부흥회 역시 이 상업주의, 물량적 성장주의에 병들고 있다. 영적 부흥을 위한 집회로서 한국 교회의 아름다운 전통은 돈에 의한 부작용으로 병들고 있다. 옥한흠 목사의 말에 따르면, 부흥사와 담임목사가 함께 결탁하여 부흥회헌금을 나누어 먹는 묵계가 이루어지는 것도 드물지 않다고 한다.[6]

교회의 상업주의의 완성은 아마 교회 자체가 상거래의 품목으로 등장하게 되었다는 비극에서 확인 될 것이다. 교회를 두고 목사들 사이에 비밀 거래가 이루어지고, 교인들 머리수를 세어서 교회를 사고팔고 하는 것

---

6) 옥한흠, "한국 교회의 부흥회, 무엇이 문제인가", 이종윤 외 『한국 교회의 종교개혁』 엠마오, 1983. p. 97.

이 한국에서는 결코 이상한 일이 아니라고 한다. 이런 교회의 모습 앞에서 하나님 앞에 바로 서기를 원하는 자들이 설 자리가 없어지는 것은 당연한 일이다. 다닐 교회가 없다고 고백하는 신앙인들이 점점 늘어나고 있으며, 그래서 신앙생활을 포기했다는 인사들도 상당수 있다.

IV. 여과 장치의 마비

성직자는 신앙공동체와 세속 사회를 구별해 주는 보호막이자, 세속의 물결이 거룩해야 할 종교 집단으로 들어오는 것을 정화시키는 여과장치이다. 가톨릭 사회에서 수도원, 성직자의 결혼 금지, 그리고 불교에서의 수도생활과 비구승의 결혼 금지 등이 모두 이러한 목적으로 만들어졌음을 기억해야 한다. 세상 가치와는 다른 가치로 무장된 수도자들이 신앙공동체의 문 앞에서 세상 물결의 수문장 역할을 하여야 하는 것이다.

그런데 성직자들이 앞서서 상업주의의 화신이 되었을 때 교회가 스스로를 지킬 수 있기는 여간 힘든 것이 아니다. 앞서 지적한 대로 성직자들의 타락은 교회의 양적 성장에 대한 욕구, 스스로의 신분 상승에 대한 욕구, 권력 확보의 욕구, 지명도를 높이고자 하는 욕구, 물질적 자원의 확보에 대한 욕구, 추종자들을 거느리고자 하는 욕구 등 모든 인간이 갖고 있는 욕구에서 나오고, 이것이 상품화·계급화 되어 있는 사회 구조와 맞물려서 상승작용을 하면서 터져 나온다. 결국 목사들 자신의 수양을 위한 각고의 노력만이 궁극적 해결책이라고 말할 수 있다. 그러나 성직자 양성 기관, 선임 제도 혹은 성직자의 행동을 점검하고 타락을 막아 주는 견제 기구가 제대로 역할을 한다면 성직자를 성직자답게 만드는 데 도움이 될 것이다.

교역자들의 타락은 이미 신학교에서 시작된다고 보아야 한다. 무인가 신학교들이 판을 치고, 다른 대학에서는 몇 십 년 전에 사라진 청강생 제도가 아직도 신학교에 버젓이 자리 잡고 있으며, 교수 임용에 금전이 오간다는 소문이 흘러나오고, 신학교의 운영권을 놓고 추잡한 싸움이 계속되고 있음을 우리는 보고 있지 않은가? 이런 풍토 속에서 소명이 없는 학생들이 신학교에 들어오고, 학교에서도 윤리적 무장을 시키는 데 이렇다 할 신경을 쓰지 않고 있는 교육 제도도 문제인 것이다. 특히 요즈음에는 신학생들까지도 커닝을 한다고 하니 기막힌 일이다. 한국의 개신교는 질 좋은 교역자를 생산하는 데 절대적으로 실패했다고 고백해야 할 것이다.

신학교 졸업 후에 전도사, 강도사를 거쳐 목사에 이르는 목사임용 과정 역시 교권을 쥔 지도자들의 입김으로 자격 미달의 인사가 목사 안수를 받는 경우가 허다하다 하며, 특히 후보자의 윤리적 성결을 평가할 수 있는 절차가 절대적으로 부족하다고 한다.

또 교역자들은 담임목사가 되기 전에 대충 전도사, 강도사, 부목사의 자리를 거쳐서 담임목사가 된다. 상업주의의 화신이 된 대형 교회의 부목사 자리일수록 인기가 있다. 교역자들은 이미 부교역자일 때 혹은 그 이전부터 교역자 중심주의, 당회장 절대주의, 성장제일주의의 이데올로기와 방법을 자기도 모르는 사이에 익히게 된다. 그리고 이들은 대교회 당회장 혹은 교단 실력자들에게 잘 보여야만 교계에서 출세할 수 있다는 것을 철저하게 익힌다. 한편 이미 교권을 확보하고 있는 거물 목사들은 자기에게 충성을 보이는 자들만을 스타로 만들어 줄 수 있다는 인상을 흘리며 다닌다. 그래서 스타가 되기를 꿈꾸는 젊은 교역자들은 자기들을 스타로 만들어 줄 기성의 스타들을 모방하고 그들에게 아부하기 위해 안달을 한다. 이래서 교역자의 부패는 꼬리를 물고 악순환을 거듭하면서 개선될 기미를 전혀 보이지 않고 있는 것이 오늘날의 현실이다.

교역자들의 재교육 역시 윤리교육 등으로 교역자들의 아픈 데를 찌르기보다는, 새로운 신학 풍조의 소개나 교회 성장의 사례 또는 테크닉을 가르치는 것이 대부분이고, 특히 요즈음에는 교역자들을 쉽게 하고 위로하는 데 더 치중을 두다 보니 윤리적 거름장치는 제대로 제공되지 않는다고 보아야 할 것이다.

교역자의 비리가 문제되었을 때도 교단은 그 치리에 있어서 단호하지도 공정하지도 못한 모습을 보인다. 물론 정실이 오가고 큰 교회의 눈치를 보고 또 교단 실력자의 눈에 잘못 보이면 이렇다 할 비리가 없을 때도 징계의 대상이 되기까지 한다고 한다. 교단의 실력자나 대형 교회의 목사가 윤리적 비리를 저질러 문제가 되었을 때, 대부분 교단은 문제가 된 목사를 꾸짖기보다는 보호하는 방향으로 행동하는 것을 우리는 흔히 보고 있다. 그러므로 교단은 지금 성직자의 부패를 방지해 줄 수 있는 아무런 역할을 하지 못한다고 보아야 한다. 아니 교단이 교회의 부패를 유인하는 요소를 제공해 주고 있다고 해야 정직한 표현일 것이다.

그래서 성직자의 부패를 막아 줄 수 있는 유일한 집단은 평신도 집단이라고 보아야 한다. 성직자가 평신도의 부패를 막아 주는 안전장치여야 한다고 이 논문의 서두에서 말했지만, 불행하게도 우리는 평신도가 나설 수 없는 현실에 처해 있다. 현재 한국 교회는 구조적으로 교역자 중심, 특히 당회장 중심으로 움직이고 있고, 그런 가운데서 교회 밖의 부패한 사회에서 생업을 이루어야 하는 평신도들이 교역자의 도덕화 작업에 필요한 영적, 윤리적, 인적, 물질적 에너지를 동원한다는 것은 아직도 요원한 숙제로 남아 있다.

그래서 우리는 한국의 교회를 부패하지 않게 만들어 줄 수 있는 여과장치로서의 성직자가 거의 기능을 못하고 있다고 진단하며, 성직자들의 부패를 막아 줄 수 있는 장치도 제대로 작동하지 못하고 있다는 판단을 내리게 된다.

V. 맺음말

기독교가 한국에 들어온 이래, 전통가치와의 대립으로 인해 핍박과 기피 혹은 혐오의 대상이 되어 본 적은 있어도, 지금처럼 교회 자체가 특히 성직자가 멸시의 대상이 되어 본 적은 없었다. 그리고 한국 교회의 부패 의존적 상업주의는 구조적일 뿐만 아니라 체계를 이루고 있다고 진단할 수밖에 없다. 특히 그 부패 체계의 중심을 이루고 있는 성직자의 부패는 신학교, 목사 선발, 목사 재교육, 교단의 역할, 교회의 구조 등 교계의 모든 문제들과 맞물려 간단한 수술로 해결될 수 없게 되어 있다. 무슨 뾰족한 해결책이 있겠는가?

사실 한국 교회 개혁의 문제가 어제 오늘 제기된 새로운 문제는 결코 아니다. 일찍이 1950년대에 함석헌 선생이 한국 교회는 무엇을 하고 있느냐고 사자후를 터뜨린 이래로 계속 제기되어 온 문제이다. 그러나 한국의 크리스천들이 뾰족한 수가 없다고 구경만 하면서 그래도 교회는 성장하지 않느냐고 낙관하고 있는 동안 교회의 부패는 극에 달했고, 이제 교회는 사회의 존경과 신뢰를 잃어버린 차원을 넘어, 많은 교인들이 교회의 총체적 부패를 개탄하면서 교회를 떠나고 있어 교인 수가 급속도로 줄어들고 있는 위기를 만나게 되었다. 한국 교회는 뾰족한 수가 없으면서도 이제 구경만 할 수도 없는 어려운 상황을 만나고 있는 것이다.

그러나 한국 교회의 문제가 곪을 때까지 곪았다는 사실을 많은 사람들이 공감하고 있다는 것은 한국 교회 개혁의 희망의 근거가 되고 있다고 말할 수 있다. 우선 기독교윤리실천운동이나 교회 개혁연대 같은 시민단체들이 나타났고, 《뉴스앤조이》 같은 교회 개혁을 위한 인터넷신문이 등장하였으며, 여기저기서 한국 교회 개혁 선언이 나오고 있다. 또 평신도 교회운동 혹은 셀처치운동(cell church movement) 등 대안교회운동들이 나타나고 있는 것은 고무적인 일이다. 기독교시민운동, 대안교회운동 등이 한국 교회의 새로움을 위한 견인차 역할을 해 줄 것이 분명하지만, 동시에 기존 교회 내에서도 교회를 개혁해야 한다는 운동이 일어나서 이미 나타난 시민운동, 새교회운동과 연대를 이루어야 한다.

그러기 위해서 이미 앞서 지적한 신학교 교육, 목사 선발 과정, 목사 재교육, 교단의 구조와 역할, 교단과 교회의 구조 등 모든 부문에 있어서 문제점들이 구체적으로 지적되고 개혁의 노력들이 다발적으로 일어나야 한다. 특히 성직자의 부패 해결을 위해서는 평신도의 역할이 결정적일 수밖에 없는 바, 교회마다 뜻있는 평신도들이 뭉쳐서 그 영향력을 높이고 교회가 잘못 갈 때 호각을 힘껏 불고, 목사들의 전유물로만 여겨지던 신학교나 교단에까지 평신도들이 외치는 교회 개혁의 목소리가 반영될 수 있도록 계속해서 외쳐 나아가야 할 것이다. 그러나 일차적인 목표로는 스스로 속해 있는 교회에서 집중화 되어 있는 목사의 권력을 평신도가 의미있는 참여를 할 수 있는 구조로 만들기까지 분산하여야 하고, 윤리적인 코드를 포함한 교회의 규칙을 만들어 지켜가도록 노력하며, 지켜지지 않을 때 눈을 부릅뜨고 항의할 수 있는 용기를 지니고, 자신들의 교회 개혁을 위한 노력이 교회를 허무는 것이 아니라 다시 세우는 노력임을 설득해 나아가야 한다고 생각한다. 어렵다고 하여 주저앉는 것은 예수님이 보여주신 치열한 삶의 스타일과 반대된다는 것을 자각하고, 교회의 개혁이 기독교의 위기앞에선 코리안 크리스천들이 짊어져야 할 제 일차적인 십자가임을 명심하여야 할 것이다.

– 박문규
(캘리포니아 인터내셔널대학 학장, LA 기독교윤리실천운동 공동대표)

5. 이민 사회의 윤리적 과제

 Ⅰ. 시작하는 말

미국 공인회계사협회 회장이었던 마빈 스트레이트(Marvin Strait)는 경제계 및 지역 사회 지도자들이 모인 자리에서 이렇게 말했다. "사람들은 신뢰할 수 있는 사람들과 같이 사업하기를 원합니다. 사업이 잘되도록 해 주는 것이 바로 신뢰(Trust)입니다. 그것은 시장경저 제도의 근본입니다."

일본인 이민 3세로서 조지메이스대학 교수로 있던 프랜시스 후쿠야마(Francis Fukuyama)는 그의 세계적인 명저인 『신뢰』(Trust)에서 문화가 경제에 미치는 영향력이 절대적이라고 분석했다. 후쿠야마의 주장에 따르면 "사회적 자본은 한 사회 또는 그 특정 부분에 신뢰가 정착되었을 때

생긴다."는 것이다. 그래서 어떤 조직이 윤리적 가치를 공유하는 공동체에서 기초할 때 가장 효율적이 될 수 있다는 것이다.

이러한 공동체는 사전에 합의된 도덕률이 그 집단의 구성원들에게 상호신뢰의 기초를 마련해 준다. 후쿠야마는 일본과 독일 경제의 공동체적 속성과 사업상의 신뢰관계를 높게 평가하고 있으며, 반대로 신뢰도가 낮은 한국과 중국 사회에 대해서는 혹독한 비판을 가하고 있다. 그의 분석 평가에 따르면 "미국 사회는 신뢰가 무너진 것 같지만 미국 사회의 전통이 개인주의적인 것만은 아니며, 여전히 공동체적 연대와 결속이 가능한 사회이므로 앞으로도 가장 발전 가능성이 높은 사회"라는 것이다.

신뢰란 어떤 공동체에서 그 공동체의 다른 구성원들이 보편적인 규범에 기초하여 규칙적이고 정직하며 서로 협동적인 행동을 할 것이라고 기대하는 것을 말한다. '신뢰'라고 하는 단어를 화두로 부각시키게 된 것은, 경제중심주의적인 이민 사회에서 사회 간접자본인 문화가 미치는 영향이, 사회도덕과 번영의 창조라는 면에서 상호관계가 있음을 강조하고 싶은 것이다. 비윤리적인 병폐 현상이 빚은 부도덕한 문화야말로 인성 계발뿐 아니라 경제 활동에도 막대한 영향을 미치기 때문이다.

II. 문제 제기

오늘 나는 '기독교윤리실천운동의 관점에서 이민 사회의 윤리적 과제'를 제기하고 싶다. 윤리는 올바른 습관에 근거를 둔 인간행동의 사회적 책임원리이다. 서양의 윤리는 일반적으로 '목적론적 윤리', '의무론적 윤리' 그리고 '책임적 윤리'의 세 범주로 구별할 수 있다.

추구하는 목표를 향한 자기실현을 목적으로 삼아 가치 체계를 설정하는 아리스토텔레스의 목적론적 윤리와, 행동의 결과보다는 행위자의 동기와 선을 강조하는 임마누엘 칸트의 의무론적 윤리, 그리고 서로의 관계에서 올바르게 응답할 것을 강조하는 라인홀드 니버(Reinhold Niebuhr: 20세기 미국의 대표적 기독교 사회윤리학자)의 책임론적 윤리로 구분한다. 기독교윤리실천운동은 니버가 주장하는 책임론적 윤리를 강조한다고 볼 수 있다. 그러므로 '책임적 자아(responsible self)'로서의 기독교 인들의 사회윤리적 사명을 인식하고 실천하는 것이 우리의 과제라고 할 수 있다. 그러한 관점에서 이민 사회를 분석해 볼 때, 이민사회의 윤리적 현 주소와 이민교회의 관계를 전제로 하면서 나는 세 가지 영역으로 함축해서 윤리적 과제를 제안하고자 한다.

첫째는, 개인적인 삶의 자세에 관한 것이며,

둘째는, 교회공동체의 도덕적 영향력 추구이며,

셋째는, 사회 부정의 한 구조적 모순과 제도에 대한 것이다.

III. 과제 제안

1. 개인적인 삶의 자세에 관하여

'도덕적 자아(moral self)'로서 한 개인은 '행동의 규범(norm)'을 필요로한다. 사랑은 기독교 윤리적 행동규범이다. 또 일반적으로 사회통념적인 윤리적 모형이라고 볼 수 있다. 기독교적인 면에서 이 사랑은 예수 그리스도의 십자가에서 나타난 희생적인 사랑(Agape)이다. 이 사랑은 인류가 개인적인 삶의 자세로 추구하는 온전한 윤리적 완성의 모습이다.

이 완전한 사랑에서 '하나님을 향한 사랑의 높이', '이웃에 대한 사랑의 넓이' 그리고 '자신에 대한 사랑의 깊이'가 조화를 이루게 된다. 그런데 이 온전한 사랑의 모형은 인류 역사상 단 한 번 실현된 십자가 사건에서 나타났다. 현실적으로는 불가능하다. 그 이유는 인간의 죄성과 사회 구조 악의 한계성 때문이다. 인간이 가지고 있는 타고난 죄의 성향과 그보다도 더 심각한 사회 구조의 죄악성 때문이다. 그러므로 개인적으로는 어느 정도 온전한 사랑을 실천할 수 있는 사람이 구조적인 사회악의 제도 앞에서는 속수무책이다. 이 온전한 희생적인 사랑의 삶은 현실 사회 속에서 불가능하게 된다. 그래서 이 사랑을 '불가능한 가능성(impossible possibility)'이라고 부른다. 사회 구조악의 모순이 윤리적 가치 기준으로서의 아가페적 사랑을 실천하는 데 한계를 주지만, 그래도 가능성을 찾아야 하기 때문에 '불가능한 가능성'이라고 부르게 된 것이다. 왜냐하면 이 사랑에 가장 근사한 '근사치적(approximate)'인 실천방안이 있기 때문이다. 니버는 그것을 '정의(justice)'라고 했다.

'정의'야말로 사랑을 가장 근접하게 실천할 수 있는 현실적인 방법이라는 것이다. 왜냐하면 정의는 그 구성 요소의 면에서 '자유(freedom)', '평등(equality)' 그리고 '질서(order)'의 원리를 수용하기 때문이라는 것이다. 정의야말로 사랑에 가장 가까운 실천방안이므로, 사랑의 동기를 정의의 방법으로 실현해야 한다. "사랑의 목표가 정의를 필요로 하고, 정의의 방법은 사랑을 목표로 해야 한다."는 명제가 정립되는 것이다.

우리 한인 사회의 구성원인 각 개인의 삶에 있어서 사랑을 추구하는 규범에서는 모두가 공감하지만, 그 규범을 사회적으로 실천하는 정의로운 삶에는 열정이 부족하다. 사랑을 지나치게 개인적이고 감성적으로 이해하면서, 전혀 정의롭지 못한 삶의 자세로 사랑의 목적을 추구한다. 사랑을 무의식적이고 감각적인 본능적 욕구로 충족하려고 하면서도, 사랑과는 대립되는 부정의한 방법을 정당화시키는 모순적인 삶을 살게 되는 것이다.

정의롭지 못한 방법으로 사랑을 정당화하는 비윤리적 행동은 공동체적이거나 공공적이지 않다. 심지어 교회에서조차도 사랑의 명목으로 불의한 일을 묵인하거나 수용하고 있다. 특히 한국인의 감정적인 성향 속에는 정의에 대한 이해와 실천의지가 부족하다. 그러므로 사랑과 정의에 대한 균형 잡힌 삶을 추구하는 책임적인 자아가 개인적인 삶의 과제이다.

2. 교회공동체의 도덕적 영향력 추구

아무래도 이민 사회의 중심에 선 교회는, 이민 사회의 비윤리적 병폐 현상에 대해서 그 책임을 모면할 수 없다. 좀더 솔직히 말하자면, 이민 사회의 부도덕한 사회 통념이나 불법적 관습에 대해서 교회가 양심적인 자기고백을 먼저 해야 한다. 최근 종교비자 신청이 대부분 불법한 내용으로 늘어난 것에 대해서 목회자들과 교회가 공개적으로 참회를 표명한 뉴욕 한인 사회의 경우가 바로 그 증거이다. 이민 교회의 신앙 양태는 모국에서 전이된 기복주의적 신앙생활로 인해서 고등 종교의 윤리성이 약화되었다. 물질적 안정과 번영을 추구하면서, 믿음과 행위를 분리하는 무속적인 신앙 차원에서 벗어나지 못한 신앙 형태가 하급 종교가 가지는 비윤리성의 문제점을 노출하게 되었다. 그 결과는 교회가 사회에 미치는 도덕적 영향력의 무기력이다. 사회의 비윤리적인 병폐 현상과 사회 규범의 혼란에 대해서 안내자 및 정화수의 역할을 해야 할 교회가 스스로 윤리적 기준으로서 정체성이 정립되지 못하고 있다면, 교회공동체 자체의 비윤리성을 먼저 점검해야 한다. 무척 조심스러운 과제이지만 나 자신의 주장이나 학자들의 견해를 의지하지 않고 성경적인 기반을 토대로 제안하려고 한다. 교회 안에서 모두가 인정하고 공감할 수 있는 방안이라고 생각되기 때문에 비기독교적인 면에서는 진부한 점도 있을 것이다.

먼저, 교회라고 하는 윤리적 모형을 섬기고 있는 목회자는 수단과 방법을 가리지 않는 비윤리적 목회의 요소를 배제하고 성경적 원칙에 입각해서, "하나님을 두려워하는"(출 1:15-22) 목회윤리적 기준을 확고히 지켜야한다. 목사와 교인들은 평신도지도자를 선출할 때 성경에서 근거한 신앙윤리적 기준에 입각해서 '하나님을 두려워하며 진실무망하며 불의한 이를 미워하는'(출 18:21) 사람으로 세우도록 훈련해야 할 것이다. 목회자나 평신도지도자가 함께 하나님을 두려워하는 마음으로 정직하고 진실되며 불의에 대해서 공의로운 의분을 품을 수 있어야 교회공동체가 윤리적인 자체 정화력을 가질 수 있다. 그 결과는 공동체 속에서 상호 간의 신뢰 형성과 대사회적인 도덕적 영향력 행사가 될 것이다. 이민 사회의 지도자들을 배출하고, 이민 사회의 자원을 응집하며, 이민 문화를 형성하는 데 음양으로 막대한 영향을 미치는 교회야말로 이민 사회의 윤리적 병폐 현상에 대해 그 책임과 사명이 있음은 누구도 부인할 수 없을 것이다. 이러한 이민 교회의 중대한 영향은 목회자와 평신도지도자 그리고 교회공동체 내의 문화가 주는 윤리적 가치 체계와 밀접한 관계가 있으므로 교회 스스로 윤리의식이 깨어 있어야 한다고 본다.

3. 사회 부정의 한 구조적 모순과 제도에 대한 도전

이 과제는 이민 사회에 제한된 것이 아니라, 우리가 살아가고 있는 미국 사회와 관련해서 말하고자 한다. 미국 사회는 다인종 사회이며 이민으로 형성되어 가는 사회이다. 소수민족의 인구 분포율은 점점 백인들을 추격해 가고 있으며, 소수인종 자체의 인구에 있어서도 히스패닉이 흑인을 앞서는 현상이 나타났다. 과거보다는 아시안들에 대한 문화적 이해와 공감대가 훨씬 나아지고 있다. 다인종 사회 속에서 산다는 것을 점점 더 실감하면서도 단일민족 문화에서 성장했던 1세 이민자들은, 자주 인종 간의 갈등 문제에 부딪치거나 도피하거나 외면하게 된다. 때떠로 열등의식과 우월의식을 느끼면서 한계 상황을 수용해 간다. 그러면서 2세들을 통하여 소수민족의 한과 꿈이 성취되기를 소원한다.

미국 사회가 가지고 있는 인종편견에 대한 구조적 모순과 제도적인 횡포에 대해서 체념한다. 때때로 감정적인 항거와 분노로써 지혜롭지 못하게 대처하다가 엉뚱한 오해와 피해를 입기도 한다. 현실 속에서 우리가 어떤 윤리적 행동을 해야 할 것인지는 함께 고민하지 않을 수 없는 끊이지 않는 질문이다. 나도 이 과제를 피해 가지 않으면서 좀더 이론적인 방법으로 접근해 보려고 한다. 그러면서 실제적인 당면 과제를 유출해 보도록 하겠다.

인종우월이나 열등의식이 되는 편견은 이성적이고 합리적인 논리에 근거한다기보다는 무비판적인 선입관에서 나온 감정적 티도에 근거한 것이다. 이러한 편견의식은 고정관념에서 나온 성숙되지 못한 태도라고 볼 수 있다. 이러한 편견이 인종 간에 자리 잡게 되면 서로를 '구별'하는 선 을 긋게 된다. 이 선이 고정화 되면서 제도적으로 굳어지면 '차별화'가 일어난다. 결국에 가서는 그 차별화가 '부당한 대우'를 가져오게 되는 것이다. 편견에 의한 개인적 행동이 사회 현상으로 나타나게 되면서부터 점점 사회 구조화 되어 종래에는 하나의 문화 현상으로 자리 잡게 된다. 마침내 '인종차별'이라고 하는 사회악이 하나의 문화 양태로 등장하게 된다.

그런데 이러한 문화 속에서 이루어지는 개인적인 심리 상태를 유의해서 보아야 한다. 심리학자들의 주장에 따르면, 이러한 인종차별의 문화 속에서 피해를 입은 개인은 특이한 심리적 반응을 나타내게 된다는 것이다. 정신분석가들은 설명하기를 한 개인이 '편견' 때문에 피해를 입으면,

정서적으로 '좌절감'을 느끼게 된다고 한다. 이러한 감정을 지닌 사람은 대체적으로 남에 대해서 '공격적'인 행동을 하게 되는데, 때때로 문제가 해결되지 않거나 만족을 느끼지 못할 경우는 '속죄 양'을 찾게 된다고 한다. 인종 간의 갈등, 특히 한·흑 갈등은 그러한 결과에서 나타난 현상이라고도 볼 수 있다. 이러한 이론이 인종차별의 문제에 당면하는 한인 이민 사회의 문제이해에 도움이 되기를 바란다.

마틴 루터 킹 목사(M. L. King, Jr.)는 비폭력이라는 방법을 통해서 이러한 인종차별의 사회악을 해결하고 사회정의를 추구하는 일에 앞장섰다. 그는 비폭력운동이 효과가 있으려면 4단계의 실현 과정을 겪어야 한다고 보고 참가자들을 훈련시켰다. 한인 이민 사회가 배워야 할 실제적 과제가 있다. 그의 4단계 정의실현 과정은 이렇다.

첫 단계로 부정의가 실재하고 있는지 정확한 사실에 근거하여 명확한 판단을 하고, 둘째 단계로 부정의가 있다는 것이 분명하면 정의를 추구하기 위하여 일차적으로 협상을 벌여야 하며, 셋째 단계로 협상이 원만치 못하거나 만족한 성과를 기대할 수 없을 때는 요구하는 이쪽에서 자신을 정당화할 수 있도록 더욱 순수화한 다음, 마지막 넷째 단계로 집단적인 행동을 할 것을 촉구했다. 그렇게 되면 결과적으로 이 집단행동을 통해서 부정의를 행하던 상대방이 새로운 단계의 협상을 위해서 문을 열어 놓기 때문에 그 전보다는 더 발전적 환경이 창조된다는 것이다. 한인 이민 사회는 셋째 단계의 과정을 무시하고 집단적 반론이나 행동을 하기 때문에 정당성을 잃어버려 역공을 당하기 쉽다. 한마디로 자기순수화의 단계가 필요한 윤리적 과제이다. 감정적인 임기응변적 대응보다는 이론적이고 객관적인 정의를 동반한 지속적인 전략을 세워야 효과적이다. 그 과정 속에서 무엇보다도 한인 이민 사회가 필요한 것은 자기정당화를 위한 윤리적 순수화 단계라고 본다.

Ⅳ. 맺음말

이것으로써 발제의 세 가지 윤리적 과제 제안이 끝났다. 세 가지 윤리적 제안을 다시 한번 반복하면, 개인적 삶으로서 사랑과 정의에 대한 균형 있는 자세, 이민 사회에 대한 도덕적 영향력을 추구하기 위한 교회공동체 스스로의 윤리적 물음, 그리고 사회 불의와 부정의에 대한 집단행동 이전의 순수화이다. 한인 이민 사회는 한국인의 고유한 심성과 소수민족의 소외 현상, 그리고 이민자들의 사회심리학적 특징들이 어울려 독특한 문화를 만들어 가고 있다. 100년의 역사를 축적했다고 하지만, 본격적인 이민 사회의 문화 형성은 30년이라는 한 세대를 보내고 새로운 세대를 맞으면서, 1세 이민자와 2세 이민자들의 지도력 이양(leadership transition)의 과도기에 접어들고 있다. 이러한 역사적 시점에서 윤리적으로 건강한 이민 사회, 도덕적으로 정의로운 이민 사회를 창달해 가는 일을 위해서 우리 스스로 정직한 사회인식과 실제적인 윤리과제를 실천함으로써 건강한 이민 문화를 형성할 수 있게 되기를 바란다. 그렇게 함으로써 우리 후손들에게 자랑스럽고 떳떳한 문화적 유산을 넘겨 줄 수 있을 것이다. 더 나아가서 다양한 이민 사회로 이루어진, 점점 다인종 사회로 구성되어 가는 미국에 문화적으로 공헌하며 활력을 주는 결과가 나타나기를 바란다.

– 배현찬
(주예수교회 담임목사, 워싱톤 기독교윤리실천운동 공동대표)

제4장

기독교윤리실천운동

호루라기

1. 호루라기 불기

요즘 미국 학계에서는 윤리와 관련하여 "호루라기 불기(whistle blowing)"라는 주제로 많은 논문이 발표되고 있다. 언제 호루라기를 부는가? 잘못된 것을 볼 때 호루라기를 불어야 한다는 것이다. '호루라기 불기'는 결국 양심의 외침이다. 그러나 참된 호루라기를 부는 많은 사람들에게는 고난이 따르게 된다. 한국의 독재정부 시절에 '호루라기 불기'를 한 많은 사람들이 끔찍한 고문을 당한 것을 우리는 안다. 그러나 그들의 희생이 초석이 되어 현재 한국에서는 그나마 미숙한 민주주의라도 유지할 수 있게 된 것이다. 대부분의 기독교인들은 신년 초에 공동회의나 제직회 등에 참여하여 본 경험이 있을 것이다. 사회자가 여러 안건을 말한 뒤에 "여러분 '가' 하시면 '예' 하십시오."라고 말하면 대다수의 회중은 내용을 확실히 알지도 못하면서 자동적으로 "예" 하고 대답한다. 그렇게 대답하는 교인들은 그러한 행동이 교회를 은혜스럽게 만든다고 생각한다. 아주 잘못된 생각이다. 교인들에게 확실한 내용도 알 기회를 주지 않는 한인 교회의 관행도 문제지만, 교인 스스로도 어떤 내용에 대해 자신들이 "예" 하고 있다는 것을 알려고 하지 않는 것도 문제이다. 이러니 교회가 바로 설 수가 없다.

최근 신문과 방송을 통하여, 클린턴 전 대통령이 사면에 관한 구설수로 곤욕을 치르고 있다는 것을 알 것이다. 많은 시민과 조직들이 잘못된 사면에 대하여 호루라기를 불 때, 다음 대통령들은 당연히 바른 사면을 위하여 노력하게 되고 국가가 바로 서게 되는 것이다.

옛날 동화에 나온 이야기이다. 임금님이 벌거벗었는데도 많은 신하들은 은혜스러운(?) 이야기하기만을 좋아하여 임금님 옷이 너무나 아름답다고 말하니, 이에 판단력이 혼돈된 임금님은 그러한 모습으로 바깥 나들이를 하게 되었다. 마침내 어린아이 하나가 임금님이 벌거벗었다고 소리쳤을 때, 그때서야 임금님은 자신이 옷을 입지 않았다는 사실을 깨달았으나 이미 엎질러진 물이었다.

필자는 한인 교회에서 회의에 참석할 때마다 그 동화가 생각난다. 무슨 은혜와 사랑이 그렇게 넘쳐흐르는지 말끝마다 사랑, 용서, 감사가 따른다. 필자의 경험에 따르면 이렇게 말하는 대부분의 사람들은 용서하여야 할 입장에 서면 결코 용서하지 않는다. 잘못된 것은 잘못되었다고 말하여야 한다. 이것은 예수님이 우리 기독교인들에게 주신 명령이다.

얼마 전 남가주 기독교교회협의회의 책임자가 한 발언이 생각난다. 후임자가 협의회의 남은 예산을 이월시켜 줄 것을 요구하였을 때, 그 책임자는 이때까지 관행으로 이월시켜 준 사례가 없다고 주장하였다. 필자의 상상을 초월하는 기발한 답변이었다. 협의회의 예산도 분명히 교인들의 피땀 어린 헌금일 텐데, 부패한 정치인들이 대답하기 곤란할 때나 사용하는 '관행'이라는 용어를 사용하니 한심한 생각이 든다. 이러한 잘못된 관행을 고치기 위하여 교인들은 호루라기를 힘차게 불어야 한다. 잘못된 것은 고치면서 용서와 사랑이 있어야 한다.

예수님의 '호루라기 불기'는 어떠하였는가? 천국이 가까웠으니 회개하라고 말씀하셨을 때, 십자가상의 고통이 따랐으나 그 죽음을 이기고 복음의 씨앗이 만방에 전해지게 되었다. 기독교인들도 말로만 하는 감사, 사랑, 용서는 그만하고 조용히 실천하면서 바른 소리를 외쳐야 할 것이다. 즉, 어린아이와 같이 임금님이 벌거벗었으면 벌거벗었다고 말하여야 한다. 그것이 바로 예수님의 '호루라기 불기'를 따르는 길일 것이다.

– 허성규
(캘리포니아주립대학 샌버나디노 회계학 교수,
LA 기독교윤리실천운동 실행위원)

2. 평신도여, 호루라기를 불어라

한국 교회 혹은 이민 교회에 대해 절망하다가 그래도 최근 한 가닥 희망의 근거를 찾는 근거는, 교회 개혁을 외치는 소리가 여기저기에서 들리기 때문이다. 내가 섬기고 있는 기독교윤리실천운동도 건강교회운동에 적극적이지만, 더 급진적인 사람들은 한국에서 교회개혁시민연대를 결성하였고, 교회 개혁을 위한 인터넷신문(www.newsnjoy.co.kr)도 나오는 등 뜻있는 크리스천의 상당수가 교회 개혁을 위해 발 벗고 나서서, 교회세습반대, 투명재정운동, 교단선거정화운동, 교회에 바른정관써주기운동 등을 벌이고 있다.

한국 교회의 위기는 한마디로 교회가 교회 같지 않게 운영되고 있기 때문에 생긴 것이다. 교회가 교회 같지 않다는 것은 교회가 양적 팽창을 위해서 성경적으로 혹은 윤리적으로 해서는 안 될 일들을 하고 있으며, 운영에 있어서도 비성경적, 비도덕적, 불법적인 일들이 많다는 말이다. 그리고 이러한 교회 운영의 한 가운데는 담임목사가 있다. 대부분의 한국 교회에 있어서 교회의 권력은 담임목사에게 철저하게 집중되어 있다. 그러다 보니 목사가 바뀌지 않고는 교회 개혁은 헛구호에 지나지 않는다. 그러나 교회 개혁에 있어서 교역자들이 앞장서 주기를 기대하는 것은 산에 가서 고기를 구하는 것 같다는 느낌이 든다.

기독교윤리실천운동이 매회 개최하는 건강교회포럼에도 발제자나 토론자로 목사님을 모시기가 그렇게 힘이 든다. 교회 개혁을 위해 논문집을 하나 내려고 계획하고 있는데 '교단정치'와 '신학교 문제'라는 두 개의 핵심적인 문제를 용기 있게 다루어 줄 목사님을 구하지 못해 아직 책을 내지 못하고 있다.

모두들 그런 일을 교계에 몸담고 있는 교역자가 하기는 힘들다고 말한다. 자신에게 이득이 되지 않는 일에 끼어들어 교계에서 미운털이 박힐 것을 두려워하고 있음은 뻔한 일이다.

그래서 교회 개혁을 생각하면 힘없는 평신도들을 생각할 수밖에 없다. 평신도 하나하나가 자기 교회가 영적으로 그리고 윤리적으로 옳게 서려면 어떻게 하여야 하는지를 고민해야 한다. 이것은 교회 내의 분파나 분란의 조성이 아니라 교회를 위한 충정임을 명확히 하고 힘을 모아 교회 개혁을 위해 힘차게 호각을 불어야 한다. 우리의 무행동이야말로 우리를 모두 영적 침몰로 몰고 가는 자살행위임을 깨달아야 할 때이다.

– 박문규

(캘리포니아 인터내셔널대학 학장, LA 기독교윤리실천운동 공동대표)

3. 우리는 왜 기독교윤리실천운동을 하는가

'기윤실 호루라기' 이름으로 칼럼을 실어온 지 벌써 1년이 되었다. 지난 1년간 우리는 이 칼럼을 게재하는 과정에서 때로는 외부로부터 작은 칭찬도 받았지만 한편 거부 반응도 있었다. 그러나 이 모두는 우리에게 좋은 교훈과 격려가 되었다고 생각한다.

좀 늦었지만 우리가 왜 기독교윤리실천운동을 하게 되었는지에 대해서 그 동기와 목적 그리고 해온 일들을 간략하게 적어 보려고 한다. 기독교윤리실천운동은 한국에서는 1987년에, 미국 LA에서는 1993년에 시작되었다. 목적은 오늘을 사는 그리스도인들이 하나님의 말씀인 성경의 생활원리를 따라 바르게 살아서 어두운 세상에 빛과 소금이 되고자 하는 데 있다.

이 운동의 성경적 기초는 베드로전서 2장 9절 "오직 너희는 택하신 족속이요 왕같은 제사장들이요 거룩한나라요 그의 소유된 백성이니 이는 너희를 어두운데서 불러내어 그의 기이한 빛에 들어가게 하신자의 아름다운 덕을 선전하게 하심이라"는 말씀이다. 우리 그리스도인들은 하나님의 은혜로 죄에서 구속받아 천국 시민이 된 사람들이다. 그러므로 우리는 이 땅의 시민으로서도 의무를 다하며, 이 시대의 풍조에 물들지 말고 바르고 성결하게 살아야 한다. 그러나 오늘날 크리스천들의 삶의 모습은 남의 본이 되지 못하고 교회 또한 사회에 대하여 선한 영향을 주지 못하며 때론 이기주의와 비윤리적 행위가 사회의 빈축을 사기까지 한다. 윤리적 행위가 우리의 영혼을 구원하지는 못한다는 것을 잘 알고 있다. 그럼에도 그리스도인의 삶은 도덕적이어야 한다는 인식이 우리로 하여금 어쩌면 분수에 넘치는 기독교윤리실천운동을 하게 한 것이다.

이를 위하여 그동안 우리가 해온 운동은 대강 다음과 같은 것들이다.

첫째로 개인적으로는 신앙을 생활화해서 정직하고 검소하게 나누며 사는 운동이고, 둘째는 기복, 물량, 개교회 성장주의에 빠진 교회를 바로 세워 건강하게 하는 운동이며, 셋째는 부패해 가는 미국과 한인 사회를 정의로운 사회로 만들기 위한 기독교적 시민운동이다.

LA 기윤실은 10년의 연륜을 쌓아 왔다. 그런데 되돌아보면 우리가 남긴 발자취는 너무나도 희미하고, 뜻은 있었으나 역부족으로 무엇 하나 제대로 못한 것 같은 아쉬움이 많다. 굳이 한 가지 일이라도 내세우라면 이웃사랑 나눔운동으로 해 오고 있는 북한 어린이와 농민들을 위한 '사랑의 빵 나누기'와 '젖염소 보내기 운동' 정도라고 할까!

그러나 앞으로도 우리는 이 운동을 계속해야 한다. 그러기 위해서는 더 많은 의식 있는 평신도 동지들이 필요하다. 그리고 우리가 하는 일에 관심을 갖는 교회와 우호적인 목사님들의 협조와 지도 편달이 요청된다. 우리는 더 겸손하고 섬기는 자세로 나아갈 것이다.

– 유용석
(나성성결교회 원로장로, LA 기독교윤리실천운동 공동대표)

1. 한국 교회의 갱신을 위하여

나는 한국 교회 혹은 이민 교회에 대해 절망한다. 그 이유는 한인 교회가 머리끝부터 발끝까지 병들어 있다는 내 판단에서 기인한다. 병의 원인은 지극히 구조적이다. 치유 가능할 것 같은 느낌이 들지 않는다. 어디서부터 치유할 수 있을까 하는 것도 전혀 감이 잡히지 않는다. 교회 개혁을 이야기하기보다는 아예 판을 새로 짜자고 이야기해야 하는 것이 아닐까 하는 생각도 든다. 수술이 가능한 시기가 지났다는 느낌이 자꾸 들기 때문이다. 그러나 여전히 치유를 이야기할 수밖에 없음은 첫째, 교회가 병들었음이 하나님이 병들었음을 이야기하는 것이 아니기 때문이요, 둘째, 교회가 썩었다고 신앙을 포기할 수 없기 때문이다. 이것이 이 절망스러운 상황 앞에서 희망을 갖는, 아니 가져야 하는 근거이다.

교회의 문제는 구조적이기 때문에 구태여 책임을 물으면 교인 모두에게 물어야 한다. 그러나 그 교인들의 가장 중심에 교역자 그것도 담임목사가 있고, 이것은 특히 한인교회에서 그렇다. 그런데 교역자들의 영적, 도덕적 그리고 지적인 자질에 심각한 문제가 있다. 한국 교회는 질 좋은 교역자를 양성하는 작업에 절대적으로 실패했다. 이것은 신학교 교육의 문제 그리고 목사 안수의 절차 문제에서 일차적으로 연유한다고 하겠다. 신학교 교육의 질 높이기 운동이라도 벌려야 할 판이다. 아니면 자기 목사님이 어떤 신학교에서 공부하였고 어떤 절차로 목사가 되었느냐 하는 것을 평신도들이 점검하여야 한다. 은혜롭지 못한 짓이라고 피하지 말아야 한다. 이 은혜롭지 못한 일을 은혜롭게 감당하는 일이 한인교회의 교역자의 질을 높이고 교회의 건강을 회복시키는 일이라고 나는 믿는다.

그러나 일류 신학교를 졸업하고 어려운 절차를 통해 목사가 되었다는 것이 영적으로 혹은 도덕적으로 훌륭한 교역자가 됨을 보장해 주는 것은 아니다. 도덕적 타락으로 인해 많은 문제를 일으키는 교역자들 가운데 좋은 학벌을 자랑하는 이들이 얼마나 많은가? 이들이 부패하는 이유 중에 하나는 이들이 누리는 교회의 권력이 전혀 견제되지 않는 데 있다. 다시 말해 교회 내의 권력이 당회장 하나에게 집중되어 있을 때 담임목사는 긴장이 풀려서 영적·윤리적으로 해이해지기 쉽다는 것이다. 그래서 담임목사의 권력을 통제할 수 있는 잘 정돈되고 문서화 된 규범과 그 권력을 억제할 수 있는 평신도 기구가 제대로 역할을 하여야만 한다. 이렇게 해서 교회 운영에 긴장을 초대하여야 한다. 어차피 예수 믿는 작업은 긴장된 작업이고 성직은 긴장 속에서만 수행될 수 있는 직업이다.

교회의 권력이 분산되어 교회에 평신도지도자의 영향력이 더 세어진다고 해서 교회의 문제가 곧 해결되는 것은 아니다. 오히려 교회가 해야 하는 고유 업무는 팽개치고 비생산적인 회의를 하는데 만 어마어마한 시간을 소비할 뿐 아니라, 자칫 잘못하면 분규에 휩싸일 가능성도 높아진다. 그러나 그러한 진통기가 필요하다면 두려워하지 말아야 한다고 나는 생각한다. 그리고 평신도지도자 선발 기준을 공정하고도 엄격하게 하고 무엇보다도 평신도의 자질을 높이는 데 교회 전체가 전력을 기울여야 한다고 믿는다.

교역자들의 자질이 향상되고 혹은 교회 내의 권력 구조가 분산된다고 해서 교회가 건강해진다는 보장도 사실상 없다. 머리 좋은 목사와 뜻을 같이 하는 평신도들이 하나가 되어서 집단이기주의의 확신이 될 수 있는 가능성은 얼마든지 있다. 단위 교회의 성장이 항상 그리스도의 이익을 대변하는 것도 아니다. 그래서 교회의 양적 성장을 위해서는 무엇을 해도 좋다는 윤리적 불감증이나 교역자나 교회지도자의 위상을 그들 교회의 크기로 평가하려는 사회의 통념은 모두 극복되어야 한다. 이 점을 명백히 하기 위해서 신학교의 교육이 바로서야 하고, 바른 목회관을 갖고 있는 자만 안수 받아야 한다. 그리고 교회 권력이 분산되어 교인들은 성장제일주의에서 탈피하도록 서로서로 충고하고 일깨워 주어야 한다. 그래서 교회가 이제는 집단이기주의에서 탈피하여, 이웃에게 그리스도의 사랑을 나누어 주는 교회로 다시 서고 사회의 존경을 되찾아야 할 때이다.

– 박문규
(캘리포니아 인터내셔널대학 학장, LA 기독교윤리실천운동 공동대표)

2. 건강 교회 만들기

학생 시절 한 부흥사가 강단에서 "교회는 민주주의가 아니라 신본주의"라고 외치며 "하나님의 뜻을 대신하는 담임목사님을 잘 따르는 것이 신본주의"라고 가르치는 것을 본 적이 있다. 당시나는 그렇다면 그 부흥사가 목이 쉬도록 강조하는 신본주의는 왜 학교에서 배운 민주주의만도 못한가 하는 의문이 들었다. 남가주의 어느 목회자는 "교회 안에 제직회, 당회 같은 것을 두면 교회 운영에 방해만 된다며당회, 제직회 없이도 교회가 잘만 운영되고 있다."고 자랑하며 "교회는신본주의이니 민주적인 절차는 필요 없다."고 했다고 한다.

한 교인은 자신의 교회를 보면 무슨 '독재소공화국' 같다는 하소연을한다. 목회자의 전횡을 보고 있노라면 마치 지난 날 군사독재 시절이 연상된다고 했다. 교회 재정의 흐름이 불투명하고, 교회 운영의 주요 정책도 담임목사가 혼자 결정하며 때론 즉흥적인 발상이 교회 전체의 흐름을좌우한다는 것이다. 심지어 자신과 뜻을 달리하는 사람들은 다른 교회를 찾아가도 상관없다고까지 했다고 한다. 한국에서 선교단체를 섬기다 1년 전 이민 온 한 성도는 설교 듣기가 부담스럽다고 했다. 1년 내내 물질의 축복만을 강조하다 못해, "미국까지 와서 부자가 되지 못하면 하나님의 축복을 받지 못한 자"라는 거침없는 표현 앞에 이제는 제발 성경적 설교라도 좀 해달라는 청원을 해야겠다는 것이다. 미국생활 20년을 넘긴 한인 한 분은 오랜만에 동부에서 만난 지인에게 교회의 문제를 이야기하다 "아직도 한인 교회에 출석하세요?"라는 질문을 받았다고 한다.

그들의 이야기에는 단지 교회에 대한 불만과 비난의 볼멘소리라는 느낌보다는 너무도 안타까운 교회 현실에 대한 고민과 바람직한 교회상에 대한 작은 바람이 담겨 있었다.

LA 기윤실이 건강한 교회를 꿈꾸며 종교개혁 주간을 맞아 '건강 교회 체크리스트'를 발표했다. 어찌 보면 지극히 상식적인 항목들을 담고 있는 이 표를 보고 있노라면, 그동안 교회 안에서 얼마나 비상식적인 일들이 벌어져 왔는지를 반성하지 않을 수 없다.

"사회법 준수와 법 앞에서의 정직", "합리적인 의사결정", "투명한 교회 운영", "재정운영의 투명성", "예배와 설교", "교회의 사회적 관심", "교육과선교" 등의 7개 주제에 담긴 38가지의 항목들은 우리 스스로 우리 교회에 관심을 두었는가 하는 자문과 함께 건강한 교회를 이루기 위한 문제의식을 던져 준다. 작은 질문지 하나가 교회의 변혁을 이룰 수는 없겠지만 작은 인식의 변화로 시작되는 시각의 올바른 교정은 교회의 건강성을 위한 교회 개혁의 불씨가 될 수 있을 것이다.

요즘은 건강한 교회 모습이 화제가 되는 세상이다. 이 땅에 건강한 교회가 가득할 수 있도록 성도들의 참여와 관심이 그 어느 때보다 절실하다.

– 전종천
(미주 《크리스찬투데이》 취재부장, LA 기독교윤리실천운동 실행위원)

3. 교단주의와 신학 교육

교회의 지도자를 양성하는 신학 교육이 저질화되고 상업화 되었다는 사실은 교회나 사회 모두 잘 알고 있는 심각한 문제로 많은 비판의 대상이 되어 왔다. 더욱이 이민 교회의 신학교 난립은 한국의 상황과 비교할 때 더 심각한 상황이다. 왜냐하면 이민 교회가 그리 많지 않은 점을 감안할 때 비례적으로 한국보다 훨씬 더 많은 신학교가 있을 뿐 아니라, 자원이 부족하여 한국보다도 교수나 교육의 질이 열등하기 때문이다. 평신도의 교육 수준은 갈수록 올라가는데 성직자의 질이 떨어진다면, 그것은 당연히 교회의 지도력 저하를 초래하여 교회의 위기와 퇴보를 가져올 것이 명약관화하기 때문이다. 이런 현상은 이미 우리 주위에서 발생하고 있다. 물론 지적 수준이 목회자의 자질을 결정하는 유일한 기준은 아니지만, 극히 예외적인 경우를 제외하고는 결정적이다.

실로 목회자는 주로 설교와 가르치는 일을 하기 때문에, 수준 있는 신학 교육과 지적 형성이 절실히 필요하다. 그러나 신학교의 난립과 저질화는 성토만으로 해결될 수 없는 구조적 문제가 저변에 도사리고 있다. 교회는 교단들로 나누어져 있으며, 교단은 각기 자기의 독특한 신학적 전통을 가지고 있어서, 자기 교단의 목사가 될 사람은 그 교단의 신학에 적합하게 교육받았는지를 판단하는 시험을 통과해야 안수를 받을 수 있다.

따라서 각 교단은 수에 관계없이 자기 교단 신학교를 만들어 자기 교단의 독특한 신학을 가르치게 되며, 그것이 가장 안전하고 확실한 교단 목회자 양성방법으로 간주된다.

그런데 이민 교회에는 너무 많은 교단들이 있다. 한국의 거의 모든 교단이 있을 뿐 아니라, 거기에다 미국에서 새로 만든 교단, 그리고 미국 교단까지 합하여 그야말로 교단들의 백화점을 이루고 있다. 그러니 얼마나 많은 신학교가 필요하겠는가. 이미 신학교를 만든 교단도 많지만, 지금 신학교를 만들려고 준비하는 교단들도 적지 않다. 이민 교회가 적은데다 그중에서 각 교단으로 나누어지면 그 수가 더 적어지며, 따라서 신학생수는 얼마 안 되기 때문에 재정적으로 열악하고 따라서 좋은 교수나 좋은 시설을 갖출 수 없는 것은 당연한 귀결이다. 그런 신학교에서 배출된 목회자는 저질 교육을 받았기 때문에 지적으로 부족한 목회자가 되고, 그 결과 이민 교회가 저질화되는 악순환은 계속될 수밖에 없다. 물론 이런 신학교에서도 훌륭한 목회자가 배출되기도 하지만, 그것은 단지 소수의 예외적 현상일 뿐이다. 또 교단주의적 신학 교육은 교단신학 이데올로기를 강화하여 교회의 연합과 일치를 저해하고 분열을 영속화하는 악순환을 가져온다.

이민 교단들은 기존의 수준 있는 신학교에 위탁하거나 한인연합신학교를 만들어 목회자를 양성하고 교단별로 보충교육을 시키는 방법으로 이러한 악순환을 하루 속히 중지시켜야 한다. 그것은 힘든 상황에서 신학교를 운영해야 하는 교직원들이나 열등한 교육의 피해를 입는 신학생들의 유익뿐 아니라, 이민 교회의 하나 됨과 이민 사회의 연합된 발전을 위해서도 크게 공헌할 것이다.

- 이정석
(목사, 풀러신학대학원 조직신학 교수)

4. 건설적 긴장

요즈음 '건설적 긴장(constructive tension)'이란 말이 자주 쓰인다. 긴장이라는 단어는 그렇게 기분 좋은 의미를 주는 단어는 아니다. 항상 긴장 가운데 산다면 얼마나 피곤하겠는가? 그러나 건설적이라는 말이 추가됨으로 긴장감(?)은 순화된다. 건설적이라는 말에는 서로에게 도움이 된다는 의미가 스며 있다. 선생과 학생, 부모와 자식, 목사와 교인, 대통령과 국민의 관계 등에서도 건설적 긴장 관계가 있어야 한다. 그러한 긴장 관계가 없을 때 권한이 한쪽으로 집중되게 되면 독재가 되고, 이러한 독점적 권한을 가진 자들은 그들의 힘을 과시하고 싶어하고, 정도에 벗어나는 일들을 하고, 건설적 관계는 적대적 관계로 바뀌게 된다. 이러한 권한의 불균형이 분쟁의 불씨를 제공한다.

그러면 건설적 긴장 관계를 어떻게 지속적으로 유지할 수 있는지 그에 대한 방법을 모색하여야 할 것이다. 필자는 적절한 권한의 배분이 이루어질 때 건설적 관계가 지속될 수 있을 것으로 생각된다.

필자의 학생 시절 한국에서 어떤 교수들은 정당한 이유 없이 수업을 취소하곤 하였다. 요즈음은 한국 대학들도 국제 경쟁 시대를 맞이하여 대학의 질을 향상시키기 위해 노력하고 있고, 옛날과 달리 함부로 수업을 취소하지 못한다고 한다. 이곳 미국에서는 학생들도 교수의 수업을 평가하게 한다. 이러한 상황에서 교수가 함부로 휴강을 못하게 되는 것이다. 국가에서도 국민과 대통령의 권한이 삼권분립과 선거라는 제도, 시민운동과 언론의 독립에 의하여 건설적 긴장 관계가 조성된 상황에서는 독재자가 나올 수가 없는 것이다. 물론 이러한 관계를 만들기 위하여 수많은 우리의 선배들이 피를 흘리고 고통을 당하였다. 그러한 희생이 없었다면 현재 한국에서의 민주주의도 태어나지 못하였을 것이다.

이민 사회에서 중요한 역할을 하고 있는 교회에서도 교인과 목사가 바람직한 제도를 확립하여 건설적 긴장 관계를 유지할 때 교회에서 분쟁이 일어나지 않을 것이다. 이러한 긴장 관계를 유지하기 위해서는 교인과 목회자들의 부단한 노력이 따라야 한다. 기윤실의 건강교회운동은 교회의 권한을 균형 있게 배분하여 분쟁을 미리 방지하고 나아가서는 교회가 사회를 위하여 소금과 빛의 역할을 하자는 운동이라고 말할 수 있다.

윤리운동은 우리의 양심에 대한 건설적 긴장 관계를 유지하자는 운동이라고 말할 수 있다. 다시 말하면 서로 조심하며 살자는 것이 윤리운동인데, 쉬운 것 같으면서도 쉽지 않은 일이다.

- 허성규
(캘리포니아주립대학 샌버나디노 회계학 교수,
LA 기독교윤리실천운동 실행위원)

5. 교회는 가진 자의 천국인가?

중미의 엘살바도르에 단기선교를 갔을 때였다. 도착 다음 날 저녁, 그곳 아이들에게 성경과 노래를 가르치는 원주민 교사를 돕고 있던 필자의 큰딸이, 뒤칸에서 떠들며 저녁식사를 즐기고 있던 우리에게 다가와 눈물을 흘리며 항의하는 것이었다. 아이들은 온종일 식사 한번 변변히 못한 채 열심히 배우고 있는데 함께 있어 주지는 못할망정 우리끼리만 갈비를 구워먹을 생각이 나느냐는 것이었다. 식사를 하려면 그들이 일과를 마친 후에 시작해도 늦지 않으며 부족하더라도 나눠 먹여서 보내야 한다는 것이었다. 5일 동안의 선교 기간이 끝나는 날, 현지에 파송된 선교사는 일류 중국 음식점으로 우리 일행을 초대한 자리에서 원로로 고생했다며 감사를 표시했다. 나는 그 치하를 들으며 명색이 선교여행이지 별 하는 일 없이 관광과 대접받는 일로 소일한 나 자신이 몹시 부끄러웠다.

지난 주 한인 타운의 모 고급식당에 갔다가 전에 출석하던 교회의 교인들을 만나게 되었다. 그들은 구역예배를 막 끝내고 나오는 중이라고 말했다. 이런 교인들의 회합은 비단 그들뿐만 아니라 어느 교회, 어느 구역에서도 흔히 보게 되는 광경이다. 또 목회자 모임, 장로회 임원회, 조찬 기도회와 같은 교회와 교인 관련 각종 집회는 으레 이름 있는 음식점이나 호텔에서 열리고 있다. 그런 곳을 택한 이유는 달리 마땅한 장소가 없으며, 특히 식사를 동시에 해결할 수 있는 이점이 있다는 논리를 펴는데 누구 한 사람 이의를 제기하지 않는다. 교회는 좀 커졌다 싶으면 무리를 해서라도 교회당을 구입하거나 신축하고, 멋있는 실내 장식과 최고급 장비를 설치하려고 한다. 자연히 막대한 헌금을 필요로 하는데, 대다수의 교인들은 부담을 느껴 마음에 상처를 입게 되며 일부는 아예 교회를 떠나기까지 한다. 경제 사정이 여의치 못한 사람이 장로, 안수집사, 권사 같은 직분을 받으려면 체면 때문에 벙어리 냉가슴이 된다. 주일 대예배시 요직에 있는 여자 교인일수록 고가의 명품으로 치장한 사람이 많고, 주차장은 고급 차량들의 전시장으로 변한다. 감사절, 성탄절 등 명절에는 큰 돈 들여 교회 안팎을 호화롭게 꾸미고, 먹을거리와 선물이 넘쳐나서 온 교회가 잔칫집처럼 흥청거린다. 수련회는 안락한 장소를 물색하느라 적어도 수십 불 정도는 지불해야 참가할 수 있다. 부흥회 같은 무슨 행사라도 있을 때면 대기업의 선전이 무색할 만큼 일간지에 대형 광고를 내보낸다.

　　갈릴리 지방은 예수님의 주요 활동 무대였다. 그곳은 부유한 대도시에 비해 상대적으로 도움이 필요한 사람들이 많이 거주하고 있었다. 예수님이 관심을 갖고 보살핀 사람들을 보면 대개 가난하고 불쌍한 소외 계층과 피지배 하층민이었다.

　　예수님 자신도 그들 속에서 생활하셨고 출생조차 외양간에서 하시지 않았던가?

오늘날 교회가 누구를 위해, 또 무엇을 해야 하는지는 예수님의 행적을 보면 자명해진다. 그런데도 많은 교회가 형제와 이웃을 외면한 채 자신만을 위한 이기주의자로 변했으며, 그것도 재력이 있거나 지위와 신분이 높은 소위 실력자들이 행세하는 부르주아적 세상이 되었다. 교인은 내 교회가 예수님과 같은 길을 걷고 있는지 아니면 세속적인 방법을 추구하고 있는지 깊이 생각해 볼 일이다.

– 조만연
(회계사, 수필가, LA 기독교윤리실천운동 실행위원)

6. 교회 안의 교회 운동

독일 교회가 경건주의운동으로 신앙의 순수성과 역동성을 회복한 적이 있었다. 그렇게 좋은 운동도 얼마 가지 못해 부작용을 일으키며 지속적인 경건운동으로 연결되지 못하였다. 역사가들은 그 이유를 몇 가지로 본다.

지나친 금욕을 교인들에게 강조했기 때문이다. 경건하게 사는 것은 바람직한 일이다. 그러나 경건운동이 체제 유지의 도구로 사용되어서는 안 된다. 경건신앙이란 짧은 기간의 구호나 운동으로 이루어지기 어렵다. 끊임없는 교육과 경건한 삶이 자리 잡을 시간이 절대 필요하다.

그들의 또 다른 실수는 경건주의에 반대하는 자들을 서슴없이 정죄했다는 것이다. 그들과 한 목소리를 내지 않는 자들은 모두 불경건한 사람들로 생각했다. 이것은 결국 기독교를 분쟁으로 몰아넣는 불씨가 되었다. 결과는 경건주의자든 아니든 모두가 신앙의 힘을 상실하고 말았다.

❧

하루는 제자들이 이런 문제를 예수님께 보고했다. "예수님을 따르지 않는 어떤 자가 주의 이름으로 귀신을 내어 쫓는 것을 금하였습니다." 칭찬을 기대했던 그들에게 예수님은 단호하게 "금하지 말라"고 하셨다. 오히려 "우리를 반대하지 않는 자는 우리를 위하는 자니라" 하고 말씀하셨다. 물론 이 말씀의 구체적인 해석이 필요하지만 요즘처럼 교회가 지나친 부흥만을 주장하며 자기들과 조금 다른 생각을 가진 자들을 이단 혹은 비기독교적이라고 몰아세우는 경우를 보면서 깊이 생각해야 할 교훈이다.

우리를 반대하지 않는 자를 우리를 위하는 자로 여기신 예수님을 보며 교회는 물론 한인 사회도 비판보다는 화합, 질타보다는 올바른 동기를 줄 수 있는 격려를 배워야 할 때이다. 비판은 교회의 근본적인 사명이 아니다. 나와 다르기 때문에 무조건 비판하는 방어적 자세보다는 함께 살 수 있는 객관적 대안을 제시하기 위해 고민하는 성숙한 교회와 한인 사회가 되어야 한다.

마지막으로, 실패한 경건주의자들이지만 그들에게 배워야 할 중요한 운동이 있었다. 이러한 운동은 오늘의 교회 안에 꼭 일어났으면 한다. '교회 안의 교회운동'이다.

끊임없이 서로 돌아보며 내 신앙 상태를 나 자신이 돌아보는 것이다. 검소하게 서로 돌아보며 격려하는 믿음운동이 일어날 때 교회와 신앙 사회는 조직에서 나오는 힘보다 훨씬 더 강력한 힘을 발산할 것이다.

이러한 신앙은 단순히 지식과 동의를 의미하는 것이 아니라 하나의 살아 있는 능력이다. 이 능력에서 실제적인 개혁의 체험이 나온다.

– 손경호
(오레곤 임마누엘교회 담임목사, LA 기독교윤리실천운동 실행위원)

7. 선교비, 구제비, 사회봉사비

LA 기윤실은 매년 "건강교회포럼"이라는 이름으로 토론회를 열고 있다. 2003년의 주제는 "미주 한인 교회의 사회봉사와 교회 헌금의 바람직한 사용 방안"이었다.

나는 둘째 날의 교회헌금에 관한 토론자였으므로, 그때 발표했던 의견을 이 지면을 통해 한번 더 말해 보고자 한다. 내가 이런 생각을 하게 된 것은 이번에 일어난 영락교회 문제에서 자극을 받은 것이 사실이다. 모든 교회예산의 수입의 원천인 헌금을 우리 미주 한인 교인들이 얼마나 하고 있는지 궁금하여 조사해 본 결과, 한 교인이 연간 1,500~2,000달러 정도의 헌금을 하고 있는 것으로 나타났다.

이 액수는 한국 교인들의 1년 헌금액 100만 원(약 800달러)의 두 배에 해당하는 액수이고, 미국 교인의 580달러(침례교인) 대해서는 거의 세 배에 가까운 액수이다.

그렇다면 우리가 이렇게 열심히 일해서 바친 헌금이 교회에서는 어떻게 쓰이고 있을까? 이 문제에 관해서는 그날 주제 강사가 잘 설명해 주었는데, 그가 분석한 선교비, 구제비, 사회봉사비 항목에 대해서만 나의 의견을 부연하고자 한다. 그의 분석에 따르면 모든 교회가 공통적으로 선교비에 관해서만은 좀 과장하려는 경향이 있지만 평균 약 20퍼센트를 지출하고 있다고 했다. 이 액수는 선교에 열심인 미국 침례교인의 선교비 지출 11퍼센트의 거의 배에 가까운 수치로서 미주 한인 교회가 선교에 얼마나 열심인가 하는 것을 재확인하고 사실 마음이 흐뭇하기도 하였다. 반면 구제비와 사회봉사비의 지출 비율은 1%에도 못 미치는 낮은 수준이어서 예상했던 일이지만 그 인색함에 실망하기도 했다.

미국 사람들은 국가에 바치는 세금 외에 1년에 2천 억 달러, 즉 1인당 약 700달러의 기부금을 사회에 내고 있다. 이 액수는 한국 정부의 1년반 예산액에 해당하는 액수로서 미국인들의 청교도 신앙에 입각한 이러한 기부 문화가 미국을 윤택하게 하는 큰 요인이 되고 있는 것이다. 한편 한인들의 기부나 헌금은 일반 사회나 주류 자선단체에는 거의 하는 것이 없고, 모든 헌금이 교회에 집중되어 있는 것이 현실이다.

그러므로 우리 한인들의 동포 사회나 주류 사회에 대한 기부와 봉사는 교회가 대신하여 담당해야 할 몫이라고 생각한다. 이번에 한인 교회의 대표격인 영락교회가 그런 면에서 교회의 문을 열고 사회에 봉사하겠다고 나선 것은 주일성수 문제는 논외로 하고라도 참으로 잘한 일이라고 생각되며, 앞으로는 한인 교회들이 외부 선교에 못지 않게 우리가 살고 있는 이땅의 동포와 미국사회을 위해서도 이바지하는 교회들이 되었으면 한다.

– 유용석
(나성성결교회 원로장로, LA 기독교윤리실천운동 공동대표)

8. 교회개혁운동 - 바위에 달걀 치기

나는 한국 교회 혹은 이민 교회의 개혁 가능성에 대해 비관적이다. 왜냐하면 한국 사회 혹은 이민 사회에는 교회 개혁으로 인해 세속적으로 이득을 볼 수 있는 집단이 존재하고 있는 것 같지 않다는 사회과학도로서의 관찰 때문이다. 그래서인지 교회 개혁의 당위에 관해 말하는 사람은 많지만 그것을 위해 헌신하겠다는 사람은 별로 보이지 않는다.

그럴 때마다 나는 예수님의 치열했던 삶을 생각한다. 그분이 제사장들과 서기관들 그리고 바리새인들과 벌였던 치열한 갈등을. 정말 그분이 벌였던 싸움은 애초부터 바위에 달걀 치기가 아니었던가? 그러나 바위에 달걀 치기인 줄 뻔히 알면서 그분의 몸 전체를 달걀로 만들어 바위에 부딪쳤던 것이 그분의 삶의 모습이 아니었을까?

교회 개혁은 그것이 바위에 달걀 치기인 만큼 아무렇게나 접근할 일은 절대로 아니다. 우선 이 운동은 교회를 한번 욕하고 나니 시원하다는 일종의 카타르시스나 비분강개의 수준에 머물러서는 안 된다.

교회개혁운동은 또 "나는 깨끗하고 교회는 썩었다. 혹은 우리 교회는 깨끗하고 남의 교회는 썩었다." 하는 식의 태도에서 시작해서는 안 된다. 도대체 내가 누구인가? 내가 한국 교회의 일부가 아닌가? 그래서 교회 개혁운동은 회개운동일 수밖에 없다. 그러나 회개란 회개에 합당한 행동을 보여야 한다. 회개운동 한답시고 공동 대회장, 공동 준비위원장 등 감투를 수십 개나 만들어 놓고 대중 집회나 하면서 자기 이름이나 내려는 이벤트형 회개운동은 없는 것이 백 배 낫다. 그래서 우리의 회개운동은 문자 그대로 한국 교회의 죄를 자기의 책임으로 여기고 더 이상 죄를 짓지 않겠다고 각성하고 교회가 죄짓지 않도록 최선을 다하겠다는 결단을 보이는 행동이 뒤따라야 한다.

둘째로 교회개혁운동은 절대로 교회를 허물자는 운동이 아님이 전제되어야 하고, 그래서 말할 수 없는 용기와 신중한 절제가 늘 균형을 이루어야 한다. 성전 뜰에서 채찍으로 상인들을 내치시던 주님은 우리에게 죄 없는 자가 먼저 돌로 치라고 절제를 요구하시기 때문이다.

마지막으로 교회개혁운동은 동기에 있어서 순수하고 방법에 있어서 철저히 윤리적이어야 한다. 교회 개혁이 혹시라도 교회의 주도권을 잡겠다는 의도에서 계획되어서도 안 되고, 그 방법에서 불법적, 비성경적, 비도덕적 요소가 동원되어서도 안 된다. 예컨대 폭력, 폭언, 중상이 사용되거나, 세상 법정에서의 송사로 끌고 가거나 혹은 상대방이 저지른 불륜을 찾아내겠다고 도청, 몰래카메라 같은 것을 사용하는 눈살 찌푸리는 일을 해서는 안 될 것이다. 자신의 희생을 감수하는 용기와 더할 나위 없는 조심스러움을 가지고 교회를 새롭게 하는 운동이 일어나야 할 때이다.

− 박문규
(캘리포니아 인터내셔널대학 학장, LA 기독교윤리실천운동 공동대표)

9. 사회법과 교회법

사람들이 사는 곳에는 어디든지 법이 있기 마련이다. 사회에는 사회법이 있고 교회에는 교회법이 있다. 필자는 법에 대하여 전문적으로 공부한 적이 없어서 법을 어떻게 정의하여야 할지 모르겠다. 다만 상식에 준거하여, 법이라는 것이 권선징악이라는 보편타당성을 위하여 필요한 것이라고 생각한다.

오래 전 필자가 다니던 한인 교회에서 회계감사로서 봉사할 때 감사보고서에서 몇 가지 고쳐야 할 점을 지적하였더니, 목회자를 비롯한 교인들의 반발이 있었다.

성직자가 잘못을 간단히 인정하고 시정하였으면 더욱더 교회가 은혜스럽게 발전하였을 터인데, 엉뚱하게 사회법과 교회법은 다르므로 사회법에 따른 감사는 불법이라는 해괴망측한 논리로 맞서서 교회가 큰 분규에 휩싸인 적이 있었다.

교회에서 불법을 저지른 사람들은 자기들의 불법을 감추고 기득권 유지를 위하여 교회법은 사회법과 다르다는 비상식적인 주장을 한다. 물론 법의 적용에는 사회와 교회에 차이점이 있어야 할 것이다.

필자뿐만 아니라 많은 분들이 교회법이 사회법보다 훨씬 엄격히 적용되어야 한다는 데 동의하리라 믿는다. 왜냐하면 교회의 생명은 성경말씀에 의한 정직성과 도덕성에 있기 때문이다.

예를 들면, 사회에서 천만 원 이상을 횡령했을 때는 사회법에 의하여 1년 이상의 징역을 선고받는다. 동일한 횡령죄가 교회에서 발생했을 때 5년 이상의 징역에 해당한다고 규정하였다 하더라도 우리는 놀라지 않을 것이다. 왜냐하면 하나님의 말씀을 어겼기 때문이다. 이런 경우 교회에서 불법을 행한 사람들은 왜 교회법을 사회법보다 더 엄격하게 적용하느냐고 불평할 것이다.

사실 교회법과 사회법에 근본적인 차이는 없다고 본다. 다만 법을 자기들의 이익을 위하여 자의적으로 해석하는 사람들의 생각 차이일 뿐이다.

최근 한국의 한 대형 교회 목회자가 교회헌금을 횡령한 죄로 법정에 선 것을 대부분의 독자들은 알고 있을 것이다. 증거가 명백히 드러났는데도 그 성직자와 그의 맹신적 추종자들은 교회법과 사회법은 다르다는 치졸한 논리로 무죄를 주장하였다.

그에 대한 판사와 검사의 준엄한 꾸짖음을 우리 한인 교회와 교인들은 새겨들어야 할 것이다. 사실 교회가 빛과 소금의 역할을 하려면 교회법의 적용은 사회법의 적용과 달리 훨씬 더 투명하고 엄격하여야 할 것이다.

- 허성규
(캘리포니아주립대학 샌버나디노 회계학 교수, LA 기독교윤리실천운동 실행위원)

10. 장로들이 정신 차려야 한다

하나님이 원하시는 그리스도인의 삶을 한마디로 표현한다면 빛과 소금이라고 할 수 있다. 문자 그대로 세상을 비추는 빛인 동시에 세상을 위해 묵묵히 사명을 감당하는 소금의 역할이야말로 세상과 더불어 살아가는 그리스도인의 가장 귀한 덕목이라고 할 수 있다. 하물며 교회의 리더로 세워진 지도급 직분자들에게는 더욱 당연한 덕목이 아닐 수 없을 것이다.

그런데 우리 자신을 돌아볼 때 참으로 부끄럽고 하나님과 교회 앞에 얼굴을 들 수 없을 정도의 안타까운 모습들이 만연해 있는 것이 이민 교계의 현실이 아닌가 하는 생각이 든다. 또 우리의 현실은 어떠한가? 본이 되어야 마땅한데도 오히려 손가락질의 대상이 되는 사건이나 빛을 가리는 일들 속에서 허우적대고 있는 안타까운 현실은 아닌지 함께 가슴 아파하며 회개의 기도를 드리지 않을 수 없다. 며칠 전에도 도 일간신문에는 어느 목사의 추문이 가십기사로 실렸다. 이러한 일을 빙산의 일각이라고 덮어 두기에는 우리가 살고 있는 이민 교계에 너무나 허물어진 부분이 많다. 이러한 교계 현실 속에서도 좌로나 우로나 치우치지 않고 불의와 싸우며 복음을 전하고 있는 충성된 하나님의 종들에게는 격려의 박수를 보내면서, 이러한 현실에서 신앙을 지켜나가야 하는 성도들을 돕는 일이야말로 지도자인 목사와 장로들의 시급하면서도 가장 중요한 일이 아닌가 생각한다.

지금 남가주기독교교회협의회는 정관 개정 작업을 하고 있다. 어떻게 진행되고 있는지 모르지만, 새 정관에는 목회자와 평신도가 공히 함께 참여하여 교계를 이끌어 갈 수 있도록 하는 것과 문제성 있는 사람들이 임원이 될 수 없도록 하는 법을 보완하여 명실공히 인정받고 신뢰받을 만한 단체로 거듭나야만 할 것이다. 일부 지탄받는 목사 또는 장로는 이와 같은 연합회나 기관에 명함도 낼 수 없도록 자격요건을 규정하여여야 할 것이다. 자기 집도 다스리지 못하고 자기 교회에서는 신임을 받지 못하면서 대외적인 단체에 나와 중요 임원을 맡아 버젓이 행세하고 군림하는 일이 없도록 제도화하는 것을 이번 정관개정의 핵심으로 삼아야 할 것이다.

자격이 있느냐 없느냐는 소속 교회에 가서 물어 보면 가장 확실히 알 수 있다. 교회에서도 인정을 받지 못하는 비인격자가 연합모임에 나와 어떤 책임을 맡는 것은 교계의 위상을 떨어뜨리는 일이다. 어떤 사람이 회장이나 중요 임원으로 선임이 되었어도 어떠한 요건만 구성되면 언제든지 소속 교회교인들을 상대로 여론조사를 해도 좋다는 승락서를 미리 받고 임원에 입후보하도록 하는 방법도 있을 것이다.

세상이 이렇게 타락하는데는 우리 장로들에게 전적인 책임이 있다고 생각하지 않는가? 남가주에 장로가 약 5천 명이 살고 있고 중요 기관마다 장로가 없는 곳이 없다. 장로가 바로 서 있다면 어떻게 교회가 부패하며 위에서 언급한 목사의 경우와 같은 일이 발생하겠는가? 장로들이 정신 차려야 한다. 성경은 "너희는 세상의 소금이니 소금이 만일 그 맛을 잃으면 무엇으로 짜게 하리요 후에는 아무 쓸데 없어 다만 밖에 버리워 사람에게 밟힐 뿐이니라 너희는 세상의 빛이라"(마 5:13-14)고 했다. 바닷물이 썩지 않는 이유는 소금(염분)이 있기 때문이다. 작은 등불 하나만 있어도 어둠은 자연히 소멸되는 진리를 기억해야 한다.

– 김종명
(사업가, LA 기독교윤리실천운동 실행위원)

11. 한국 교회와 구제

오늘날 한국 교회는 사회의 지탄을 받고 있다. 그 이유가 어디에 있을까? 물론 몇 가지 이유를 들 수 있겠지만 가장 주된 이유 중 하나는 교회가 교회의 본질적 과제에 대해 바로 인식하지 못하고 있기 때문이다. 즉, 오늘날 교회는 흔히 예배, 기도 그리고 전도는 교회의 본질적 과제이며 영적 차원의 일이고, 구제는 부차적 과제이며 윤리적 차원의 일이라고 생각하여 가난하고 소외된 사람들을 돕고 섬기는 일을 매우 소홀히 하고 있기 때문이다. 그러나 이러한 생각은 잘못된 것이다. 왜냐하면 성경은 분명히 가난한 사람들을 도와주는 것이 영적인 일이며 참 경건으로서 교회가 해야 할 본질적 과제라고 분명히 말하고 있다. 예를 들면, 예루살렘교회의 감독이었던 야고보는 하나님 아버지 앞에서 정결하고 더러움이 없는 경건(헬라어 'threskeia'의 뜻은 'worship of God')은 "곧 고아와 과부를 그 환난 중에 돌아보고 또 자기를 지켜 세속에 물들지 아니하는 이것이니라"(약 1:27)고 기록되어 있고, 구약의 이사야

선지자도 "나의 기뻐하는 금식은 … 주린 자에게 네 식물을 나눠 주며 유리하는 빈민을 네 집에 들이며 벗은 자를 보면 입히며 … "(사 58:6-7)라고 말하고 있기 때문이다.

그렇다면 예수님은 어떻게 생각하셨을까? 복음서의 한 사건은 주님의 구제에 대한 입장을 잘 대변해 준다. 한번은 어느 부자가 예수님께 찾아와 심각하게 물었다. "선생님, 내가 무엇을 하여야 영생을 얻으리이까?" 이 질문에 예수님은 놀랍게도 이렇게 대답하셨다. "네 있는 것을 다 팔아 가난한 자들에게 나누어 주어라." 우리는 이 말씀에서도 가난한 자들을 도와주는 구제가 단순히 윤리적, 도덕적 차원의 일이 아닌 영생에 관계된 영적인 일임을 깨닫게 된다. 그러므로 오늘날 하나님을 섬기며 거룩한 영성을 추구하는 모든 기독교 신자는 반드시 예배와 기도와 함께 가난한 사람을 돕고 베푸는 구제의 일을 소홀히 하지 말아야 할 것이다. 아니 교회는 구제를 교회의 본질적 과제로 알고 전심을 다하여 실천하여야 할 것이다.

그렇다면 교회(또는 신자)는 어떤 자세로 구제하여야 하는가? 교회의 구제가 윤리적 차원의 일이 아니고 영적 차원의 일이라고 한다면 분명히 돕고 베푸는 자의 자세도 세상 기관이나 다른 종교 단체의 것과는 달라야 한다. 교회가 가져야 할 구제의 자세는 어떻게 다른가? 크게 두 가지를 지적할 수 있다. 첫째는 교회가 하는 구제의 자세는 예배의 자세와 다르지 않아야 한다는 것이다. 왜냐하면 교회의 구제는 사람을 보고 하는 것이 아니라 하나님을 보고 하는 것이고, 잠언 19장 17절에 "가난한 자를 불쌍히 여기는 것은 여호와께 꾸이는 것이니"라고 말씀하듯이 구제는 사람에게 주는 것이 아니고 하나님께 드리는 것이기 때문이다. 또 한 가지 교회가 세상의 자선단체들과 크게 다른 것은, 교회는 형편에 관계없이 주고 도울 수 있어야 한다는 것이다. 다시 말해서 형편이 되면 하고 어려우면 하지 않는 것이 아니라 구호 사역, 긍휼 사역, 장학 사역, 장애인 사역

등의 교회의 구제는 교회의 재정 형편이나 다른 사역 계획에 관계없이 항상 해야 한다는 말이다. 구제는 교회가 성장하고 교회 밖으로 쓸 재정적 여유를 갖추었을 때 시작하는 사역이 아니다. 그러나 대부분의 한국 교회들의 현실은 어떤가? 이런 사역들은 소위 교회 비전이라는 명목 하에 행해지는 교회 건축, 교육관 건축, 기도원 건축에 밀려 늘 미래의 관심 사역으로만 자리 매김하고 있지 않은가? 정말 안타까운 것은 교회 건축은 돈이 없어도 믿음으로 할 수 있다고 강조하면서 가난한 사람들을 돕는 구제는 믿음으로 할 수 없는가 하는 것이다. 오늘날 한국 교회가 정말 믿음으로 해야 할 일이 무엇인지 바로 이해하지 못하고 있는 것은 아닌지 …. 일찍이 바울이 고린도교회를 향하여 "심는 자에게 씨와 먹을 양식을 주시는 이가 너희 심을 것을 주사 풍성하게 하시고"(고후 9:10)라고 교훈하였던 이 말씀은 고린도교회와 성도들만을 위한 말씀이 아니다. 이 말씀은 오늘날도 그리스도의 이름으로 구제하는 모든 교회와 신자에게 주시는 말씀이고 약속이다. 그러므로 한국 교회는 이제 외형적 교회 성장의 우상과 정통주의의 허상에서 벗어나 정말 믿음의 본질적 과제가 무엇인지 재고하고 지금이라도 성경적 교회로서 하나님께 예배하며 기도하고 선교하는 교회가 될 뿐만 아니라, 가난하고 소외된 이웃을 도와주고 베푸는 일에도 최선을 다하는 교회로 다시 태어나야 할 것이다.

– 장충원
(뉴라이프교회 담임목사)

12. 담임목사의 사례비

요즈음 한국과 미국에서 회계분식이란 말이 자주 매스컴에 오르내리고 있다. 회계분식이란 손익이나 재산을 허위로 꾸며 투자가나 세무당국 등 이해 관계자들을 속이려는 수법이다. 회계분식은 단순한 거짓 보고가 아니라 사기 행위나 범죄 행위와 다름없다. 그렇다면 교회는 과연 회계분식과 같은 문제에서 자유롭다고 말할 수 있는가? 불행하게도 'No' 라는 대답이 한인 교회의 현주소이다. 한국은 지난 40년간 역사상 유래 없이 교회가 부흥하던 시기에 괄목할 만한 경제 발전도 함께 이룩함으로써 '믿음=돈=축복' 이라는 샤머니즘적 신앙관이 교회 내에 폭 넓게 기생하게 되었다. 필자는 새삼 한국 교회가 이런저런 구실과 지금까지의 관행이라는 미명 하에 잘못 처리하고 있는 재정문제들을 일일이 언급할 생각은 없다. 다만 이 기회에 교회에서 고의든 그렇지 않든 저질러지고 있는 가장 대표적인 회계분식을 지적함으로써 더 건강한 교회, 더욱 양식 있는 목회자들이 많아지기를 바랄 뿐이다. 교회 예산

중 제일 비중이 큰 지출 항목은 일반적으로 인건비, 특히 담임목사에 대한 사례비이다. 그런데도 중규모(출석교인 100명) 이상의 한인 교회 가운데 담임목사에게 지출되는 사례비 총액이 얼마나 되는지 일목요연하게 명시한 회계보고를 거의 찾아 볼 수 없다. 그만큼 담임목사의 인건비는 금기시 되어 왔고 여러 가지 항목으로 위장되어 있으며, 가급적 적게 지급되는 것처럼 분식되어 있다. 가장 바르고 옳아야 할 교회에서 이 얼마나 추하고 부끄러운 일인가! 현재 일부 교회에서 야기되고 있는 부패와 비리는 이런 회계분식과 무관하지 않을 것이다. 목사가 돈 문제에서 깨끗하지 못하고는 교인 앞에 떳떳이 설 수 없다. 교인 또한 넉넉히 예산을 세워 담임목사가 안심하고 목회에 전념할 수 있도록 할 의무가 있다. 요즈음 교회가 자꾸 기업화 되어 간다고 염려하고 있다. 교회가 그런 소리를 듣지 않으려면 재정 문제를 원칙과 규정에 따라 처리하고 그 결과를 투명하게 밝혀야 한다. 오늘날 교회와 목회자가 부패한 것은 교인들의 책임이 크며 교인들이 부정직하게 된 것은 교회가 제 역할을 다하지 못한 데 있다. 교인들이 교회의 재정을 잘 살피고 잘못된 점이 있으면 꼭 짚고 넘어가야 하는 이유가 여기에 있는 것이다. 한국 교회가 크게 성장했다고 기뻐하다가 이제는 오히려 실패했다고 생각하는 사람들이 점차 늘어나고 있다. 십자가가 서 있다고 모두 교회는 아니다. 교회가 하는 것이 악덕기업에서 하는 짓과 다를 바 없다면 그 교회는 한낱 사욕을 채우려는 영리 기관에 불과할 것이다.

– 조만연
(회계사, 수필가, LA 기독교윤리실천운동 실행위원)

1. 삶으로 전하는 복음

지난 해 한국의 한 청년에게 고뇌에 찬 고백을 들었다. 한국 사회의 미래를 짊어질 젊은이들이 모여 한국 기독교를 두고 마치 삼류 문화를 보는 것 같다고 하더라는 것이었다. 전도를 이유로 공중질서를 무너뜨리는 행위를 서슴지 않고, 교인들을 동원하여 정치색이 짙은 집회를 열며, 지역 사회의 공익보다는 교회 건물을 치장하는 일에 우선을 두고, 교회 안에서도 다툼과 분쟁이 끊이지 않으며, 범법행위를 한 교회지도자들을 두둔하는 교계를 보며 한국 기독교의 희망을 찾을 수 없었노라고 그는 토로했다.

한국의 한 여론조사 기관이 비종교인들을 대상으로 10년 이내에 자신들이 선택할 종교에 대한 선호도를 조사했다. 당시 응답자의 32퍼센트가 천주교를 택했고, 그 다음은 불교, 개신교를 선택한 사람들의 비율은 10퍼센트가 조금 넘었다. 또 직장인들 중 비기독교인들을 대상으로 한 설문에서 대상자의 84퍼센트가 복음을 접한다 해도 관심이 없다는 반응을 보였다고 한다. 두 가지 설문은 향후 10년 동안 한국 교회의 성장 둔화와 함께 비그리스도인들을 교회로 초청하기 위한 총동원 전도행사, 부흥회 등의 전도 방법론 등이 별 효과가 없을 것이라는 부정적인 전망을 가져왔다고 한다.

남가주의 한 대형 교회 목회자는 1년 동안 세례를 받은 신도가 십수 명에 불과했음을 고백하고, 교회의 사회적 관심과 전도전략의 수정이 필요함을 지적했다고 한다. 미주 지역의 한인 교회 간에도 이제는 자연적인 성장보다는 교인들 간의 수평이동으로 인한 변화만 있다고 한다.

이제 말과 문서로만 복음을 전하는 시대는 지나간 것이 아닌가 싶다. 교회의 복음전파 사역에 대한 위기감은 있는데 불신자들을 구원하기 위한 대안과 방법 찾기에 대한 고민은 보이지 않는다. 문제는 복음이 현대인들에게 호감을 주지 못하는 것이 아니라 복음을 설명하고 전달하는 교회와 그리스도인들에게 문제가 있는 것 같다. 사람들은 복음이 전하는 메시지는 옳은데 왜 교회와 그리스도인들이 보여 주는 삶의 양태는 복음과 다른지에 의문을 갖고 있다. 최소한도 사회적인 교양과 상식의 선보다는 비교 우위에 있어야 할 기독교가 그렇지 못한 모습을 보여 주는 것에 대한 실망스런 반응이다. 사람들은 말로 전하는 복음보다는 그리스도인의 삶을 통해 전해지는 복음의 능력을 눈으로 확인하고 느끼고 싶어하는 것이다.

교회는 사회를 도덕적으로 바로 세우고, 고통 받는 이웃들의 필요를 채워줄 수 있는 여력을 가지고 있다. 한 사회에서 교회만큼 물적 · 인적 자원과 함께 영적 자원을 감당할 수 있는 완벽한 시스템을 가지고 있는 곳은 흔치 않다. 교회와 그리스도인이 세상의 빛과 소금이라는 사명 앞에 성실한 자세로 임하고, 교회공동체가 지역 사회와 이웃들에게 감동을 주는 역할을 감당할 때 복음은 믿지 않는 이들의 가슴에 살아 역사할 것이다.

– 전종천
(미주 《크리스챤투데이》 취재부장, LA 기독교윤리실천운동 실행위원)

2. 대리이론

사회과학 분야에서 조직에서의 인간 행태를 설명하는 여러 이론들이 있다. 그중에서도 대리이론(Agency Theory)은 인간의 이기성에 기초를 두고 인간의 행태를 설명하고 있다. 즉, 주인과 대리인의 관계에서 대리인은 주인의 이익을 추구하기 전에 자신의 이익을 먼저 추구한다는 것이다. 기업의 예를 들어 보자. 기업의 경영자(대리인)들은 자신들은 주주(주인)들의 이익을 위하여 최선을 다하고 있다고 말한다. 그러나 실상은 경영자들은 자기들의 이익을 먼저 추구하고, 그 다음에 주주들의 이익을 생각한다. 그래서 기업은 경영자들이 주주들의 이익을 최우선으로 추구하게끔 회계감사 등의 여러 제도를 장치하게 된 것이다.

또 다른 예를 정치에서도 찾아 볼 수 있다. 미국이나 대부분의 민주 국가에서는 국민들이 국가의 주인이고, 대통령은 국민들의 이익을 위해서 선출된 대리인이다. 부시 대통령의 예를 보더라도, 자기는 미국 국민의 복리를 가장 먼저 생각한다고 말하지만 실상은 국민의 복리보다 자신의 이익, 즉 대통령 재선에 최우선을 두었다. 그러므로 대리인으로서의 대통령이 주인인 국민의 복지에 우선적으로 일하게끔 만들기 위해 선거라는 제도와 시민운동이 필요한 것이다.

우리 인간들이 무엇을 하기 전에 가장 먼저 생각하는 것은, 저 일을 하면 내게 무슨 이익이 있을 것인가 하는 것이다. 인간의 이기성에 바탕을 둔 대리이론이 그 논리적 근거를 제공한다.

그러므로 대리이론은 희생과 봉사를 근간으로 하는 종교 조직에서 일어나는 여러 행태를 설명할 수 없어야 한다. 그러나 아이러니컬하게도 대리이론은 종교 조직에서 일어나는 여러 인간 행태를 잘 설명해 주고 있다. 예를 들면, 기복 신앙과 순종 문제에 대리이론을 적용해 보자. 교회에서의 대리인과 주인은 누구인가? 교회의 신앙적 주인은 하나님이고, 물리적 주인은 교인이며, 목회자는 대리인이 될 것이다.

헌금하는 일과 순종하는 일은 신앙인이 지켜야 할 도리이다. 그러나 헌금과 순종의 의미를 왜곡하여 대리인들이 자신들의 이익을 우선적으로 추구할 때 사이비 종교가 되는 것이다. 예수님의 십자가 죽음은 대리이론이 희생을 바탕으로 하는 종교에 적용될 수 없다는 사실을 여실히 보여 주었다. 왜냐하면 예수님은 자신의 이익보다 인류의 이익, 즉 구원을 먼저 추구하였기 때문이다.

현대의 많은 종교 조직과 교회에서 일어나는 행태가 대리이론으로 설명될 수 있다는 것은 불행한 일이고 교회가 그만큼 세속화되었다는 것을 보여 주는 서글픈 일이다.

- 허성규
(캘리포니아주립대학 샌버나디노 회계학 교수, LA 기독교윤리실천운동 실행위원)

3. 웃기는 장로들

교회의 문제발생은 목회자와 교인이 그 양축(兩軸)을 이루고 있다. 그런데도 모든 잘못에 대하여 유독 목사에게만 질책과 비난을 퍼붓는 까닭은, 목사는 목회가 전문직업이며 교회 운영의 최고 책임자이기 때문이다. 교회의 문제들을 살펴보면 상당 부분 교인의 몰지각한 언행과 무관치 않아 함께 책임져야 할 일들이 많다. 특히 대다수 장로들의 무분별하고 무기력한 태도는 오늘날 목사들의 비리와 부패를 가져오게 된 원인 중의 하나가 되었다고 해도 과언이 아니다. 장로는 목사가 바른 길을 걷는 한 절대적인 협력자가 되어야 하지만, 그렇지 못할 경우에는 적극 대처해야 할 책무가 있는데도 자신의 보신과 안위만을 위하여 침묵하거나 오히려 전위병 노릇을 해 왔던 것이다. 장로들이 목사에 대하여 왈가왈부할 입장에 서 있지 못한 또 하나의 이유는, 장로는 교인 가운데 가장 모범을 보여야 할 직분자이며 헌신에 앞장서야 할 일꾼인데도 그렇게 인정받는 장로가 별로 없다는 데 있다. 웃기는 것은 제 본분은 외면한 채 은연중 교회에서 큰 어른인 양 상전 행세를 하는 장로들이 있다는 사실이다. 어떤 장로들은 자신들이 일반 교인들보다 더 높은 자리에 있거나 믿음도 앞서 있다고 착각하기도 한다. 그런 장로일수록 혼자 거룩한 체하고 더 잘 믿는 척하는데, 어떻게 장로가 되었나 의심이 가는 함량 미달자 중에 많다.

건강치 못한 교회에 웃기는 장로들이 많은 법이다. 그들을 일일이 헤아리자면 꽤나 되겠지만 지면 관계상 크게 세 가지 유형만 꼽아 보고자 한다.

첫째, 유정회(維政會) 장로들이다. 성경과 교리에 관한 지식은 깡통이지만 목사에 대한 아부와 복종심만은 금메달감이다. 그런 장로들 때문에 목사가 설사 '내가복음'을 전해도 "아멘, 할렐루야"이어서 교회가 인본주의로 가는 지름길을 제공하게 된다.

둘째, 방향 잃은 장로들이다. 일반 교인도 먼저 자기 교회에서 헌신할 일을 찾아야 하는데, 명색이 장로가 되어서 소속 교회에서는 손발 하나 꼼짝하지 않으면서 교회 밖에 일, 예컨데 다른 선교회, 성가단, 기도회에서는 매우 열심을 보이고 있다.

셋째, 자린고비 장로들이다. 생활에 여유도 있고 자기 것은 빠짐없이 챙기고 쓰면서 십일조 헌금에는 인색하다. 장로는 교회의 운영과 사업이, 그것은 헌금을 통해서 조성된다는 사실을 누구보다도 잘 아는 사람이다. 혹자는 십일조 헌금에 이의를 제기하는데, 장로쯤 되면 수리적인 계산이 아니라 신앙 양심에 부끄럼 없는 금액임을 알 것이고, 더구나 장로는 이미 그걸 따질 단계를 지난 사람이 아닌가.

만약 위에서 언급한 세 가지 지적에 대하여 스스로 인정하거나 못 마땅하게 생각하는 장로들이 있다면 어떻게 처신하면 좋은가? 해답은 매우 간단하다. 스스로 장로 직을 내놓거나, 항존직(恒存職)이라는 이유로 당장 사퇴하기 어렵다면 교인들이 '웃기는 장로'라고 부를 때 "아멘, 할렐루야"로 화답하면 될 것이다.

– 조만연
(회계사, 수필가, LA 기독교윤리실천운동 실행위원)

4. 천국 입학 점수

예전에 한국에서는 대학 입학을 위하여 예비고사라는 시험을 쳤었는데, 요즈음은 그 명칭이 수능시험으로 바뀌었다. 이곳 미국에서도 SAT라고 불리는 비슷한 시험이 있다. 모두 알다시피 그 점수가 높을수록 원하는 대학에 합격할 확률이 높아진다. 비슷하게 천국 입학(?)에도 신앙에 입각한 합격 점수가 있을 거라는 생각이 든다.

예전에 다니던 교회에 무척이나 장로가 되고 싶어하는 분이 있었는데, 번번이 장로직에 진출(?)하는데 실패하여 보기에 측은하기도 하고 민망하기도 하여 필자가 위로 삼아 이렇게 말하였다.

"선생님, 기독교인 치고 천당 가기 싫어하는 사람은 없을 겁니다. 그런데 천국에 들어가려면 대학 수능시험처럼 각 교인도 신앙에 근거한 합격 점수가 있어야 합니다. 목사는 500점, 장로는 400점, 집사는 300점, 평신도는 200점, 어린아이는 0점입니다. 우리가 어린아이로 되돌아 갈 수는 없으니 천국 가기 가장 쉬운 길은 그냥 평신도로 있는 겁니다."

내 우스꽝스러운 충고가 그분에게 얼마만큼 영향을 주었는지는 모르겠다. 사실 그 말이 농담이긴 하지만, 우리가 심판대에 설 때 봉사 직급에 따라 천국 입학 기준이 다를 것이라고 생각한다. 왜냐하면 장로와 목사는 성직자로서 믿음의 수준이나 도덕적 수준이 평신도보다 월등히 높아야 하기 때문이다.

그런데 문제는 이와 반대의 현상이 나타나니 많은 한인 교회가 시끄러울 수밖에 없다. 목사나 장로직으로 교회를 섬길 사람들은 봉사와 희생이라는 특별한 사명의식이 있는 사람들이어야 하고, 교인들은 책임감을 가지고 그러한 직책의 사람들을 신중하게 평가하여 선택하여야 할 것이다.

- 허성규
(캘리포니아주립대학 샌버나디노 회계학 교수, LA 기독교윤리실천운동 실행위원)

5. 인터넷 시대의 윤리

바야흐로 인터넷의 시대이다. 특히 인터넷 세대라고 불리는 젊은층들 사이에 인터넷을 둘러싼 열기가 대단하다. 네티즌이라고도 하는 이 인터넷 애용자들은 요즈음 정치에도 깊고 넓게 관여하여 정부 정책이나 여론에 많은 영향을 미치고 있다.

그런데 이렇게 편리하고 또 힘 있는 인터넷을 여러 부문에서 선하게 사용해야 하는데 이를 악용 하는 사람들이 있다. 인터넷의 광범위성, 신속성, 그리고 익명성을 이용하여 무책임한 주장, 근거 없는 소문, 허위사실, 낭설을 유포하기도 하고, 불건전하고 부도덕한 상업광고(스팸메일)를 다량으로 살포하기도 하며, 또 인터넷을 이용하여 남을 모함하거나 해치는 인터넷 폭력까지 휘두르는 사람도 있다.

인터넷의 예에서 보듯이 오늘날 우리는 과거 어느 때보다도 불특정 다수인과 많은 교류를 하면서 살고 있다. 옛날에는 사람들의 생활 반경이 좁게 한정되어 있어서 같이 부딪히며 사는 사람들이 많지 않았지만 오늘날 우리는 모르는 사람들과 자주 접촉하며 살고 있다. 그래서 이 인터넷 시대에 필요한 윤리는 가까운 사람들 사이의 윤리만이 아니라 모르는 사람들, 멀리 있는 사람들에 관한 윤리까지도 포함해야 한다.

생각건대 한국인들은 모르는 사람, 멀리 있는 사람들에 대한 윤리관이 취약하다. 유교적 가치를 바탕으로 하는 한국의 전통적 윤리관은 기본적으로 어떤 한 개인이 공동체 안에서 특정한 관계를 맺고 살아가는 사람들(예컨대 부부, 부자, 교우관계 등) 사이의 윤리만을 논의하고 있고, 그런 관계를 맺고 있지 않는 불특정 제3자들에 대해서는 소홀하다.

따라서 이 점에 관해서 우리가 배우고 실천해야 할 것이 바로 기독교 윤리라고 생각한다. 한국의 전통적 윤리관과 달리 기독교 윤리관은 마치 인터넷의 시대가 올 것을 미리 예견이나 한 것처럼 처음부터 불특정 다수인에 대하여 어떻게 행동해야 할 것인가를 말해 주고 있다. 흔히 기독교는 사랑의 종교라고 하는데, 그 사랑은 가까운 사람들 사이의 사랑만을 의미하는 것이 아니라 모든 사람에 대하여 뻗치는 사랑이다.

기독교의 사랑은 형제와 동포에 대한 일반적 사랑(agape), 박애주의(philanthropy), 애타(愛他)주의(altruism)를 바탕으로 한다. 가족이나 이웃은 물론, 낯선 사람에게도 사랑을 베푸는 선한 사마리아인의 정신(Good Samaritanism), 나아가 적까지도 사랑한다는 정신이다.

미국인들이 우리보다 일반적으로 기부를 잘 하고, 자원봉사에 더 활발하고, 헌혈이나 장기 기증에 더 적극적이며, 입양에 더 개방적인 것도 이러한 기독교 윤리관 때문이다.

반면에 우리의 끈끈하고 좁디좁은 동아리의식은 끼리끼리는 잘 하지만 관계없는 사람들에게는 잘 하지 않아도 된다는 생각을 품게 한다. 그 결과 한국은 전 세계에서 동창회, 향우회, 종친회가 가장 왕성한 나라가 되었고 급기야 많은 일이 학연·지연·혈연에 따라 결정되는 연고주의, 집단 이기심, 지역감정 등 이른바 망국병을 앓게 되었다. 거기에다 한국은 이제 외설적인 스팸메일의 세계 최대 생산국까지 되었다.

인터넷 시대를 맞이하여 이제 기독교 윤리의 확산·보급을 통해서 우리의 윤리관을 넓혀야 할 때이다. 하루 빨리 불건전한 동아리의식을 털어내고 모르는 사람, 멀리 있는 사람들에게도 바른 생각과 행동으로 대해야겠다.

– 장석정
(일리노이주립대학 경영학 교수)

6. 미국을 향한 선교

22세기에 들어가면 미국의 양대 종교는 몰몬교와 이슬람교가 될 것이라는 예상을 어디선가 읽은 적이 있다. 농담일 것이라고 일축하지만 마음 한쪽에서는 그들의 부지런한 선교 현장을 부인하지 못한다. 양쪽이 모두 선교를 통해서 미국과 세계에서 가장 빠르게 성장하고 있다. 그러나 몰몬교와 이슬람교에는 공통적으로 인격적 사랑이 없다고 생각한다. 진리는 은혜의 증거를 통해서만 전할 수 있는데 그들에게는 종교적 의무와 시스템이 있을 뿐이다.

그렇지만 슬프게도 이 시대에 전 세계를 대상으로 신제국적 발상을 가지고 있는 미국의 위정자들이 크리스천이라는 사실은 하나님 사랑의 선포를 그만큼이나 위선적으로 만들고 있다. 물론 복음주의적 선교사들도 세계 구석구석에서 헌신하고 있다. 그런데도 미국에서 온 사역자들은 여러 가지 면에서 변명을 많이 하게 된다. 아프가니스탄 전쟁은 그런대로 명분이 분명했을 것이다. 그러나 이라크 전쟁으로 선교지에서 그들의 입지는 좁아지고 있다. 더욱이 미국 입국자들을 대상으로 지문을 채취하는 것은 그 목적이 무엇이든 할 말이 없게 만든다.

미국 내 한국 교회들도 선교의 정책적 방향을 더욱 정조준해야 한다고 생각한다. 선교를 개교회의 사역으로 삼을 것이 아니라, 한국 교회가 미국과 세계를 위한 밀알이 되도록 선교의 목표를 정해야 한다.

한국인과 한국 교회가 미국이라는 환경만을 이용할 것이 아니고 도덕성의 위기에 선 이 나라를 위해서, 먼저는 그들 중의 하나가 되고 궁극적으로 그들을 위해 헌신해야 할 것이다.

－ 송인범
(목사, 카츠퍄해선교회 대표)

7. 우리의 적은 타종교가 아니다

한 기독교인의 입장에서 말한다. 우리의 적은
타종교 그 자체가 아니다. '예루살렘'에 자행한 죄를 회개한다는 평화전
선언문을 들고 행진했다는 소식을 듣고 참 다행이라고 생각했다.

'선교는 영적전쟁'이라고 늘 말하기 때문에, 자칫 잘못하면 우리의 적
은 이슬람교나 다른 종교라고 생각하기 쉽다. 한 종교가 타종교에 대해
박해한다는 것은 그 자체가 죄악이다. 그런 의미에서 기독교라는 집단도
과거에 많은 죄악을 범했고 그런 일이 지금도 일어나고 있다.

기독교도 타종교와 같은 종교의 틀을 가지고 있다. 그렇기 때문에 우
리의 적은 타종교가 될 수 없다는 것이다. 우리의 적은 예수님의 뜻을 어
기는 것이다. 즉, 사랑하라는 예수님의 근본정신을 어기는 것은 그것이
종교이든, 사상이든, 정치이든, 경제이든, 문화이든, 심지어는 조국애라
도 우리가 싸워 이겨야 할 적인 것이다.

그런 의미에서 기독교 안에서도 우리는 우리의 적을 찾아야 한다. 나

자신 안에 있는 것도 우리의 적이 될 수 있다. 내가 남을 미워하면 나는 우리의 적이 되는 것이다. 내 안에, 우리 안에 있는 적은 무시하고 밖에서만 적을 찾는 행위는, 상생의 삶이 그 어느 때보다도 절실한 이 시대에 또 하나의 해악을 가져오는 것이다.

타종교의 내용이나 가르침과는 상관없이 무조건 기독교가 아닌 다른 종교를 우리의 적이라고 생각하는 것을 독단과 편견이라고 한다. 우리는 이런 독단과 편견에 빠지지 않도록 항상 명심해야 할 것이다.

문제는 타종교인 중에서도 과격분자들이고, 그런 면에서는 기독교의 과격분자도 문제이다. 언제나 과격분자들은 자기들의 신의 이름으로 살생과 침략을 했고, 지금도 하고 있다. 우리의 적은 이런 사람들이다.

반면, 자기를 희생하며 다른 사람을 사랑하는 사람은 어떤 종교를 가지고 있든지 우리와 함께 손잡고 이 세상을 좋은 세상으로 만들어 가야 할 형제자매들이다. 그런 의미에서 우리는 종교를 초월해야 한다. 예수님도 종교의 틀을 벗어버리고 사랑을 실천하셨다.

– 이창순
(토렌스한인연합감리교회 담임목사, LA 기독교윤리실천운동 자문위원)

8. 단순하게 사는 사람들

단순하게 사는 사람은 행복한 사람이다. 첫째, 목적이 단순하다. 인생의 제1목적은 주를 영화롭게 하는 것, 즉 무슨 일을 하든지 "주님 감사합니다." 하며 사는 단순한 사람이다. 인생의 제1목적을 지닌 그는 '든지 신앙'을 갖는다. 먹든지 마시든지 다 주의 영광을 위하여, 거하든지 떠나든지 주를 기쁘시게, 살든지 죽든지 내 몸에서 주가 존귀히 되게, 깨든지 자든지 무엇을 하든지 말에나 일에나 다 감사하라는 뜻이다(바울).

둘째, 마음이 단순하다. "나는 가난합니다." 하는 사람이다. 심령이 가난한 자(구역, 마음이 비인 자)는 행복하나니 천국이 그들 것이다. 맥도널드(G. MacDonald)는 "가난한 자는, 자신들에게 가난이 필요한 것임을 깨닫고 있는 사람들, 자신의 삶을 가치 있게 하기를 원하는 사람들 등이다"라고 말했다. 어떤 사람이 "나는 비천합니다." 하고 말할 때 하늘나라의 문은 열리기 시작한다. 그들의 삶에는 그 나라에 들어가는 데 필수적인 겸허가 있기 때문이다. "그(예수)는 흐르는 물과 같았다. 자기보다 더 낮은 곳이 있으면 시각을 다투어 그리로 내려갔다. 그리하여 언제나 그는 맨 아래에 있었다."(이현주)

셋째, 삶이 단순하다. "이래도 행복합니다." 하는 사람이다. "우리가 진실로 이 같은 내면의 단순함에 거할 때, 온 외형은 더 솔직하고 더 자연스러워진다. 참다운 단순성은 우리로 하여금 어떤 개방됨, 온유함, 순진함, 쾌활함, 평온함을 의식하게 한다. 오, 이 단순성이 얼마나 사랑스러운지, 누가 이것을 내게 줄까? 이것을 위해서라면 나는 모든 것을 내놓겠다. 그것은 복음서에 나오는 진주이다."(페넬롱)

애너하임의 백 목사님은 포켓수첩을 10년 전부터 사용하고 있다. 물에 빠져서 쭈글쭈글해졌지만 소중하게 쓰신다. 거기에 10년의 삶을 알차게 채운 그분은 금요일마다 한 끼 이상 금식하면서 북한선교를 계속하신다. 지난 통일세미나에서는 성공회대의 김동춘 교수가 강의했는데, 앞이 다 까진 구두를 신고 있음을 보고 놀라면서도 반가웠다. '음, 동지가 있구나!'

이민생활하는 많은 이들이 삶을 단순하게 살아간다. TV 받침도 없어서 다리미판과 벽돌을 이용하는 집도 있다. 한국에서는 화려하게 장식한 장롱, 소파 등과 같은 가구들을 사용하던 사람들이 이곳에서는 정말 삶을 단순하게 살아간다. 채워놓지 않아도 허전하지 않는 삶, 눈에 보이지 않는 아름다움을 담아놓는 '영혼의 공간'을 갖고 살기 때문이다. 그 사람들은 주님을 감동시키고 남을 감동시켜서 주께 영광을 돌리기에 충분한 행복한 삶을 산다.

- 이효삼
(Hansell West Fork 연합감리교회 담임목사)

9. 배고픈 사람에게는 귀가 없다

20세기 들어와서 전 세계는 눈부신 경제성장을 이루었다. 20년 전인 1980년대와 오늘날을 비교해 보면 전 세계가 두 배 이상 부유해졌다. 그런데 세상은 더 빈곤해지고 있다. 오늘날 부유한 20퍼센트의 사람들이 전 세계에서 나오는 물자의 75퍼센트를 쓰고 산다. 전 세계의 가난한 20퍼센트의 사람은 1.6퍼센트밖에 못쓰고 산다. 부유한 사람들이 50배의 물자를 더 사용하고 있다는 것이다.

오늘날 1년에 2천만 명이 굶어죽는다. 그중 아이들이 천8백만 명이라고 한다. 불과 몇 초 사이에 어디선가 먹을 것이 없어서 한 사람이 굶어 죽어간다. 국제식량농업기구에서 일하는 사람들에 따르면 2천만 명은 축소된 수이다. 죽음의 원인을 기록할 때 이질이나 열병으로 죽었다고 적기 때문에 통계에서 빠질 뿐이지 훨씬 더 많은 사람들이 굶어 죽는 것이다. 앞으로 20년 후에는 더 많은 사람들이 굶어 죽을 것이라고 한다. 오늘날 우리는 먹을 것이 있어도 배가 부르기 때문에 숟가락을 놓는다. 그러나 세상에 있는 10억의 사람은 배가 고프지만 먹을 게 없기 때문에 숟가락을 놔야 한다.

배고픈 사람에게 귀가 없다! 아프리카의 속담이다. 이런 뜻이다. 사람이 어느 정도 가난할 때는 더 나은 삶을 위해서 귀를 연다. 그러나 절대빈곤 가운데 들어간 사람들에게는 형이상학적인 것들이 귀에 들리지 않는다는 말이다. 예를 들면, 죽어서 천국에 가고, 영원한 생명이 있으며, 하늘나라가 있다는 등의 이야기들은 귀에 들리지 않는다는 것이다. 어느 정도의 가난은 오히려 사람으로 하여금 하나님을 찾게 하고 신앙의 문으로 들어오게 하지만, 절대빈곤은 그런 이야기들이 사치스러울 뿐이다. 오늘날 선교에서는 이 문제가 큰 장벽이라고 한다.

얼마 전 월드비전에서 주관하는 6·25 특별 사랑의 빚 갚기 주일에 많은 이민 교회가 동참했다. 한국 전쟁고아들을 위해 밥 피어스 목사가 미국의 도움으로 고아원과 모자원을 세워 줌으로써 시작된 사랑의 빚을 갚자는 운동이었다. 한 달에 30불이면 한 아이를 살릴 수 있다는 사실에 동참하는 우리에게는 기쁨이 있었다.

얼마 전 탈북자들이 대거 한국으로 몰려왔다는 소식을 들었다. 또 탈북자들을 1년에 3천5백 명씩 미국으로 받아들이자는 법안을 샘 브라운백 상원의원이 제안하여 상원통과를 기다리고 있다. 이미 기윤실을 비롯하여 많은 교회나 단체들이 북한을 돕고 있지만 평통에서 북한에 젖염소 보내기 운동을 실시하기로 했다는 최근의 소식도 우리를 흐뭇하게 해 주고 있다.

배고픈 사람에게 귀가 없다! 절대빈곤 속에 있는 한 사람에게 행한, 지극히 작지만 구체적인 나눔이야말로 가장 아름답고 위력적인 선교의 기적이 아닐까? 보리떡 다섯 개와 물고기 두 마리가 수천 명을 먹인 기적의 씨앗이었던 것처럼….

– 김병호
(햇불교회 담임목사, LA 기독교윤리실천운동 실행위원)

10. 건강한 시민 사회를 꿈꾸며

한 사회를 움직이는 중요한 중심축을 지닌 영역을 흔히 세 가지로 분류한다. 하나는 정부이고 다른 하나는 자본을 움직이는 기업, 그리고 나머지는 시민으로 구성된 시민 사회이다. 세 개의 영역이 유기적으로 조화를 이루어 갈 때 건강한 국가, 건강한 기업, 건강한 시민 사회를 유지할 수 있다고 한다. 그러한 건강성의 토대는 상호 영역 간의 견제와 균형을 통한 조화를 이룰 때 가능할 것이다.

그리스도인으로 구성된 교회가 사회에 대한 관심을 갖는다면 셋째 영역에서의 역할일 것이다. 한 사회의 건강성은 그 사회를 구성하는 사회구성원들의 의식과도 밀접한 관계가 있다. 남가주 이민 사회를 구성하는 이민자들의 80퍼센트 이상이 교회에 출석하고 있다는 이야기를 들었다. 한국 사회의 기독교인 비율이 25퍼센트라는 공식적인 통계와 비교할 때 이곳 미주 한인 사회는 기독교 사회라고 해도 지나치지 않을 것 같다. 그런데도 미주 한인 사회는 하나님의 공의가 편만하게 흐르는 정의로운 사회와는 거리가 좀 먼 것 같다. 한인 간의 신뢰지수는 거의 바닥 수준이고, 한인 커뮤니티의 건강지수 역시 심각한 성인병의 수준이 아닌가 싶다.

이는 한인 사회 구성의 주축인 교회의 건강성과도 밀접한 관련이 있다고 본다. 매주 수많은 한인들이 교회를 찾고 예배를 드리지만 주중 각자의 삶의 현장에서는 영적 산제사로의 예배적 삶과는 유리된 삶을 살고 있다. 예배에는 열심을 보이면서도 일터인 가게와 기업에서 그리스도인으로서의 청지기적인 소명을 실천하는 일에는 소원하기 때문이다.

아주 낮은 염도만으로도 바닷물의 부패를 막을 수 있다고 한다. 한 사회를 구성하는 시민들의 건강한 의식과 정직성은 그 사회를 부패와 타락으로부터 막는데 있어서 결정적인 소금의 역할을 할 수 있다.

건강한 시민 사회를 이루는 그 중심에는 한인 교회들이 있다. 건강한 교회 안에 건강한 성도들의 의식은 이민 사회를 더욱 견실하게 서워가는 토대가 될 것이다. 이제는 교회들이 나서서 이민 사회의 문제점을 스스로 지적하고 개선해 나가는 일에 주체적으로 참여해야 한다. 사회적 약자에 대한 관심을 높이고, 불의를 도모하는 이들을 꾸짖으며, 이민 사회에 왜곡된 질서를 바로잡는 일에 교회와 그리스도인들이 앞장서야 한다. 교회 안에 머물며 복을 빌고, 자기만의 안위를 구하는 이기적인 모습을 버리고 사회의 공공선을 위한 활동에 참여하는 성숙한 시민의식을 교회가 심어 주어야 한다. 개교회라도 중심이 되어 주정부의 정책을 평가하고, 기업의 부도덕성을 지적하며 공공의 이익을 위해 섬김을 다하는 시민사회운동을 전개해야 한다.

한인 사회가 지나온 이민 역사의 100년을 자랑했다. 앞으로의 백년을 위해 이제는 더욱 성숙한 시민의식으로 건강한 시민 사회를 이루는 계기를 만들어야겠다. 그리고 이 일을 위해 한인 교회들이 나서서 건전한 시민 사회 형성의 주체가 되어야 한다.

− 전종천
(미주 《크리스찬투데이》 취재부장, LA 기독교윤리실천운동 실행위원)

11. 나눔의 행복

2004년도 새해가 시작되었다. 언제나 시작이 가장 중요하다. 거리나 시간, 자세 등 다른 어떤 것도 시작보다 중요하지 않다. 모든 것의 초점은 시작과 그것을 지속하는 것에 있다. 새해를 시작하면서 각각의 소원이 있을 것이다. 건강을 위한 운동이든 음식조절이든 아니면 그 어떤 것이라도 중요한 것은 우선 시작하는 것이다. 시작이 중요하다.

옛말에 시작이 반이라는 말도 결국 시작의 중요성을 말하는 것이다. 그런 면에서 코리안 아메리칸으로서 이 땅에서 살아가는 동포들에게 감히 한 가지 제안하고 싶다.

그것은 올 한해는 특별히 나눔의 삶을 실천하자는 것이다. 프랭클린이 남긴 말 가운데 "쓰고 있는 열쇠는 항상 빛난다."는 말이 있다. 그렇다. 늘 쓰는 열쇠는 언제나 손에 닳아 빛이 난다. 그러나 자주 쓰지 않는 열쇠는 녹이 슬거나 색깔이 변해 있는 것을 본다.

나눔이란 인생의 열쇠를 빛나게 해 주는 것이다. 나눔이라는 것은 참 역설적이다. 남에게 많이 나눠 줄수록 자신도 많이 가질 수 있다는 것이다. 그래서 나눔은 행복이다. 자원봉사자들이 이구동성으로 하는 고백들을 보자. 조그만 나눔의 삶을 통하여 인생의 행복과 보람을 발견했다는 것이다. 감사와 행복, 존재의 넉넉함과 따뜻함은 나눔이 주는 축복이다. 이것이 나눔의 신비요, 능력이다.

나눔이란 거창한 것이 아니다. 지극히 작은 것에서부터 시작된다. 이메일 편지나 전화 한 통화, 작은 선물 혹은 도움이 필요한 자들에게 다가가는 사랑의 행위 하나가 서로의 열쇠를 빛나게 해 준다. 시간과 물질은 나눌수록, 마음과 사랑은 더 많이 주고받을수록 그 열쇠는 더욱 빛이 나는 법이다.

서로 잘 쓰이고 있기 때문이다. 자신을 아름답게 가꾸는 비결은 고가의 화장품이나 옷이 아닌 나눔의 삶이다. 올 한해는 우리 모두가 나눔의 행복을 경험할 수 있었으면 좋겠다.

- 김병호
(햇불교회 담임목사, LA 기독교윤리실천운동 실행위원)

12. 믿음 따로, 행동 따로

점심을 밖에서 해결해야 하는 필자는 식당이
있는 쇼핑센터에 갈 때마다 반갑지 않은 사람들을 만나게 된다. 주차금
지라고 표시된 가게 앞에 태연히 차를 세워 놓고 들어가는 사람들이다.
불과 십여 미터 떨어진 곳에 주차장이 있는데도 말이다.

또 아무렇게나 주차하여 두 대가 주차할 수 있는 자리를 점령한 얌체
들도 눈에 띈다. 그들에게 한 가지 공통된 부분이 있다면 한인 동포이며
십중팔구 교회에 다니고 있다는 점이다. 이는 한국 교인들이 그처럼 손
쉽고 기본적인 실생활에서조차 일반 시민의 본분을 제대로 지키지 않고
있음을 나타내는 한 예이다. 명색이 교회에 다닌다고 하면 체면을 위해
서라도 뭔가 달라야 하는데 교인이 아닌 사람이나 도무지 차이가 없다.
이는 당사자 개인의 문제로만 치부하기에는 너무 광범위한 현상이며 그
정도도 역시 매우 심각한 수준에 이르고 있다. 교회가 우후죽순처럼 솟
아 있고 인구의 3분의 1 가까이가 신자라는 한국이 살기 좋은 낙원이 되

기는커녕 오히려 부정부패와 비리, 범죄와 가치관 상실, 퇴폐와 도덕 붕괴 등으로 저질 국가가 되어가고 있다.

한국 교인은 빛 좋은 개살구 격이다. 교회에서는 믿음도 좋고 매우 열성적이다. 새벽기도, 주일 성수, 예배와 찬양, 헌금과 봉사 등 어느 하나 나무랄 데가 없이 훌륭하다. 그러나 실제생활은 신앙심과 거리가 멀다. 믿음 따로, 행동 따로 인 셈이다. 그래서 복음전파를 가로막고 있는 최대 장애물은 아이러니하게도 교인들 자신이다. 이제 빛과 소금 역할을 운운하는 것에는 아무도 관심을 기울이지 않으며, 목사와 교인을 우습게 여기는 풍조까지 팽배해 있다. 이런 괴리 현상이 생긴 근본적 원인은 교회가 마땅히 해야 할 일을 방치했기 때문이다. 교회는 은혜와 진리가 충만해야 하는데 교인들을 놓칠까봐 달콤한 사랑과 축복(은혜)의 말씀만을 강조하고, 듣기 싫어하는 법과 윤리(진리)는 아예 비치지도 않은 꼴과이다. 목사님들은 "교회는 죄인이 모이는 곳"이라든가 "죄 없는 자가 돌로 치라"며 책임을 호도하고, 있지만 교회는 교도소로 끝나는 것이 아니라 '하나님의 자녀로 만들어지는 곳'이며, "다시는 죄를 짓지 말라"는 말씀을 몸소 익히는 모델하우스인 것이다.

교인의 신앙생활에 문제가 있다면 목사도 그 책임을 면할 수 없다. 지금 교인들이 이런 사실을 몰라서 가만히 있는 것은 아니다. 그만큼 목사님을 믿고 존경하기 때문이다. 목사님들은 종전의 목회방법으로 한국 교회를 잘못 이끌어 왔음을 솔직히 인정해야 한다. 그런 결단과 거듭남이 없으면 한국 교회는 미래가 없으며 삼류 종교로 전락되는 것도 시간문제이다. 30년 후 혹시 복채를 사기 위해 교회를 찾지 않는다고 누가 장담할 수 있겠는가!

- 조만연
(회계사, 수필가, LA 기독교윤리실천운동 실행위원)

13. 신앙과 삶 - 우리의 자화상

한국의 기독교인 인구는 약 천만 명에 달한다. 그리고 국회의원 272명 가운데 이력서 종교란에 기독교라고 적은 사람이 개신교 112명과 가톨릭 47명을 합쳐서 159명이라고 하니 전체 의원 수의 59%에 해당하는 수가 기독교인인 셈이다. 여기 한 가지 흥미로운 통계가 있어서 소개한다.

그것은 한국의 교도소 재소자 중 42퍼센트가 과거 교회에 다닌 경험이 있다는 것이다. 단순히 이상의 통계 수치로만 유추해 보면 한국에서는 기독교인이 보통 사람들보다 두 배 이상의 죄를 지으며 살고 있다는 이야기가 된다. 반면에 국회의원 당선률은 비기독교인에 비하여 세 배 가까이 되니 한국의 기독교인들은 하나님의 축복을 듬뿍 받고 출세하며 살고 있다고 해야 할 것이다. 그러나 이 뒤틀린 영욕(榮辱)의 숫자가 조금은 우리를 부끄럽고 당혹하게 하는 것은, 한국 사회에서 무슨 대형 사고나 부정부패 사건이 터졌다 하면 으레 거기에는 기독교인들이 연루되어 있다는 것이다. 삼풍백화점 붕괴사건, 대학교수의 아버지 살해사건과 고급 옷 로비사건들은 모두 교회의 직분자들이 그 주인공들이었다. 그래서인지 요즈음 사이버 공간에는 교회와 십자가와 기독교인이 꼴 보기 싫다는 악의에 찬 반기독교 사이트가 기승을 부리고 있다고 한다.

이러고 보면 한국의 기독교가 세계 기독교사에 유례없는 고도성장을 이룩해서 세계 제일의 큰 교회를 세우고, 또한 한국인만이 가질 수 있는 신앙의 열정으로 새벽기도회를 한 결과로 세계 제2의 선교국가가 되었다는 것을 자랑할 수만은 없을 것 같다.

각설하고 그러면 이곳 미국에 살고 있는 우리 한인들 곧 우리 기독교인들의 사는 모습은 어떨까? 2000년 인구센서스에 따르면 미국에는 우리 한인들이 108만이 살고 있는 것으로 나타나 있다. 그러나 실제로는 150만이나 200만이 살고 있을 것이라고 한다. 한국과는 달리 이곳의 한인들은 거의(60~70%)가 교회에 나가고 있다. 미 전국에는 한인 교회가 3천여 개가 있고 LA 일원에만도 천여 개가 넘게 있으니 가히 미국 내의 한인 동포 사회는 교회 중심의 커뮤니티라고 말해도 과언은 아닐 것이다.

이런 미국 내 한인 사회가 언젠가 있었던 《시카고 트리뷴》(Chicago Tribune)지의 소수민족 선호도(호감) 조사 결과에서는 우리 한인들이 조사 대상 46개 민족 중에 끝에서 네 번째쯤에 랭크되었다. 그리고 한 한인 사회 학자가 조사한 바에 따르면 아르헨티나에서 우리 한인들이 집시 다음으로 미움을 받고 살고 있는 것처럼, 지금 미국에서도 우리 한인들은 이란 사람 다음으로 기피하는 민족이라는 것이다. 이런 미국 사람들의 한인들에 대한 혐오감 지수가 우리를 4 · 29 폭동의 최대의 피해자로 만든 것은 아니었을까?

미국 사람들의 눈에 비친 우리 한인들은 정직하지 않고, 법과 질서와 공중도덕을 지키지 않으며, 세금을 속이고, 자기보다 약한 사람은 깔보고,

허세를 부리며, 이기적이고, 저희끼리 모여서도 잘 싸우는 집단쯤으로 되어 있는 것이다. 이것이 사실이라면 주로 기독교인으로 구성된 한인 사회가 왜 이렇게 되었는지 참으로 부끄럽고 안타까운 일이 아닐 수 없다.

지금 미국의 동포 사회와 교계에서는 이민 100주년을 기념하는 여러 가지 축하 행사가 열리고 있다. 우리의 앞날을 위해서는 이런 행사들이 어찌 필요하지 않겠는가?

그러나 더 절실한 것은 이런 행사에 앞서 우리의 비뚤어진 모습을 반성하고 새로운 출발을 다짐하는, 옛날 이스라엘 사람들이 미스바 광장에 모여서 자기들의 잘못을 하나님 앞에 회개하고 통회하며 자복하던 그런 집회가 필요하지는 않을까?

왜 한국의 기독교인들은 잘 믿는다고 하면서도 한국에서나 미국에서 이런 꼴이 되었는가! 우리는 주일 하루 교회에 나가서는 거룩한 체 하지만, 엿새 동안 세상에서는 하나님의 말씀대로 바르게 살지 못하고 있다. 그래서 교회도 개인도 세상에 아무 영향을 주지 못하고 오히려 세상 사람들에게 빈축의 대상이 되고 있는 것이다. 우리에게는 신앙은 있는지 모르지만 삶의 실천은 없었다.

요즈음 인터넷에서 떠도는 새로운 기독교 용어로 '미드미(믿음이)'와 '따르미(따름이)'라는 말이 있다. 미드미는 하나님을 믿는 사람들을 의미하며, 따르미는 예수님의 삶을 따라서 사는 사람을 말한다.

야고보 선지자는 "행함이 없는 믿음은 죽은 믿음"이라고 하였고, 본회퍼 목사님도 신앙은 "명사가 아니고 동사다. 행동하는 것이다."라고 했다. 그러므로 이제는 우리 모두가 미드미의 경지에 머무르지 않고 예수님 따르미가 되어서 신앙을 삶으로 실천하여 어두운 미국의 동포 사회를 밝히고 건강한 교회를 세우는 일에 힘써 나가야겠다.

- 유용석
(나성성결교회 원로장로, LA 기독교윤리실천운동 공동대표)

제5장

건강교회운동을 위한 자료

1. '98교회개혁선언

 한국 교회 개혁을 위한 '98교회개혁선언문

    사랑하는 한국 교회 형제자매 여러분! 교회가 바로서야 나라가 바로 섭니다. 최근 이 땅에 임한 환난은 부패한 사회와 교회에 대한 하나님의 채찍이요, 회개와 개혁을 촉구하는 하나님의 음성입니다. 세상의 소금이어야 할 한국 교회의 상당수는 맛을 잃은 소금처럼 길에 버려져서 사람들의 발에 짓밟히고 있습니다. 사회는 교회로부터 진리와 정의의 빛을 애타게 찾고 있으나, 교회는 물질주의, 권위주의, 물량주의의 흑암 속에 잠겨 있습니다. 하나님은 교회를 그리스도의 몸이요, 성령의 교제가 넘치는 공동체로 만드셨으나, 한국 교회는 수백 개로 갈라지고 찢어졌습니다.

    하나님을 알고 사랑하는 일보다 돈을 더 사랑하고, 건강하고 성숙한 그리스도인을 양육하는 일보다 수와 크기를 자랑하고, 섬김과 나눔의 본이 되어야 할 지도자들은 권위와 교권을 내세웠습니다. 평신도의 위치는 위축되고, 사회적 책임은 무시되었으며, 그리스도와 성령 안에서 하나 된 공동체이어야 할 교회는 분열되었습니다. 따라서 한국 교회는 한국 사회를 변혁하고 선도할 지도력을 잃어버렸습니다. 이에 우리는 교회 갱신과 교회 지도력 회복을 위해 다음과 같이 선언합니다.

① **교회 내의 권위주의 척결** 우리는 교회 안에 만연된 권위주의를 깊이 우려합니다. 모든 성도는 다 '왕 같은 제사장'으로 교회 안에서 동등한 지위를 가집니다. 교회 안의 모든 직분에는 어떠한 계급의 차이도 있을 수 없습니다. 만일 차이가 있다면 그리스도 안에서 각각 받은 은사와 직분의 차이일 뿐입니다. 목사는 말씀과 성례에 힘쓰고, 장로는 교인들을 돌아보며, 집사는 구제와 봉사에 전념하는 것이 옳습니다. 모든 행정은 민주적 절차에 따라 진행해야 하고 인간의 부패한 본성이 횡포를 부리지 못하도록 견제와 균형의 장치를 갖추어야 합니다. 우리는 모든 그리스도인들이 각각 받은 은사대로 교회공동체를 가꾸어 가기를 촉구합니다.

② **목사·장로의 임기제와 평가제 도입** 우리 한국 교회는 지도자들의 직무 수행에 대하여 평가·개선할 수 있는 제도적 장치를 갖지 못하였습니다. 그 결과 목사와 장로가 직무 수행을 게을리 하거나 문제를 일으켜도 교회로서는 속수무책일 수밖에 없습니다. 이로 인해 교회 갱신이 어려웠던 것은 말할 것도 없고, 선교와 전도에 엄청난 손실과 시련을 겪고 있습니다. 따라서 우리는 교회 형편에 따라 목사·장로의 정기적인 평가제와 임기제를 도입하여 임기 만료시 계속 시무 여부에 대해서 교인들의 투표로 결정할 것을 제안합니다.

③ **노회(지방회,연회)와 총회의 금권 선거 배격** 우리는 각 교단 노회장과 총회장 선거시 막대한 금품이 오가고 향응이 베풀어지고 있는 현실을 안타깝게 생각합니다. 우리는 돈으로 교권을 사는 행태가 교회의 쇠퇴를 초

래했음을 교회 역사를 통해 잘 알고 있습니다. 한국 교회에서 자행되는 금권선거는 교회를 죽이는 일이고 하나님을 부끄럽게 하는 일입니다. 지금 당장 각 교단은 금권선거를 중단할 것을 촉구합니다. 금권을 내세워 총회장과 부총회장에 출마한 사람은 반드시 낙선시켜야 하고, 이 일에 동조하거나 방조하는 사람도 책임을 물어야 할 것입니다. 금권뿐만 아니라 지방색과 파벌을 이용한 교회 선거도 하나님이 가증스럽게 여기는 일임을 알아야 할 것입니다. 모든 지도자는 그의 은사와 능력에 따라 선출되어야 하며, 모든 직분은 하나님의 교회를 섬기고 세우는 일임을 깨달아야 합니다.

④ **교회 재정 사용의 건전성과 투명성 확보** 우리는 한국 교회의 재정 사용이 건전하지 못한 것에 대해서 가슴 아프게 생각합니다. 대부분의 헌금은 각 교회를 유지하는 데 사용되고, 교회가 마땅히 힘써 감당해야 할 교육, 선교, 봉사, 구제가 소홀히 행해지고 있을 뿐 아니라, 일반 성도에게는 재정 사용 내역이 투명하게 공개되지 않는 경우가 많습니다. 교회 재정은 하나님이 위탁한 것이므로 마땅히 건전하게 사용해야 합니다. 따라서 우리는 다음과 같이 제안합니다. 첫째, 교회 재정은 전 교인에게 공개되어야 합니다. 둘째, 재무 자료의 투명성과 신뢰성 확보를 위해 전 교회 차원의 통일된 회계 기준이 있어야 합니다. 셋째, 교회 재정은 제 삼자에 의한 외부 감사나 최소한 총회 차원의 정기 회계 감사가 있어야 합니다. 넷째, 재정 사용은 효율성을 견지하여 낭비가 없어야 하며, 하나님과 이웃 사랑의 실천이 지출의 최우선적 기준이 되어야 합니다. 다섯째, 차입 경영은 최대한 자제해야 합니다. 차입이 불가피한 경우에도 조속한 상환을 재정 관리의 제일 목표로 삼아야 합니다.

⑤ **개교회 성장주의 배격과 협력 구축** 우리는 한국 교회가 버려야 할 가장 큰 우상은 교회 성장주의라고 생각합니다. 이제 우리는 큰 교회가

좋은 교회라는 세속적 물량주의를 반성하고 참된 교회의 모습을 회복해야 합니다. 한국 교회는 또한 개교회주의를 지양해야 합니다. 적지 않은 교회들이 그동안 개교회의 명성에 도움이 되는 일이라면 하나님 나라의 확장에 방해되는 일조차도 서슴지 않고 해왔습니다. 다른 교회와 협력하면 복음 전파에 큰 도움이 될 일조차도 자기 교회에 끼칠 유익이 없으면 외면하였습니다. 만연된 개교회주의로 인해 한국 교회는 성경이 가르치는 교회의 보편성과 통일성을 무시했습니다. 따라서 우리는 한국 교회가 개교회 중심주의를 버리고 공교회 의식을 회복하기를 촉구합니다.

⑥ **교회의 사회적 책임과 교회의 연합과 일치** 우리는 한국 교회가 수적인 성장에 상응하는 영향력을 사회에 드러내지 못함을 안타깝게 여깁니다. 과거 한때 민족의 고난과 아픔에 동참했던 교회가 최근에는 중요한 역사적 순간마다 사회적 책임을 포기한 사례가 잦았습니다. 그 결과 기독교 문화 창달, 부패한 사회 구조 개혁, 그리고 건전한 시민 사회 조성에 공헌하지 못하였습니다. 또한 우리 한국 교회는 공동의 대외적 목표와 전선(戰線)을 상실함으로써 일체감을 잃었고, 그 결과 교단 내부의 지엽적인 문제로 서로 반목하고, 심지어 분열을 초래하는 오류를 범하였습니다. 이에 우리는 교회공동체 내의 근본적인 문제에서는 일치를, 그리고 지엽적인 문제에서는 관용을 추구함으로 그리스도의 몸 된 교회의 일치 속의 다양성을 확보할 것을 제안합니다. 하나 된 교회를 통해 확보한 사랑의 능력과 자원으로 우리 한국 교회는 사회를 향한 총체적 선교의 사명을 감당해야 합니다.

⑦ **목회자 자질 향상과 신학 교육의 정상화** 우리는 한국 교회의 많은 문제가 안타깝게도 목회자들의 자질과 관련되어 있다는 생각을 떨쳐버릴 수가 없습니다. 말하기조차 송구스러운 일이지만 일부 목회자들이 지적으로, 윤리적으로, 인격적으로 수준이 너무 낮다는 것입니다. 무인가

신학교의 부실한 교육과 인가된 신학교라 하더라도 재정적 이유에서 비롯된 대량 교육 탓이 크다고 생각합니다. 따라서 우리는 다음과 같이 제안합니다. 첫째, 무인가 신학교는 폐지되어야 하고 인가된 신학교도 비정규 과정을 폐지해야 합니다. 둘째, 목사 후보생을 무책임하게 배출한 잘못을 회개하고 책임 있는 교육이 가능한 적정 수의 학생만을 선발, 교육하겠다는 다짐을 새롭게 해야 합니다. 셋째, 신학교의 재정적 자립을 위해 각 교단의 교회는 재정적으로 신학교를 후원해야 합니다.

사랑하는 한국 교회 형제자매 여러분, 선언에 참여한 우리는 누구도 스스로 의롭다고 생각하지 않습니다. 우리 모두가 한국 사회와 한국 교회의 현재와 같은 모습을 빚어내는 데 책임이 있음을 고백합니다. 그러므로 우리는 우리 자신을 포함해 한국 그리스도인 모두가 하나님께 다시 돌아가기를 촉구합니다. 오직 하나님의 말씀을 따르고 순종할 때만이 우리에게 미래가 있습니다. 한때 우리를 한국 사회의 빛으로, 등불로 사용하신 하나님께서 그분의 긍휼하심과 자비하심으로 우리를 다시 세워주실 것을 확신합니다.

지난 죄는 회개하고 새롭게 다짐합시다. 힘써 하나님을 찾읍시다. 하나님을 아는 지식에 풍성해집시다. 정직과 공의를 실천합시다. 검소와 절제를 생활화하는 그리스도인이 됩시다. 하나님의 교회를 같은 종으로서 뜻과 정성과 마음을 다해 하나님과 이웃을 섬깁시다. 개교회 중심주의를 버리고 공동체 의식을 회복합시다. 성장지상주의 우상을 멀리 합시다. 사람을 소중하게 여기고 다음 세대를 위해 사람을 키우는 교회가 됩시다. 섬김의 지도력, 낮아짐의 능력을 가집시다. 하나님의 긍휼을 기대합시다. 여호와께로 돌아갑시다.

– 1998년 10월 31일(종교개혁 481주년)

2. 건강 교회 체크리스트

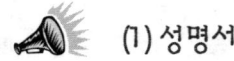 **(1) 성명서**

성 명 서
-건강 교회 체크리스트 발표에 즈음하여-

우리는 한국 기독교, 특히 미주 이민 교회가 명예로운 역사를 지니고 있음을 자랑스러워하며 하나님께 감사를 드립니다. 그러나 근래에 와서 미주 이민 교회를 포함한 한국 기독교가 초기에 받았던 사회의 사랑과 존경을 상실한 채 어떤 때는 세상의 조소 대상이 되고 있음을 안타까워하며, 이러한 수치스러운 현상이 주로 교회가 그 건강성을 잃어버렸기 때문임을 고백하고 한국 교회의 일원으로서 전 교인들과 더불어 회개하는 바입니다.

그리고 우리는 미주 한인 교회를 비롯한 한국 교회들이 건강성을 되찾는 것만이 기독교가 하나님이 주신 사명을 감당할 수 있는 길이요, 또 민족과 이민 사회가 바로 설 수 있는 길이라고 확신하는 바입니다.

건강 교회의 구체적인 모습을 설계하며 그 구현을 꿈꾸어 온 로스엔젤레스 기독교윤리실천운동은 교회가 건강해지기 위해서는 무엇을 해야 하는지에 대해서 매우 구체적인 점검표를 마련하여 종교개혁 487주년을 맞이해 발표합니다.

미주 및 한국 교회의 지도자들뿐만 아니라 전 성도들께서 이 건강 교회 체크리스트를 자신의 교회를 건강한 교회로 만드는 작업에 유용하게 사용하시기 바랍니다.

2004년 10월 27일
종교개혁 487주년을 맞이하여
로스엔젤레스 기독교윤리실천운동

(2) 체크리스트 전문

우리의 교회는 건강합니까?

교회는 세상을 향해 진리와 정의의 빛을 발하고 부정과 부패를 막는 소금의 역할을 감당해야 합니다. 교회가 먼저 건강한 모습을 유지할 때 주님의 칭찬을 받고 복음의 능력을 발할 수 있습니다. 로스엔젤레스 기독교윤리실천운동은 성도들이 바른 교회관을 가지고 건강한 교회의 모습을 회복시키는 일을 도와왔습니다. 그 작업의 일환으로 다음과 같이 건강 교회 체크리스트를 준비하였습니다.

아래는 교회의 건강성을 점검할 수 있는 체크리스트입니다. 다음의 질문들을 보시고 성도님들이 출석하시는 교회의 건강성 정도와 개선 방안을 점검해 보시기 바랍니다.

* 사용 방법

건강 교회 체크리스트 각 문항에 대해 귀하께서 생각하시는 ( ) 안의 점수를 입력해 보십시오.

전적으로 부정(1), 어느 정도 부정(2), 잘 모르겠다(3), 어느 정도 긍정(4), 전적으로 긍정(5)

각 질문에 대한 항목별 누적치를 종합하시면서 귀하의 교회에 대한 건강성 정도를 가늠해 보시기 바랍니다.

I. 사회법 준수와 법 앞에서의 정직

1. 우리 교회는 정부나 공공기관에 제출하는 서류를 정직하게 작성합니다.
2. 우리 교회는 교역자를 포함한 직원의 급여에 대한 세금을 정직하게 내고 있습니다.
3. 우리 교회는 종교비자 혹은 영주권을 합법적으로 신청하고 있습니다.
4. 우리 교회는 교회 자동차에 대한 운전면허, 보험 등과 관련된 법과 규칙들을 제대로 지키고 있습니다.

(예, 특수면허가 필요한 교회 차량은 특수면허 소지자가 운전하고, 교회 차량은 개인소유, 가정용이 아닌 교회 이름으로 등록하고 있습니다).

II. 합리적이고 정직한 의사 결정

1. 우리 교회는 공동의회, 당회, 제직회 등 각종 회의를 규정대로 소집하고 있습니다.
2. 우리 교회는 각종 회의의 정관 및 의사 규칙들이 있습니다.
3. 우리 교회는 회의 전에 회의 자료에 대한 정보가 구성원들에게 충분히 제공됩니다.
4. 우리 교회는 회의에서 구성원들이 의견을 자유롭게 발표할 수 있습니다.
5. 우리 교회는 회의에서 미리 정해진 결론에 동의하도록 강요되기보다는 충분한 토의를 거쳐 결론에 도달합니다.

III. 투명한 교회 운영

1. 우리 교회는 각 부서마다 운영 규정이 있고 집행사항어 대한 기록이 보관됩니다.
2. 우리 교회는 교역자들을 비롯한 임원들의 의무와 권한에 대한 규정이 있고 이 규칙들이 지켜지고 있습니다.
3. 우리 교회는 성도들의 의견이 교회 정책에 적절히 반영듸고 있습니다.

4. 우리 교회는 교회 내 직분(집사, 장로, 권사, 목사 등)을 계급적으로 인식하지 않고 봉사직으로 이해하고 있습니다.
5. 우리 교회는 집사, 장로, 권사, 목사 등의 직분마다 임기가 있고 재임명 절차가 있습니다.
6. 우리 교회는 각 직분과 부서 책임자의 임명에 일반 교인이 참여하는 제도적 장치가 있습니다.
7. 우리 교회는 교회 운영이 특정 소수 혹은 친·인척에 의해 좌우되지 않고 일반 성도들의 적절한 참여로 운영됩니다.

IV. 재정 운영의 투명성

1. 우리 교회는 교회 재정 상황을 정기적으로 교인들에게 알리고 있습니다.
2. 우리 교회는 재정 운용을 위한 규정이 있습니다.
3. 우리 교회는 정기적으로 외부 기관의 회계감사를 받고 있습니다.
4. 우리 교회는 모든 부서의 재정 사용에 영수증 처리를 하고 있습니다.
5. 우리 교회는 모든 헌금, 특히 임직시 특별헌금을 강요하지 않고, 모든 헌금을 자발적으로 하고 있습니다.
6. 우리 교회는 필요 이상의 재정을 고급 설비나 건물에 사용하기보다 선교와 구제에 역점을 두고 사용하고 있습니다.
7. 우리 교회는 교역자들의 급여가 현실적인 생활비 기준으로 지급되고 있습니다.

V. 예배와 설교

1. 우리 교회는 확실한 신앙고백과 성령의 감동으로 예배를 거룩하게 드리고 있습니다.
2. 우리 교회 담임목사의 설교는 물질과 세속적 가치 우선의 기복적인 것이 아니고 성경적 원칙에 입각하고 있습니다.
3. 우리 교회 설교자는 특정인을 향하여 위압적인 언사를 사용하지 않습니다.
4. 우리 교회는 행함이 있는 신앙과 시민으로서의 바른 삶이 강조되고 있습니다.
5. 우리 교회 목회자는 삶을 통해 신앙의 모범을 보여 주고 있습니다.

VI. 교회의 사회적 관심

1. 우리 교회는 고통 받는 이웃을 위한 구제와 선교에 정책적 관심을 기울이고 있습니다.
2. 우리 교회는 지역 사회를 위한 정책이 있고, 이웃과 으호적 관계를 맺고 있습니다.
3. 우리 교회는 세상의 지위나 부, 헌금 액수에 관계없이 성도들을 평등하게 대우하고 있습니다.
4. 우리 교회는 지역 교회와의 연합활동에 적극적입니다.
5. 우리 교회의 건물과 시설은 주일 외에는 지역 사회의 필요를 위해서 열려 있습니다.

VII. 교육과 선교

1. 우리 교회는 2세들의 교육을 위해 적절한 인적 · 물적 자원을 사용하고 있습니다.
2. 우리 교회는 2세들에게 신앙고백과 기독교적 안목을 심어 주는 프로그램을 갖고 있습니다.
3. 우리 교회는 교사를 포함, 성도를 양육하고 지도자로 세워 가는 교육과정이 준비되어 있습니다.
4. 우리 교회는 선교사 후원, 선교비 사용에 있어서 합리적 규정이 있습니다.
5. 우리 교회는 선교가 모든 교인들에게 홍보되며 교인들의 참여가 이루어지고 있습니다.
6. 우리 교회는 파송된 선교사의 후원과 단기선교가 효율적으로 이루어지고 있습니다.

귀하께서 답하신 내용을 중점으로 교회의 건강 상태를 점검해 보셨습니까? 귀하의 선택 결과를 보시고 긍정에 대한 누적치가 상대적으로 높게 나타났다면 귀하의 교회는 건강한 교회일 수 있습니다. 만약 모르겠다는 항목이 많았다면 귀하께서는 출석하시는 교회에 더 깊은 관심을 가지고 건강한 교회를 이루는 일을 위해 노력해 주시기 바랍니다.

로스엔젤레스 기독교윤리실천운동은, 주님의 몸 된 교회가 이 땅에서 빛과 소금의 역할을 감당할 수 있도록 교회를 바로 세우고 돕는 일을 위해 노력하고 있습니다. 건강한 교회운동을 통해 하나님 나라 완성을 위한 사역에 함께해 주시기 바랍니다.

(3) 배경 및 해설 – 건강 교회를 위한 구체적 노력

건강교회운동이란 말은 우리에게 생소한 언어가 아니다. 실상 뜻있는 기독교 인사들이 오래 전부터 교회의 개혁을 외쳐 왔고 한국 기독교의 많은 양심세력들이 교회개혁선언을 발표하기도 하였다. 그러나 지금까지의 교회 개혁을 위한 글들은 원론적인 의미에서 교회는 어떠해야 하느냐 하는 논의들이거나, 선언적인 의미에서 한국 교회에 대한 질타와 개혁의 요구였지 구체적으로 어디가 어떻게 잘못되었는지, 혹은 교회의 한 구성원으로서 지금 이 자리에서 무엇을 해야만 하는지를 말해 주지 않았다는 아쉬움이 있었다.

LA 기윤실은 개혁의 외침이 구체성을 상실해 공허해지는 문제를 놓고 오래 고민하다가 마침내 건강 교회 체크리스트를 작성하여 한국 교회와 이민 교회 앞에 내놓았다. 이 작업이 있기까지 참여한 사람들은 '교회 밖에서 교회를 정죄하는 것이 아니라 교회 안에서 교회와 더불어 참회한다.'는 자기점검과 또 '너희가 도대체 무엇인데 교회 전체를 매도'하느냐는, 저급한 비판에 대해서 당당하게 맞서겠다는 용기를 필요로 하였고, 거기에 합당하는 고뇌도 있었다. 이 리스트는 실상 교회 지도자나 구성원들이 자기 교회의 모습을 점검해 볼 수 있는 하나의 잣대가 되어 주었으면 하는 바람에서 작성된 것으로, 한국 교회가 병이 들었다는 이야기를 형이상학적 · 추상적으로만 서술한 것이 아니라 구체적인 질병의 증세가 무엇인지를 임상학적인 관점에서 지적한 최초의 작업이다.

사회법 준수와 법 앞에서의 정직, 합리적이고 정직한 의사 결정, 투명한 교회 운영, 재정 운영의 투명성, 예배와 설교, 교회의 사회적 관심, 교육과 선교 등 7개 범주의 총 39항의 질문사항으로 되어 있는 이 리스트를 통해 교회 구성원은 자기 교회의 건강성을 생각해 볼 수 있게 되어 있지만, 우리 교회는 건강성이 몇 점입니다 하는 스케일은 만들 수도 없는 것이고 만들 의도도 작성자들은 갖고 있지 않았다. 그리고 이 리스트는 건강한 교회가 되기 위한 최소한도의 기준을 제시한 것이지 결코 이상적인 교회의 모습을 그린 것이 아니었음을 밝혀 두고 싶다.

이 리스트에는 우선 사회법 준수라는 대목이 나온다. 교인들과 교회가 법을 지켜야 한다는 너무나 당연한 이야기를 가장 먼저 할 수밖에 없었음을 우리는 모두 슬퍼하였다. 특별히 이 리스트는 세법, 이민법 혹은 차량 운행이나 보험에 관한 규칙 등에 교회가 정직하느냐는 질문을 하고 있다. 세법에 대해서는 LA 기윤실이 2004년 봄에 "교회가 탈세의 주체가 되어서도 안 되고 교인을 탈세의 공범으로 만들어도 안 된다."는 성명서를 발표하였다가 회를 칠한 무덤 같은 놈들이라는 비난까지 받은 적이 있다. 이민법의 사항은 혹시라도 합법적 신분을 갖지 한 사람들에게 상처가 될까 봐 빼자는 의견도 있었지만, 이미 미국 타지역에서는 교회가 종교비자 혹은 영주권 신청을 불법적·비도덕적으로 하였음이 사회 문제가 된 적이 있고, '애틀랜타 한인교회협의회'는 이 점에서 성명까지 내어야 한 적도 있고 보니, 아무리 딱한 이웃이 있다 하더라도 교회가 해서는 안 될 것을 분명히 하자는 의견이 채택되었다.

다음으로 의사 결정의 정직성이라는 항목이 있다. 교회의 모든 결정은 주어진 규칙에 의해 이루어져야 하고, 그 규칙은 문자적 규정뿐만 아니라 법 정신까지 지켜져야 한다는 것에는 이의가 있을 수 없다. 한국의 유신시대에 체육관에서 하던 대통령 선출 방식을 기억하는 사람들은, 당시에도 법이란 것이 있었지만 모든 절차가 철저히 국민을 기만하고 결정 과정을 형식적인 통과의례로 만들어 버렸던 조직적 사기술에 아직도 분노하고 있지 않은가? 그리고 오늘날 많은 한국 교회의 공동의회 혹은 제직회 등이 과거의 체육관 선거보다 좋은 모습의 진지한 회의 공동체를 이루고 있는

지를 점검해 보고, 개선될 것이 있으면 개선책을 찾아보자는 것이었다.

또 이 리스트는 부서마다 체계적인 정책이 있고 그 정책이 일관성 있게 지켜져야 한다는 점이 강조되고 있다. 예컨데 "우리 교회의 선교정책은 담임목사님이 선교정책이라고 생각하시는 것 그 이상도 이하도 아닙니다." 하는 식의 고백은 결코 건강한 교회의 모습이 아니라는 것이다. 그리고 투명한 재정의 난에서는 헌금이 강요되어서도 안 된다는 것이 명시되었고, 직분은 감투가 아닐진데 임직시 직분자의 헌금이 의무화 된다면 직분을 팔아먹는다는 비판을 면치 못한다는 점이 눈에 띈다. 그리고 건물이나 시설, 특히 최근에 와서는 오디오 등에 필요 이상의 재정이 사용되어서는 안 된다는 점에 주목하기 바란다.

체크리스트 작성 과정에서 항목 하나하나가 갖는 구체성이 상실될까봐 예배와 설교의 내용, 그리고 목회자의 생활과 구제, 선교, 교육 정책의 내용은 빼자는 이야기가 나왔지만, 결국 교회의 총체적 건강이 이야기되기 위해서는 포함되어야 한다는 의견이 채택되었다. 특히 목회자가 설교를 통해 성도들 앞에 군림하려 들거나 협박해서도 안 되며, 교회를 기복적이거나 물질적 축복을 강조하는 분위기로 끌고 가지 않고, 윤리적 삶과 고통 받은 자들을 섬기는 기독인의 생활을 제시하여야 한다고 말하고 있다. 성도를 협박하는 목사, 특정인을 향해 저주를 끼얹은 듯한 설교는 문제 삼아야 한다는 지적이 나올 수밖에 없는 것이 현실이라니, 이것 역시 통탄할 일이 아닐 수 없었다.

우리는 이 건강 교회 체크리스트가 교회의 쓰레기통으로 들어가기를 원치 않지만 그렇게 될 확률이 참 크다는 것도 알고 있다. 영향이 없을 줄을 뻔히 알면서도 이 기막히게 지루한 작업을 그래도 계속 할 수밖에 없음은, 교회가 건강해지지 않고는 한국의 장래와 이민 사회의 장래가 절망적이라는 우리의 인식 때문이다. 그래도 이 체크리스트가 발표된 이후에

폭넓은 반응과 격려가 한국에서도 전해져 와서 한 가닥 희망의 실타래를 발견한다. 부디 교회지도자에서 평신도들까지 이 리스트를 읽고 자기 교회의 모습을 생각하고 교회의 건강성 회복을 위한 고독한 작업을 밀고 나가라고 권한다.

체크리스트는 LA 기윤실 웹페이지(www.cemla.org)에 있다.

− 박문규

(캘리포니아 인터내셔널대학 학장, LA 기독교윤리실천운동 공동대표)

글쓴이

이창순(토렌스한인연합감리교회 담임목사, LA 기독교윤리실천운동 자문
　위원)

유용석(나성성결교회 원로장로, LA 기독교윤리실천운동 공동대표)

이정석(목사, 풀러신학대학원 조직신학 교수)

김병호(햇불교회 담임목사, LA 기독교윤리실천운동 실행위원)

손경호(오레곤 임마누엘교회 담임목사, LA 기독교윤리실천운동 실행위원)

박문규(캘리포니아 인터내셔널대학 학장, LA 기독교윤리실천운동 공동대표)

송인범(목사, 카츠피해선교회 대표)

허성규(캘리포니아주립대학 샌버나디노 회계학 교수, LA 기독교윤리실천
　운동 실행위원)

조만연(회계사, 수필가, LA 기독교윤리실천운동 실행위원)

김홍덕(목사, 조이장애인선교센터 대표)

송하중(목사)

최상준(얼바인 한민음교회 담임목사, LA 기독교윤리실천운동 실행위원)

배현찬(주예수교회 담임목사, 워싱톤 기독교윤리실천운동 공동대표)

김종명(사업가, LA 기독교윤리실천운동 실행위원)

장충원(뉴라이프교회 담임목사)

전종천(미주 《크리스찬투데이》 취재부장, LA 기독교윤리실천운동 실행위
　원)

장석정(일리노이주립대학 경영학 교수)

이효삼(Hansell West Fork 연합감리교회 담임목사)

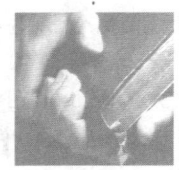

로스엔젤레스 기독교윤리실천운동

주소: 3130 Wilshire Blvd. #410. L.A., CA90020

전화: 213-387-1207

웹페이지: www.cemkla.org

이메일: cem-la@yahoo.com